Philip B. Crosby

Qualität ist machbar

Mc Graw-Hill Book Company GmbH

Hamburg · New York · St. Louis · San Francisco · Auckland · Bogotá · Guatemala
Lissabon · London · Madrid · Mailand · Mexiko · Montreal · New Delhi · Paris
San Juan · São Paulo · Singapur · Sydney · Tokio · Toronto

Titel der Originalausgabe:

Quality Without Tears.
The Art of Hassle-Free Management

© 1984 by Philip B. Crosby

Aus dem Amerikanischen übersetzt von Barbara Henninges

2., durchgesehene Auflage
© 1990 by McGraw-Hill Book Company GmbH, Hamburg

Umschlag: Grafik Design Studio, Hamburg

Satz: PDC Paderborner Druck Centrum, Paderborn
Druck und Bindung: Druckerei Bitsch GmbH, Birkenau

Printed in Germany
ISBN 3-89028-101-X

Inhaltsverzeichnis

Für meine Enkel

Charlie und Becky

Aus der Praxis des Qualitätsmanagements

Die Feststellung, Qualität sei machbar, mag als trivial gelten. Aber die Behauptung, Qualität sei eine kostenlose Zugabe und ohne Streß zu erreichen, bedarf der Erläuterung. Die Methode von Philip B. Crosby zeigt, wie das Ganze tatsächlich in die Praxis umzusetzen ist.

Qualität wird als *Erfüllung von Anforderungen* definiert. Anforderungen werden ursächlich vom Kunden festgelegt. Kunden wollen nicht nur funktional einwandfreie Produkte und Dienstleistungen, sie wollen sie in verlangter Form auch zum vorgegebenen Zeitpunkt. Die Abweichung von auch nur einer dieser Forderungen muß bedingungslos analysiert werden, denn sie führt unweigerlich zu Störungen und Kosten nicht nur bei Ihnen, sondern — weit schlimmer noch — bei Ihren Kunden. Und das gilt für Kunden eines Handwerksbetriebes nicht anders als für die eines Großunternehmens.

Interne Betriebsabläufe ebenso wie Lieferanten-Kundenkontakte, und dazu zählen neuerdings auch *gemeinsame* Anstrengungen zur Qualitätsverbesserung, stützen sich auf vielfältige Formen der *Kommunikation,* für die es zwar technische Hilfsmittel gibt, deren Effektivität jedoch letzten Endes vom Menschen bestimmt wird. Folglich muß jedem einzelnen Mitarbeiter sein Anteil an der Qualität des Gesamtproduktes aus dem Zusammenwirken von Fertigung und Dienstleistung *bewußt* sein. Seine naturgebene Bereitschaft zur Qualität gilt es zu fördern. Und dies gelingt nur in einer bewußt gepflegten Unternehmenskultur.

In diesem Rahmen gedeiht Qualität. Gewinnen Sie Ihre Mitarbeiter! Wenn das geschieht, erkennen Sie, daß das *Qualitätsfachwissen,* wie es in der technisch-wissenschaftlichen Literatur ausführlich behandelt wird, zwar von fundamentaler Bedeutung ist, daß es aber nur als *Werkzeug* in den Händen Ihrer Mitarbeiter Früchte tragen kann. Das Management hat die *Rahmenbedingungen* zu setzen und Methoden bereitzustellen, die Verwirklichung liegt in den Händen der Mitarbeiter.

Wolfgang Junghans, Leiter des Referates Qualitätswesen
Valvo, Unternehmensbereich Bauelemente der Philips GmbH

Vorwort

Im Februar 1979 hatten wir in Connecticut Eisregen, ein dort häufiges Naturereignis, mit dem die Einwohner sich nie angefreundet, aber abgefunden haben. Irgendwie muß es eben weitergehen.

Im Begriff, „irgendwie weiterzumachen", stand ich am Bahnsteig des Bahnhofs Port Chester in New York. Dieser Bahnhof ist zwar nicht so schick und nicht so beliebt wie der von Greenwich, besaß jedoch für mich den Vorzug, von meinem Haus aus schneller erreichbar zu sein. Zudem wurde dort allmorgendlich um 7.42 Uhr ein Zug eingesetzt. Nach der ersten Haltestelle in Rye, wo er sich bis auf den letzten Platz füllte, donnerte er mit altvertrautem Getöse zur Grand Central Station weiter.

In vierzehn Jahren Pendlerdasein hatte ich die Erfahrung gemacht, daß dies die brauchbarste Verbindung war. Sie war nicht „in", aber sie garantierte mir einen Sitzplatz und einen verläßlichen Fahrplan. Tag für Tag ging ich dann zu Fuß vom Hauptbahnhof die Park Avenue hinauf und kam um Punkt 8.45 Uhr in meinem Büro an. An jenem Tag mußte mich ich auf einen eisigen und risikoreichen Fußmarsch gefaßt machen. Allein die paar Schritte am Verwaltungsgebäude der Union Carbide entlang stellten meine Standfestigkeit auf eine harte Probe.

Während der Zugfahrt dachte ich darüber nach, ob mein Leben immer so weitergehen sollte. Die Gesichter um mich herum, die mir auf den vergangenen 2.500 Fahrten vertraut geworden waren, wirkten von Jahr zu Jahr ein wenig resignierter.

Es gibt nichts Aufregenderes, als in Manhattan zu arbeiten, und man kann von Glück sagen, wenn man täglich nur zwischen Greenwich und dem Zentrum pendeln muß. Aber das ewig Gleichbleibende daran wirkt mit der Zeit zermürbend. Wenn die Zeitungen aus irgendeinem Grund einmal nicht ausgeliefert werden und die Pendler gezwungen sind, miteinander zu reden, dann kann das schon zum Drama werden. Sich im Zug laut zu unterhalten bringen nur Touristen oder Gelegenheitsfahrer fertig.

Meine Gedanken wanderten immer wieder ab zu der Ferienwohnung, die wir in Vero Beach, Florida, besaßen. Shirley war gerade dort, aber ich mußte zur allmonatlichen Vorstandssitzung in New York sein. Erst in einigen Tagen würde ich mich zum langen

Wochenende in den sonnigen Süden absetzen können. Danach stand eine Woche Brüssel auf dem Terminplan, Arbeitsgespräche über betriebsinterne Fragen von ITT.

In meinen Augen gab es nur eines, das schlimmer war, als an all diesen Konferenzen teilzunehmen: nicht dazu eingeladen zu werden.

Gleich nach meiner Ankunft im Büro bekam ich einen Anruf vom Chefredakteur eines angesehenen Wirtschaftsmagazins. Er sagte mir, er und seine Kollegen in der Redaktion hätten soeben mein Buch *Qualität bringt Gewinn* gelesen und seien begeistert davon. Sie wollten es in der Zeitschrift besprechen und benötigten einige Zitate von mir nebst einem Foto für einen Begleitartikel. Ich veranlaßte das Nötige.

Das war *die* Gelegenheit. Aufgrund einer lobenden Besprechung des Buches in einer vielgelesenen Zeitschrift würden mich Spitzenmanager anderer Firmen um Rat oder Unterstützung bitten. Schon jetzt bekam ich wöchentlich einen Anruf dieser Art. Auf das Signal hatte ich nur gewartet.

Ich mußte lediglich fünf oder sechs Klienten werben, die mit meiner Hilfe Qualitätsverbesserung in ihren Betrieben einzuführen gedachten, und danach pro Jahr ein Buch schreiben und hier und da ein paar Vorträge halten — dann würde ich für immer nach Vero Beach ziehen können.

Das würde allerdings bedeuten, bei ITT auszuscheiden, wo ich sehr gut behandelt worden war. Es würde bedeuten, zwei Jahre vor der möglichen frühzeitigen Pensionierung den Anspruch auf ein Ruhegehalt aufzugeben. Es würde auch bedeuten: keine Krankenversicherung, keine Invaliditätsversicherung und keine Lebensversicherung mehr.

Ich vertraute jedoch darauf, daß sich alle diese Dinge schon irgendwie von selbst regeln würden. Der Drang, den Schritt in die Freiheit zu wagen und zu beweisen, daß ich dem amerikanischen Management auf die Sprünge helfen konnte, war einfach zu groß. Der Qualitätsbegriff verkam rasch, weil die verantwortlichen Leute in den Betrieben so unglaublich naiv damit umgingen. Die Schuld für alles, was die Unternehmensleitung einbrockte, wurde kurzerhand den „Arbeitern" angelastet.

Ich folgerte, wenn die Leute von ITT sich das alles zu Herzen genommen hatten und gute Ergebnisse erzielten — warum dann nicht auch alle anderen? Die Alternative hieß: jetzt oder nie.

Also ging ich ins Personalbüro und kündigte.

Es kostete mich zwei Monate, jedermann davon zu überzeugen, daß ich allen Ernstes aus der Firma ausscheiden wollte, und weitere zwei Monate bis zu meinem tatsächlichen Ausscheiden. In der Zwischenzeit verkauften wir unser Haus in Greenwich (die einzige Investition, mit der ich je Geld verdient habe) und kauften eines in Winter Park, in der Nähe von Orlando. Vero, beschlossen wir, lag zu weit ab vom Schuß. Aber aus eben diesem Grund behielten wir dort unten, auf John's Island, ein Grundstück.

Am 1. Juli 1979, meinem ersten Tag ohne feste Anstellung seit 1950, aalten wir uns im Swimmingpool in unserem Garten. Wir hatten die Firma Philip Crosby Associates, kurz PCA, gegründet und mein Arbeitszimmer zum „Weltgeschäftssitz" umfunktioniert.

Mehrere Unternehmen hatten angerufen und mich eingeladen, auf ihren Managementkonferenzen zum Thema Qualität zu sprechen. Anscheinend versammelt jedes größere Unternehmen einmal im Jahr seine Spitzenmanager zu einer Arbeitssitzung über Unternehmensstrategien. Sie haben gewöhnlich einen Gastredner — mit Vorliebe den Autor des jeweils heißesten Renners auf dem Buchmarkt — und gehen anschließend Golf spielen.

Ich beschloß, für diese Vorträge ein Honorar zu verlangen, was einige Firmen als unangemessen, andere als normal betrachteten. Ein Geschäftsführer wies mich darauf hin, daß er mir Gelegenheit böte, vor 150 potentiellen Kunden zu sprechen. Ich sagte ihm, ich würde umsonst zur Sitzung kommen, wenn alle anderen auch umsonst kämen.

Die ersten Anrufe mit handfesten Angeboten trafen an jenem 1. Juli ein. Sowohl Tennant als auch IBM gingen Geschäftsverbindungen mit mir ein, die bis heute andauern. Beide signalisierten die Bereitschaft, etwas für Qualitätsverbesserung zu tun. Ich wollte ihnen helfen, wußte aber damals selbst noch nicht, wie ich es am besten anfangen sollte. Inzwischen hat sich mit beiden Firmen alles bestens eingespielt.

So viel wurde mir bald klar: die sicherste Art, keine Verbesserung zu erzielen, bestand darin, sich auf die technischen Probleme seiner Klienten einzulassen. Man mußte zunächst Management-Konzepte ausarbeiten und dann anhand verbindlicher Richtlinien die praktische Verwirklichung eines Qualitätsverbesserungsprozesses einleiten.

Ich besuchte einige IBM-Niederlassungen und sprach mit jedem, der an einem Gespräch interessiert war. IBM ist ein bemerkenswertes Unternehmen, in dem man auf Schritt und Tritt Leuten begegnet, die zu allem eine sehr ausgeprägte eigene Meinung haben und sich gleichzeitig durch ein hohes Maß an Einsatzbereitschaft und Loyalität gegenüber dem Unternehmen und seiner Politik auszeichnen. Meine Qualitätsvorstellungen unterschieden sich recht deutlich von den bei IBM praktizierten Methoden. Infolgedessen kam es zu einigen recht lebhaften Diskussionen. Inzwischen stimmen unsere Auffassungen fast überein, wobei ich allerdings von meinem Standpunkt kein Jota abgewichen bin.

Tennant ist eine Gesellschaft mit Hauptgeschäftssitz in Minneapolis, zwar nur 1/260mal so groß wie IBM, aber mit exakt denselben Qualitätsproblemen. Schuld an diesen Problemen war eine Unternehmenspraxis, die dem herkömmlichen Wissen entsprang, wie ich es in *Qualität bringt Gewinn* beschrieben habe. Das Problembewußtsein der Unternehmensführung gab natürlich den Ausschlag für den Wunsch nach Veränderung.

Allerdings bedeutet der Wunsch nach Veränderung noch längst nicht, daß man über die notwendigen Informationen verfügt. Nach reiflichem Überlegen und Besuchen bei einem Dutzend anderer Unternehmen kam ich daher zu dem Schluß, daß es regelrechter Schulungsseminare bedurfte.

Das Rollins College in Winter Park zeigte sich sehr entgegenkommend und bot gegen eine kleine Spende die Benutzung eines Hörsaales an. Wir legten fürs letzte Quartal des Jahres 1979 Termine fest für drei Kurse, einen pro Monat. Die Teilnehmerzahl pro Kurs wurde auf achtzehn begrenzt, denn meiner Ansicht nach macht man keine großen Lernfortschritte, wenn Schüler und Lehrer nicht die Möglichkeit haben, einander kennenzulernen. Später, als wir unsere eigenen Räume hatten, wurde die Zahl auf zweiundzwanzig pro Kurs erhöht.

Der erste Kurs setzte sich aus Angehörigen von zehn verschiedenen Firmen zusammen. Er sollte eine Woche dauern. Ich hatte zwei Mitarbeiter: mein Sohn Philip, der soeben in Bentley Examen gemacht hatte, kam als Finanzchef nach Winter Park. Zu seinen Pflichten gehörte es auch, allmorgendlich Kursmaterial in den Hörsaal hinaufzutragen und nachmittags wieder wegzuräumen.

Meine Frau Shirley war die andere Mitarbeiterin. Da ich beiden Gehälter bezahlte und noch immer arbeitslos war, schmolzen meine Reserven rasch.

Bei Jahresende waren wir schon zu acht in der Firma und hatten im Stadtzentrum von Winter Park Räume gefunden, in denen wir Kurse abhalten und Büros betreiben konnten.

Ich habe nicht die Absicht, in diesem Vorwort minutiös über jedes Ereignis der vergangenen drei Jahre Bericht zu erstatten. Gegen Ende 1982 erlebten wir mehrere Rückschläge und hätten um ein Haar Pleite gemacht. Es gibt irgendeine Faustregel, derzufolge alles schiefgeht, sobald ein Betrieb aufhört zu expandieren. Aber der liebe Gott lenkt die Geschicke unserer Firma, und irgendwie haben wir es geschafft.

Während ich dies schreibe, haben wir dreiundneunzig Angestellte, davon vierundzwanzig „Profis", und unsere Bürofläche ist auf 6.324 Quadratmeter angewachsen. Wir haben über 9.000 Kursteilnehmer gehabt und Tausende von Mittagsmahlzeiten besorgt. Wir sind mit Hunderten von Firmen aus aller Welt ins Geschäft gekommen und haben uns Tausende von Begründungen dafür angehört, warum Qualität so schwer machbar ist.

Wir haben Hunderte von erfolgreichen Neuorientierungen miterlebt. Das Ausmaß des Erfolgs hing dabei immer von der Einsatzbereitschaft und Konsequenz ab, mit der an den neu erlernten Konzepten und Techniken gearbeitet wurde. Daß überhaupt keine Besserung erzielt wurde, ist nie vorgekommen.

Wir haben gelernt, die Teams, die sich der Qualitätsverbesserung verschreiben, so zu beraten und anzuleiten, daß sie nicht auf halbem Weg steckenbleiben. Wir wurden Zeugen einiger großartiger Entwicklungen. Ich glaube, daß unser Land in bezug auf Qualität allmählich erwachsen wird. Einiges davon muß auf unsere Arbeit zurückzuführen sein.

Wenn ich mich bei uns umsehe, dann befriedigt mich jedoch am meisten die Tatsache, daß die Firma Philip Crosby Associates eine Gemeinschaft von Menschen ist. Es ist ein Unternehmen, das ohne jede staatliche Unterstützung entstand. Ein Unternehmen, das einer Vielzahl von Personen auf unabsehbare Zeit Vollbeschäftigung garantiert, wenn sie nur ihr Produkt weiter herstellen. Ein Beweis dafür, daß Amerika noch funktioniert.

Dies Buch ist keine Autobiographie. Eines Tages werde ich eine schreiben und ihr den Titel *Spiel, Satz und Sieg* geben. Aber so weit bin ich noch nicht.

Zweck dieses Buches ist es, den Sinn des Lesers für Qualitätsverbesserung und die Konzepte zu ihrer Verwirklichung zu schärfen. Es ist eine unglaublich vielschichtige Materie, weil sie jede, aber auch jede Managementmaßnahme innerhalb eines Unternehmens einbezieht. Jede Entscheidung, selbst in einer zwanglosen Unterhaltung getroffen, schlägt sich irgendwie nieder.

Was ursprünglich als Qualitätsbewußtsein begann, hat sich aufgrund von Erfahrung zu der Einsicht erweitert, daß „Störungsbeseitigung" und „Qualitätsverbesserung" ein und dasselbe sind. Daher habe ich die Grundpfeiler der Verbesserung — Festlegung, Ausbildung, Durchführung — untersucht und in ihre elementaren Bestandteile zerlegt. Dann folgen Fallgeschichten und Abhandlungen, die helfen sollen zu ermessen, was für Konsequenzen es für eine Firma hat, wenn die leitenden Angestellten die übrige Belegschaft gewollt oder ungewollt schikanieren.

Mein Buch ist keineswegs als Patentrezept gedacht. Es soll Einsichten vertiefen und Verständigung fördern. Es wird dem Leser helfen zu begreifen, was auf dem Spiel steht und wie man sich am besten rüstet, um Schwierigkeiten zu überwinden. Unsere Erfahrungen aus den vergangenen vier Jahren zeigen, was für Anstrengungen erforderlich sind, um die fällige kulturelle Revolution auszulösen.

Mein Dank gilt meiner Assistentin, Peggy Davis, ihrer Sekretärin, Betti Stalions, und Joyce Kinney in der Datenverarbeitung, die meine unordentlichen Inputs voll Geduld zu einem Buch zusammenfügten.

Philip Crosby
Winter Park, Florida, 1984

1
Profil eines Problemunternehmens

Wenn ein Arzt einen Patienten mit roten Flecken und Fieber vor sich hat, dessen Bruder an Masern erkrankt ist, dann muß er nicht Louis Pasteur sein, um die Diagnose stellen zu können. Es gehört auch nicht viel dazu, Unternehmen mit schwerwiegenden Qualitätsmängeln zu ermitteln.

Wenn Grund zur Unzufriedenheit mit dem Endprodukt oder dem Service eines Unternehmens besteht, spricht man von Qualitätsstörung. Diese ist jedoch nur ein äußeres Symptom für innerbetriebliche Zustände.

Qualitätsgestörte Unternehmen haben etliche gemeinsame Merkmale. Bevor wir auf Ursachen und Behandlungsmöglichkeiten eingehen, sollten wir uns zunächst mit einigen Symptomen des Patienten beschäftigen.

1. Das ausgelieferte Produkt oder die Dienstleistung weist in der Regel Abweichungen von den angekündigten, versprochenen oder vereinbarten Anforderungen auf

Die Hersteller haben Haftungsausschlüsse, Abweichungsspezifikationen sowie Materialprüfberichte und ähnliches mehr zum festen Bestandteil der Erzeugnisse gemacht, die das Werk verlassen. Das bedeutet, daß kein Stück wie das andere ist. Die „Patienten" finden nichts dabei, weil sie jede Abweichung von den Anforderungen sorgfältig nachweisen und dafür sorgen, daß diese weder Aussehen, noch Paßform oder Funktion des Produkts beeinträchtigt. Sie übersehen, daß das ausgelieferte Produkt nicht nur ihrer Kontrolle entgleitet, sondern daß die ganze Flickschusterei viel mehr Kosten verursacht als die Einhaltung der vereinbarten Normen.

Dienstleistungsbetriebe belegen Abweichung von den Anforderungen nicht so gewissenhaft wie Herstellerfirmen. Dennoch weisen Bankauszüge, Kreditkartenrechnungen, Versicherungsscheine, Hotelreservierungen und ähnliche Leistungen regelmäßig sachlich falsche Angaben auf. Ich weiß von einer Versicherungsgesellschaft, die bis heute

24 Prozent ihrer Kundennamen falsch buchstabiert. Die Angestellten quittieren das nur mit einem Lachen.

Die Selbstverständlichkeit, mit der man sich in Situationen einrichtet, in denen Unzulänglichkeit die Norm ist, zieht eine nichtendenwollende Kette von Problemen nach sich. Allein schon die Konstanz bestärkt jeden in der Überzeugung, daß „das Leben nun mal so ist". Und so pflanzt sich das Problem immer weiter fort. Wenn sich an den Umständen doch nie etwas ändert, muß man eben bestimmte Maßnahmen treffen, um die Kunden zufriedenzustellen. Damit sind wir beim nächsten Symptom.

2. Die Firma unterhält ein ausgedehntes Außendienst- und Händlernetz mit erfahrenen Fachleuten, die die Kundschaft mit Nachbesserungs- und Instandsetzungsarbeiten zufriedenstellen

Herstellerfirmen beschäftigen „Kundendienstmonteure", die Kopiergeräte, Computer, Möbel und andere Erzeugnisse reparieren, die dem Kunden direkt ins Haus geliefert werden. Häufig übernimmt der Kundendienst den Einbau und hat so Gelegenheit, die Endmontage des Produktes direkt beim Kunden vorzunehmen, ohne daß dieser es bemerkt. Kleine Plastiktüten mit Kabeln und Hinweiszetteln sind ein sicheres Indiz. Die Kunden singen Loblieder auf den Kundendienst und fluchen auf den Hersteller.

Firmen mit ausgedehnten Händlernetzen, wie zum Beispiel Automobilhersteller, überlassen die Endmontage routinemäßig dem Händler. Das heißt, daß der Händler das Produkt fertigstellt. Die Fabrik liefert kein Fahrzeug, das vom Fließband weggefahren und in Betrieb genommen werden kann. Wenn man einen Wagen direkt beim Hersteller abholen will, muß er nach der Montage noch einem weiteren Arbeitsgang unterzogen werden. Gelegentlich werden Erzeugnisse zurückgerufen, um noch irgendwelche Fertigungsdetails vom Hersteller vervollständigen zu lassen. Die meisten dieser Mängel waren vorher bekannt — bei Rückrufen von Produkten gibt es selten Überraschungen.

Außendienst- und Händlerorganisationen betrachten sich als lebensnotwendiges Bindeglied zwischen Hersteller und Kunden. Wenn man sich vor Augen führt, daß der Kunde das Produkt ohne ihre Dienstleistungen nicht in Gebrauch nehmen könnte, versteht man, warum sie sich wo wichtig vorkommen. Bei vielen Firmen macht der Außendienstbereich wegen der Kundendienstverträge einen großen Teil des Umsatzes aus. Garantieleistungen sind allerdings nicht gewinnbringend.

Dienstleistungsunternehmen betreuen die Kundschaft auf ihre Art. Kreditkarteninstitute geben dem Kunden einen Namen und eine Telefonnummer an, damit er einen Ansprechpartner hat, wenn etwas schiefgeht. Banken stellen „persönliche Berater" zur Verfügung, die vermittelnd und erklärend einspringen. Versicherungsvertreter verbringen den größten Teil ihrer Zeit damit, der Hauptgeschäftsstelle Kundendaten durchzugeben oder diese zu berichten.

Hotels richten einen „heißen Draht" ein, so daß ein Gast sich, wenn das Personal versagt, an einen Stellvertreter des Hoteldirektors wenden kann, welcher kraft seiner übergeordneten Stellung zusätzliche Handtücher oder was auch immer beschaffen

kann. Fluggesellschaften kleiden ihre Angestellten in unterschiedliche Farben, damit
der Fluggast leicht den für sein Problem Zuständigen erkennen kann.

All diese Maßnahmen dokumentieren einen Hang zum Flickwerk, der sich seit lan-
gem eingebürgert hat und immer wieder herbeigeredet wird mit Floskeln wie: „So ist
das Leben nun einmal, und so wird es immer sein." Wie viele Menschen arbeiten ihr
Leben lang für eine Firma und gehen zufrieden in den Ruhestand, ohne zu merken,
daß sie nichts anderes gemacht haben, als mangelhaft ausgeführte Arbeit nachzubes-
sern.

Wenn von vornherein davon ausgegangen wird, daß eine Dienstleistung unvollständig ist und daß ein Erzeugnis immer einer nachträglichen Korrektur bedarf, dann entsteht eine Situation, in der die Angestellten zwangsläufig ihre eigenen Leistungsstandards setzen. Damit sind wir beim nächsten Symptom.

3. Die Unternehmensleitung formuliert weder einen eindeutigen Leistungsstandard noch einen klaren Qualitätsbegriff, so daß es jedem Angestellten überlassen bleibt, seinen eigenen Standard zu entwickeln

In Fertigungsunternehmen beruht der Qualitätsstandard zumeist auf dem in der Fertigung herrschenden Ist-Zustand. Wenn der Außendienst bei vier Prozent des Produktes Mängel feststellt, dann werden „vier Prozent Ausschuß" zum Qualitätsstandard in
der Fertigung. Das klingt sehr präzise und wissenschaftlich. Dabei bedeutet es lediglich, daß der Betrieb sich mit einem bestimmten Maß an Unzulänglichkeit abgefunden
hat.

Wenn Angestellte und Arbeiter ständig miterleben, wie es denen ergeht, die Termine
oder Kosten überziehen, dann heißt es rasch: „Zuerst die Termine, dann die Kosten
und an dritter Stelle Qualität."

„Ertrag" ist ein weiterer Begriff, mit dem in Produktionsprozessen operiert wird.
Wenn von der Grundannahme ausgegangen wird, daß der Fertigungsprozeß unmög-
lich fehlerfrei ablaufen kann, dann braucht man als nächsten Schritt nur noch dieser
Fehlerhäufigkeit eine allgemein akzeptierte Zahl zu geben. Wenn der Ertrag auf 85
Prozent veranschlagt wird, bedeutet das eine Festlegung auf eine Fehlerquote von 15
Prozent. Wer auf ertragsorientierte Betriebsführung schwört, wird Ihnen sagen, das
sei nicht wahr, aber es ist so.

Wenn öffentliche Unternehmen systematisch Hintertürchen offenlassen, damit
bestimmte Kunden oder Vorgesetzte Engpässe überbrücken können, dann heißt das im
Klartext: „Wir rechnen nicht wirklich damit, unseren Leistungsanforderungen gerecht
zu werden, sehen Sie zu, wie Sie zurechtkommen."

Die Mitarbeiter werden also für Improvisationsvermögen belohnt. Firmenzeitungen
berichten stolz von Fällen, in denen Angestellte sich ein Bein ausrissen, um nach dem
Motto „Der Kunde ist König" irgend etwas auszubügeln. Dabei wird völlig übersehen,
daß der übertriebene Einsatz gar nicht notwendig gewesen wäre, wenn die Arbeit gleich
richtig gemacht worden wäre.

Profil eines qualitätsgestörten Unternehmens

Typische Merkmale	Trifft exakt auf uns zu	Einiges davon trifft zu	Trifft nicht auf uns zu
1. Unsere Dienstleistungen und/ oder Erzeugnisse enthalten normalerweise Haftungsausschlüsse, Abweichungen und andere Anzeichen dafür, daß sie nicht den Erfordernissen entsprechen.			
2. Wir haben eine nachbesserungsorientierte Außendienst- und/oder Händlerorganisation.			
3. Unsere Mitarbeiter haben keine klare Vorstellung von den Qualitätsansprüchen der Unternehmensleitung.			
4. Die Unternehmensleitung ist sich nicht darüber im klaren, was Abweichung von den Anforderungen effektiv kostet.			
5. Die Unternehmensleitung ist der Auffassung, daß Qualität von anderen Faktoren als von Maßnahmen der Unernehmensleitung abhängt.			
	5 Punkte	3 Punkte	1 Punkt

Punktauswertung

21—25	Kritisch:	Braucht sofortige Intensivbehandlung.
16—20	Ernst:	Braucht Beatmung und künstliche Ernährung.
11—15	Stabil:	Braucht medikamentöse und ärztliche Behandlung.
6—10	Rekonvaleszent:	Braucht regelmäßige Kontrolluntersuchungen.
5	Gesund:	Braucht Beratung.

Das Verblüffende an all diesem Reparieren und Reagieren ist die Tatsache, daß die Unternehmensleitung sich gar nicht darüber im klaren ist, was für Kosten sie verursacht. Das bringt uns zu Symptom Nummer vier.

4. Die Unternehmensführung ist sich nicht darüber im klaren, was Abweichung von den Anforderungen kostet

Herstellerfirmen geben, wie wir im folgenden sehen werden, 20 Prozent ihres Verkaufserlöses oder mehr dafür aus, daß Arbeit falsch gemacht wird und noch einmal gemacht werden muß. Bei den Dienstleistungsunternehmen entfallen 35 Prozent der Betriebskosten auf mangelhaft ausgeführte Arbeit und nachträgliche Mängelbeseitigung.

Diese Kosten sind sehr realistisch und sehr hoch. Ein vorbeugendes, qualitätsorientiertes Führungssystem kommt mit den vergleichsweise bescheidenen Ausgaben für Mitarbeiterschulung und Qualitätswesen aus.

Wie ist es möglich, daß die Verantwortlichen es immer wieder darauf ankommen lassen, wenn die Zusammenhänge so klar auf der Hand liegen? Damit ist das fünfte und im Grunde wesentlichste Symptom angesprochen.

5. Die Unternehmensleitung weist die Verantwortung für Qualitätsprobleme von sich

Zu dieser Haltung fühlt sie sich aufgrund der Verbesserungen berechtigt, die von Fall zu Fall im Zusammenhang mit akuten Problemen durchgeführt werden. Aber wenn man eine Lücke stopft, tut sich lediglich an anderer Stelle eine neue auf.

Die meisten Führungskräfte schicken alle übrigen Betriebsangehörigen zu Weiterbildungsveranstaltungen, richten Schulungsprogramme für die unqualifiziertesten Mitarbeiter ein und halten Reden voller beeindruckender Schlagwörter. Erst wenn man sämtliche Probleme, insbesondere die finanziellen, zusammenfaßt, wird der Ernst der Situation manifest.

Hier zeigt sich eine Parallele zum Drogenmißbrauch, bei dem das Kardinalsymptom ebenfalls Realitätsleugnung ist. „Ich habe das im Griff", sagen alle Drogenopfer. Meistens merken sie erst, wenn ihr Leben zerstört ist, daß sie die Situation nicht im Griff haben. Bei Wirtschaftsunternehmen setzt die Erkenntnis ein, sobald die Marktanteile schrumpfen und die Gewinne sich in Nichts auflösen. Das Haupthindernis auf dem Wege zu einer Besserung der Verhältnisse ist die Uneinsichtigkeit der Manager.

2

Der Impfstoff „Qualität"

Man kann ein Unternehmen gegen Abweichung von den Qualitätsanforderungen immunisieren. Man kann ihm Antikörper verabreichen, die Störungen verhüten. Einige dieser Antikörper sind Maßnahmen auf Managementebene; einige bestehen schlicht aus der Anwendung praktischer Vernunft.

So ist beispielsweise die systematische Eignungsprüfung neu entwickelter Produkte bei jeder seriösen Firma an der Tagesordnung. Dienstleistungsbetriebe stellen Verfahren und Arbeitsmethoden auf die Probe, bevor sie sie in die Praxis umsetzen.

Selbstverständlich führen Praxistests allein noch nicht zu richtigem Handeln. Jemand muß dafür sorgen, daß Korrekturen vorgenommen werden und dann ständig darüber wachen, daß alle entsprechenden Vorkehrungen eingehalten werden. Nur wenn sie wider besseres Wissen nicht tun, was sie eigentlich tun sollten, bekommen Unternehmen Qualitätsprobleme.

Nehmen Sie die kaufmännischen Kontrollen und Richtlinien, die in gutgeführten Unternehmen üblich sind. Es gibt unumstößliche Bestimmungen darüber, wieviel Geld aufgenommen, wieviel für diese oder jene Funktion ausgegeben werden kann, ja selbst darüber, wo Betriebskapital investiert werden darf und wo nicht. Vermutlich werden mehr Bücher über den Umgang mit Geld verfaßt als über irgendein anderes Thema (wenn man einmal von Ratgebern über Schlankheitskuren absieht).

Dennoch berichtet *The Wall Street Journal* täglich über bereits eingetretene oder sich anbahnende Geschäftspleiten. Von Woche zu Woche oder von Monat zu Monat werden die Analysen der Wirtschaftsmagazine über den Verlauf der Konkurse (oder der Unternehmenssanierungen) detaillierter. In den meisten Fällen wurde gegen irgendeine grundlegende Betriebsführungsregel verstoßen, oder sie wurde geändert.

Gewöhnlich ist ziemlich klar ersichtlich, wo die Verantwortung liegt. Man kann den Führungskräften gar nicht Dummheit oder Betrug nachsagen; sie trafen schlicht eine Entscheidung, die sich nicht bewährt hat. Dafür müssen sie büßen. Mitunter bekommt der Falsche den Schierlingsbecher, aber so ist das Geschäftsleben nun einmal.

ZUSAMMENSETZUNG DES CROSBY-IMPFSTOFFS

Glaubwürdigkeit

A. Der Hauptgeschäftsführer setzt sich bedingungslos dafür ein, daß der Kunde das Versprochene erhält; er ist überzeugt, daß die Firma nur gedeiht, wenn alle Mitarbeiter diese Einstellung teilen, und tut alles, um Kundschaft wie Belegschaft Ärger zu ersparen.

B. Der Hauptbetriebsleiter sieht Managementleistung als eigenständige Funktion an, welche Qualität — neben Terminplan und Kosten — zur Priorität unter Prioritäten erhebt.

C. Die Hauptabteilungsleiter, die den Vorgesetzten A und B verantwortlich sind, nehmen die Qualitätsanforderungen so ernst, daß sie keine Abweichungen dulden.

D. Die Abteilungsleiter, die den Hauptabteilungsleitern unterstellt sind, wissen, daß die Unternehmenszukunft von ihrer Fähigkeit abhängt, Aufgaben von Menschen ausführen zu lassen — und zwar von vornherein richtig.

E. Die Sachbearbeiter sind sich der Tatsache bewußt, daß Präzision und Vollständigkeit ihrer Arbeit die Leistungsfähigkeit der gesamten Belegschaft bestimmen.

F. Die Mitarbeiter insgesamt sind sich darüber im klaren, daß das Gedeihen des Unternehmens mit der Verpflichtung jedes einzelnen steht und fällt, die Qualitätsanforderungen uneingeschränkt zu erfüllen.

Systeme

A. Das Qualitätsmanagement hat zur Aufgabe, die Erfüllung von Anforderungen zu überprüfen und jede Abweichung exakt festzuhalten und zu melden.

B. Das Qualitätsschulungssystem gewährleistet, daß alle Betriebsangehörigen einen gemeinsamen Qualitätsbegriff entwickeln und erkennen lernen, inwiefern jeder einzelne persönlich dazu beiträgt, daß Qualität eine Selbstverständlichkeit ist.

C. Zur Bewertung von Arbeitsprozessen werden die Kosten für die Abweichung von den Anforderungen und die Erfüllung von Anforderungen mit Hilfe kaufmännischer Methoden kalkuliert.

D. Es wird überprüft, wie sich Dienstleistungen oder Erzeugnisse in der Praxis bewähren und so darüber Buch geführt, daß Maßnahmen zur Fehlerbeseitigung getroffen werden können.

E. Der hohe Stellenwert von Fehlervorbeugung im gesamten Unternehmen ermöglicht kontinuierliche Prüf- und Planungsverfahren, welche gegenwärtige und vergangene Erfahrungen berücksichtigen, so daß einmal gemachte Fehler sich nicht wiederholen.

Kommunikation

A. Sämtliche Mitarbeiter werden regelmäßig über Fortschritte auf dem Gebiet der Qualitätsverbesserung und über herausragende Leistungen auf dem laufenden gehalten.

B. Anerkennungsprogramme für alle Ebenen sind fester Bestandteil des Betriebsalltags.

C. Jeder Betriebsangehörige kann die Unternehmensspitze mühelos und rasch auf Fehler, unrationelle Arbeitsgänge, Verbesserungsideen oder sonstige Dinge ansprechen und umgehend Antwort erhalten.

D. Jede Lagebesprechung der Unternehmensleitung beginnt mit einer faktischen und kaufmännischen Qualitätsbestandsaufnahme.

Operative Maßnahmen

A. Zulieferer werden so ausgebildet und angeleitet, daß sie termingerecht einwandfreie Leistungen und Produkte liefern.

B. Herstellungsverfahren, Systeme und Produkte werden vor ihrer praktischen Anwendung bzw. vor ihrer Fertigung genau beschrieben und erprobt und dann beständig überprüft und offiziell abgeändert, sobald sich Verbesserungsmöglichkeiten abzeichnen.

C. Fortbildung ist selbstverständlicher Bestandteil sämtlicher Aufgabenbereiche, insbesondere dort, wo es um neue Arbeitsmethoden und Verfahren geht.

Richtlinien

A. Qualitätsrichtlinien sind klar und unmißverständlich.

B. Die für Qualität zuständigen Betriebsangehörigen sind der gleichen Managementebene unterstellt wie die zu messenden Arbeitsbereiche und haben völlig freie Hand.

C. Werbung und sämtliche Mitteilungen nach draußen stimmen exakt mit den Anforderungen überein, die für die Erzeugnisse und Dienstleistungen gelten.

Die typische Führungsentscheidung, die sich negativ auf die Qualität auswirkt, entspringt einer Augenblickseingebung. Meistens handelt es sich um die kurzfristige Lösung irgendeines Termin- oder Kostenproblems oder um Maßnahmen von jemand, der einfach nüchterne Berechnungen nicht wahrhaben wollte.

Die Antikörper für diese und andere „Krankheitserreger" sind nicht detaillierte Verfahrensanweisungen und Kontrollvorschriften. Kontrollen sind nützlich, aber es ist sehr schwierig, motivierte Führungskräfte dazu zu bewegen, Anweisungen zu lesen, geschweige denn, sie zu befolgen. Der dickste Grundsatz- und Verfahrensleitfaden hat noch keine Firma vor der Katastrophe gerettet.

Die Antikörper müssen Bestandteil des Führungsstils sein, der die Arbeitsabläufe in einem Betrieb bestimmt. Sie müssen dem gesamten Unternehmen „in Fleisch und Blut übergehen", damit alle Entscheidungsträger (und jeder Mitarbeiter trifft Entscheidungen) darin bestärkt werden, keine Qualitätsmängel zu verursachen.

Alle Unzulänglichkeiten werden verursacht. Sie sind weder genetisch bedingt, noch kommen sie durchs Bürofenster geflogen oder stecken im Verpackungsmaterial. Sie werden verursacht. Alles, was verursacht wird, läßt sich vermeiden. Jedes Unternehmen, das interne Spannungen vermeiden, Mißstände abschaffen, eine Stange Geld sparen und seine Kundschaft zufriedenstellen will, muß immunisiert werden.

Um den Impfstoff herzustellen, muß man bestimmte Grundbestandteile zusammenstellen (siehe Seiten 20 bis 21). Und wenn man ihn der Belegschaft regelmäßig verabreichen will, bedarf es eines Therapieplans, der drei klar umrissene Managementschritte umfaßt:

— Festlegung
— Ausbildung
— Durchführung

Der Wille zur entschlossenen Festlegung auf klare Qualitätsbegriffe wächst, sobald die Mitglieder einer Führungsmannschaft feststellen, daß sie die Nase voll haben und daß es so nicht weitergeht. Sie erkennen, daß ihr Handeln das einzige Instrument ist, mit Hilfe dessen sich das Unternehmensprofil ändern läßt.

Gezielte Schulung ist ein Prozeß, der allen Beschäftigten dazu verhilft, gemeinsame Qualitätsbegriffe zu entwickeln, die Rolle jedes einzelnen im Qualitätsverbesserungsprozeß richtig einzuschätzen und die notwendigen Kenntnisse zu erwerben, die zur Bildung von Antikörpern befähigen.

Konsequente Durchführung bedeutet, den Verbesserungsfluß über die „Lebensnerven" des Unternehmens weiterzuleiten. Dieser Prozeß ist nie abgeschlossen, weil der Körper des Patienten sich beständig ändert. Aber jeder Schritt in diese Richtung dient der Gesundheit des Ganzen.

Ich werde auf jeden dieser Gesichtspunkte noch in einem gesonderten Kapitel eingehen.

Die meisten Firmen konzentrieren sich auf die Durchführung, bevor sie sich mit den beiden anderen Schritten befassen. Das liegt daran, daß die leitenden Angestellten gewöhnlich von Qualität nicht viel verstehen, allenfalls nach dem Wahlspruch verfahren: „Wenn man zuviel für Qualität ausgibt, verliert man Geld, und wenn man zu wenig dafür ausgibt, verliert man auch Geld."

Daher ist es nur naheliegend, daß man, sobald Probleme auftauchen, nach der gerade gängigsten Modemasche auf diesem Gebiet greift. Während ich dieses Buch schreibe, gehören *Qualitätsarbeitskreise* und *statistische Qualitätskontrolle* gerade zu den Rennern. Einige Unternehmen haben diese beiden Techniken einige Jahre lang aus eigener Initiative angewendet und entdecken, daß es 1. sehr mühsam ist, sie durchzuhalten, und daß sich 2. sehr wenig tatsächlich verbessert.

Gegen Qualitätsarbeitskreise und statistische Qualitätskontrolle an sich ist nichts einzuwenden. Sie sind hervorragende Hilfsmittel im Kampf um Qualitätsverbesserung, aber eben nur Hilfsmittel. Es sind keine Managementinstrumente, und dennoch lassen sie sich nur erfolgreich einsetzen, wenn das Management sie hundertprozentig bejaht. Mir begegnen selten Unternehmensleiter, die wissen, wie diese Techniken funktionieren, geschweige denn imstande sind, sie sachgerecht anzuwenden.

Um ein Unternehmen dauerhaft zu entstören, ist es erforderlich, die Unternehmenskultur zu verändern, die Ursachen für das Zustandekommen unzulänglicher Erzeugnisse und Dienstleistungen auszumerzen. Lassen Sie mich ein persönliches Beispiel anführen.

Vor einigen Jahren bekam ich mitten in der Nacht einen Herzinfarkt. Meine Frau fuhr mich in die Klinik, wo ich auf die Intensivstation gebracht und behandelt wurde. Nach einigen angsterfüllten Stunden war dann abzusehen — allerdings nicht für mich —, daß es noch einmal gutgehen würde.

Am Nachmittag darauf besuchte mich mein Hausarzt. Nachdem er sich nach meinem Befinden erkundigt hatte, sagte er, er wolle mit mir reden und bat mich um meine ganze Aufmerksamkeit.

„Arthur", sagte ich, „du wirst meine Aufmerksamkeit nie wieder so ungeteilt haben wie jetzt."

Meine Bemerkung schien ihn nicht zu beeindrucken.

„Jedes Jahr läßt du dich bei mir durchuntersuchen", hob er an. „Und jedes Jahr sage ich dir, daß du 15 Pfund abnehmen und dir das Rauchen abgewöhnen mußt.

Und du sagst jedesmal, daß du etwas unternehmen willst, und wenn du im Jahr darauf wieder in die Praxis kommst, stellt sich heraus, daß du nichts unternommen hast.

Ich will dir damit folgendes sagen: Wenn du nicht mit dem Rauchen aufhörst und nicht 15 Pfund abnimmst, mußt du sterben."

„Oh", sagte ich.

Das beeindruckte mich wirklich. Arthur kam mir nicht mit Statistiken; er wies mit dem Finger direkt auf mich. Er wies nicht auf die Wahrscheinlichkeit hin, daß dies Schicksal einer Person meines Alters, in meiner Situation usw. bevorstehe; er sprach von *mir*.

Also beherzigte ich seine Mahnung. Nach dem Krankenhausaufenthalt fing ich nicht wieder mit dem Rauchen an und habe bis heute nie mehr den Drang verspürt, es mir wieder anzugewöhnen. Ich habe mir eine Sucht, der ich zwanzig Jahre lang genüßlich gefrönt hatte, restlos aus dem Kopf geschlagen.

Arthur verlangte, ich solle mein Körpergewicht von 175 Pfund auf 160 Pfund reduzieren. Das war gar kein Problem, wie sich herausstellte. Ich brauchte mir nur unter all den Schlankheitsratgebern, die auf jeder Bestsellerliste stehen, einen auszusuchen und die empfohlenen Techniken getreulich zu befolgen. Shirley leitete dabei an, und binnen drei Wochen wog ich 160 Pfund.

Mir war schleierhaft, warum ich mich so lange dagegen gesträubt hatte. Es war ein tolles Gefühl, den Speck los zu sein. Meine Konfektionsgröße war von 56 auf 52 geschrumpft, und ich ließ meine Anzüge beim Schneider enger machen und ersetzte die, die nicht mehr zu retten waren, durch neue. Dann ging ich wieder auf Reisen rund um die Welt, um ITT für Qualität stark zu machen.

Nach sechs Monaten wog ich wieder 175 Pfund. Bloß daß mir jetzt meine Anzüge endgültig nicht mehr paßten. Ausgesprochen peinlich.

Nach einigem Nachdenken wurde mir klar, daß ich die Prinzipien des Qualitätsmanagements, die ich von früh bis spät predigte, in dieser Situation so gut wie gar nicht beherzigt hatte. Ich hatte eine kurzfristige Lösungsmethode angewendet und kurzlebige Ergebnisse erzielt.

Schuld an meinem Übergewicht war keine Verschwörung. Niemand schlich sich nachts in mein Zimmer und flößte mir klammheimlich Nahrung ein, während ich schlief. Weder meine Frau noch mein Chef noch meine Mitarbeiter. Ich aß zu viel.

In dem Bemühen, Gewichtsabnahme in ein machbares Projekt zu verwandeln, bestimmte ich ein Produkt: einen 160-Pfund Phil Crosby. Ich mußte lediglich die Bedingungen festlegen, unter denen ein solches Produkt herstellbar war, und den Managementstil entwickeln, der die gleichbleibende Güte des Produkts gewährleisten würde.

Also führte ich zwei Wochen lang über alles Buch, was in meinen Mund kam. Wenn Sie meinen, nicht viel zu essen, dann müssen Sie einmal vierzehn Tage lang alles aufschreiben. Dabei entsteht eine sehr lange Liste, die sich zu einem gewaltigen Lebensmittelberg türmen würde.

Meine Buchführung zeigte mir, daß es an Kontrolle fehlte. Es fand viel zu viel teilweise gedankenloser Nahrungsmittelkonsum statt. Offenkundig fehlte es an klaren Richtlinien für die Nahrungsaufnahme.

Daraufhin legte ich folgende Regeln fest:
1. Pro Tag nur drei Mahlzeiten einnehmen, keine Zwischenmahlzeiten.
2. Bei jeder Mahlzeit nur einmal zulangen.
3. Nach jedem Bissen die Gabel ablegen. (Ein befreundeter Psychologe erklärte mir, daß man dann bewußter wahrnimmt, wann man satt ist.)
4. Täglich mehrere Kilometer gehen.

Wir stellten vor allem fest, daß wir zu viele Lebensmittel im Hause hatten. Die Kinder waren ausgeflogen und hatten eigene Haushalte gegründet, und wir kochten noch immer für vier. Wir füllten Speisen in Schüsseln und stellten diese auf den Tisch. Wenn wir die Schüsseln geleert hatten, war die Mahlzeit beendet. Von nun an wurde in der Küche eine bestimmte Menge auf die Teller gegeben, und die Reste wurden weggeräumt. Wir stellten auch fest, daß unsere Eßteller sehr groß waren, und besorgten uns kleinere.

Ein weiterer Punkt, mit dem wir uns befassen mußten, war Auswärtsessen. Wir gingen gern zu Fuß nach Winter Park ins Restaurant, und im Zusammenhang mit der Arbeit gab es häufig Festbanketts und Essenseinladungen. So entstand eine weitere Regel.

5. Bei Essenseinladungen und in Restaurants nur die Hälfte essen von dem, was man vorgesetzt bekommt.

Diese konzertierte Aktion führte im Laufe der folgenden drei Wochen zu einem Gewichtsverlust von gut sechs Pfund. Dann ließt die Abwärtsentwicklung nach, und mein Gewicht blieb konstant. Das machte deutlich, daß die bislang formulierten Regeln eine Lebensweise bewirkten, die einen 169-Pfund Phil Crosby hervorbrachte. Das Produkt war noch verbesserungsbedürftig.

Eine neuerliche Überpüfung meiner Essensgewohnheiten offenbarte, daß der nächste wichtige Punkt Nachspeisen waren. Es war klar, daß sie aus dem Ernährungsplan verschwinden mußten, nur auf Eiskrem wollte ich nicht ganz verzichten. Experimentell wurde festgelegt, daß ich mir alle vierzehn Tage einmal Eis mit heißen Himbeeren genehmigen durfte. Sämtliche anderen Süßspeisen, inklusive der Pralinen in Brüssel, wurden gestrichen. Das tat wirklich weh.

Die Einhaltung dieser neuen Regeln brachte das Produkt auf 165 Pfund. Dann kam die Gewichtsabnahme wieder zum Stillstand, der Zeiger an der Waage rührte sich nicht mehr. Die Versuchung war groß, sich damit zufriedenzugeben; die Anzüge saßen gut, und ich fühlte mich wohl. Ich rief Arthur an und erstattete ihm Bericht. Er war hocherfreut über meine Fortschritte, steckte aber mit seinen Forderungen nicht zurück. Ich kam nicht um ein generalstabsmäßiges Gewichtsmanagement herum.

Der einzige noch offene Punkt auf der Ernährungsliste war Alkohol. Ich trank weder Bier noch Whiskey, aber ich trank gern Wein. Eine ganze Menge sogar. Da ich ein Drittel meines Lebens auf Reisen verbrachte, hatte ich mich den internationalen Gepflogenheiten angepaßt. Eine der verbreitetsten dieser Gepflogenheiten ist der Genuß von Wein zu den Mahlzeiten. Wein enthält Alkohol, welcher wiederum reich an Kohlenhydraten ist und dick macht. Also mußte der Weinkonsum reduziert werden.

Ich beschloß, nur noch zwei (kleine) Gläser Wein zum Essen zu trinken und sonst auf Wein ganz zu verzichten. Das klappte einigermaßen, nur sitzt in meinem Hirn anscheinend ein Relais, das nach der ersten Hälfte des zweiten Glases ausfällt. Der Effekt dieses Kurzschlusses ist, daß die Tragweite der Zwei-Glas-Regel ausgeblendet wird.

Das alles entwickelte sich zu einem derartigen Krampf, daß ich mich zu dem Entschluß durchrang, Alkohol einfach ganz zu streichen. Ohne Alkohol nahm ich die verbleibenden fünf Pfund ab, schlief besser und entdeckte, daß mir Zeitverschiebungen nicht mehr annähernd so stark zu schaffen machten wie zuvor. Das war die angenehme Seite der Medaille. Die unangenehme Seite war die Tatsache, daß ich, wenn ich unterwegs war, nach zwanzig Uhr auf Gesellschaft verzichten mußte.

Diese Disziplin machte sich bezahlt. Ich brauche jetzt keine Schlankheitskuren mehr, ich muß mich nur noch an meine Regeln halten.

Zehnmal täglich auf verschiedene Weise mein Körpergewicht zu überprüfen hatte mir kein Gramm Gewichtsverlust gebracht. Ein Bein abzuhacken hätte das Gewicht reduzieren geholfen, aber keinen ganzen Phil Crosby erzeugt. Nahrungsmittel gelangen ausschließlich durch Betätigungen des Körpers in den Körper. Die einzig effektive Vorbeugung besteht darin, keine Nahrung in den Körper gelangen zu lassen.

Als meine Tochter heiratete, wurde mir auf dem Hochzeitsempfang ein Glas Wein angeboten. „Was ist das für eine Welt", dachte ich, „wenn ein Mensch auf der Hochzeit seiner einzigen Tochter nicht ein Glas Wein trinken kann?"

Dennoch stellte ich es beiseite und prostete dem Paar mit Mineralwasser zu. Mein Entschluß, die Anforderungen des Null-Fehler-Standards zu erfüllen, war Jahre zuvor gefallen. Wenn ich die Entscheidung diesmal durchbrach, würde dasselbe bald an meinem Hochzeitstag wieder passieren, dann an meinem Geburtstag, und danach würde schon die bloße Tatsache, daß Freitag war, als Vorwand ausreichen. Und ich würde wieder ganz von vorn anfangen müssen. Das gewünschte Körpergewicht zu erlangen war eine Frage des geänderten Lebensstils. Das Gewicht zu halten ist eine Frage des Führungsstils.

Die Kapitel über Festlegung, Ausbildung und Durchführung werden deutlich machen, was getan werden muß, um Störfaktoren auszuschalten und Fehlervorbeugung einzuführen.

3
Motivationsfeindliche Unternehmenspraktiken

Vorgesetzte sind permanent auf Motivierung der Mitarbeiter bedacht. Mitarbeiter „anspornen" ist zu einem regelrechten Erwerbszweig geworden. Fachreferenten bieten Tonbänder, Videofilme, Beratung und viele andere einschlägige Hilfsmittel an. Das Material ist größtenteils nützlich, und die Angebote sind ehrlich gemeint. Sie geben den Leuten Auftrieb — zumindest eine Zeitlang.

Aber wir sollten uns fragen: „Warum müssen wir uns pausenlos etwas einfallen lassen, um unsere Mitarbeiter zu motivieren? Haben wir nicht motivierte Leute eingestellt?"

Eigentlich hatten sie doch bei Arbeitsantritt alle eine sehr positive Einstellung. War nicht alles eitel Freude, als sie sich am ersten Tag zur Arbeitsplatz meldeten? Ein bißchen Nervosität spürte man ihnen vielleicht an, aber das ist eine natürliche, ja wünschenswerte Reaktion. Alles ließ sich so vielversprechend an.

Die Neuen waren entschlossen, einen guten Eindruck zu machen, sich gründlich einzuarbeiten, ihr Bestes zu geben. Manch einer war vielleicht sogar ehrgeizig und sah diese erste Stellung als Sprungbrett zu einem Generaldirektorenposten an. Vielleicht waren sie auch nicht ganz so zielstrebig, aber sie betrachteten die Stellung zumindest als Neuanfang und großartige Chance.

Auf jeden Fall hatten sie eine sehr positive Einstellung zu ihrer neuen Firma. Ihre Arbeitsmoral war gut, sie waren voller Aufmerksamkeit und nahmen die ganze Situation sehr ernst.

Einige Monate oder Jahre später sieht alles ganz anders aus. Der Mitarbeiter ist nicht mehr so hell begeistert von der Firma und dem Job. Die persönliche Leistungsbereitschaft, die am Anfang keine Grenzen kannte, scheint inzwischen erlahmt zu sein. In alle Gespräche schleichen sich die üblichen Redensarten ein:

„Bloß nicht auffallen."

„Keiner weiß, was hier eigentlich gespielt wird."

„Wieso machen die so einen Blödsinn?"

„Auf die richtigen Beziehungen kommt es an, nicht auf das, was einer kann."

„Die pfeifen doch auf Qualität."

„Hier hat man sowieso keine Aufstiegschancen."

„Du kannst noch so viele gute Einfälle haben, es passiert doch nichts."

Wenn das Stimmungsbarometer im ganzen Betrieb sinkt, beschließt irgend jemand von der Unternehmensleitung, daß die Belegschaft mehr Kommunikation und ein bißchen Ansporn braucht. Meist steht dahinter das ehrlich gemeinte Anliegen, ein „prima Arbeitsklima" zu schaffen. Es werden Programme für Fortbildungslehrgänge entwickelt, auf denen die Mitarbeiter erfolgreich kommunizieren lernen sollen.

Ziel dieser Bemühungen sind „gute Arbeitsbedingungen" oder „Qualitätsarbeitskreise" oder Produktivitätssteigerung oder ähnliches mehr. Diese Programme haben nur einen Fehler: sie richten sich alle an die unterste Unternehmensebene.

Versetzen Sie sich einmal in Ihre Kindheit zurück, stellen Sie sich den Schulhof vor, auf dem man sich so schön austoben und die Zeit vertreiben konnte. Lassen Sie ein paar Kraftprotze auftreten, die es auf Krawall angelegt haben. Diese Burschen machen es den anderen praktisch unmöglich weiterzuspielen und verderben ihnen den Spaß. Sie halten sich an keine Spielregeln und terrorisieren die anderen nach Lust und Laune. Sie mischen sich ein, nehmen den anderen den Ball weg, tun einfach, was ihnen gerade paßt.

Nehmen wir an, die Schulleitung beschließt, zur Motivation der Schüler Förderkurse einzurichten, um das Problem in den Griff zu bekommen. Dann würde sie allerdings die Opfer auf die Schulbank schicken und nicht die Bösewichte. Und genau das geschieht in den Unternehmen.

Was den Mitarbeitern oft den Arbeitsplatz verleidet, ist das normale Betriebsklima. Die gedankenlose, irritierende, teilnahmslose Art, mit der sie behandelt werden, ist die Wurzel des Übels. Sie kommen sich vor wie Marionetten, von unpersönlichen Funktionsabläufen manipuliert.

Gehört man erst einmal der Unternehmensspitze an, geraten diese Erfahrungen leider schon nach wenigen Monaten in Vergessenheit. Aus diesem Grund ändert sich so wenig zum Besseren. Das ist auch der Grund, warum Revolutionen gewöhnlich ihre Ziele verfehlen (die Französische Revolution von 1789 brachte Napoleon hervor).

Von welchen Untaten ist die Rede? Wir brauchen nicht Charles Laughton und seine Schreckensherrschaft auf der Bounty als Beispiel zu bemühen. Natürlich ist seit Jahrzehnten in der amerikanischen Industrie nichts mehr vorgefallen, was annähernd dem „Kielholen" gleichkäme. Die folgenschweren Demütigungen, die ich meine, sind viel unauffälliger. Wir wollen uns ein paar typische Managementsünden ansehen.

Leistungsbeurteilungen — sie mögen noch so sinnvoll angelegt sein — sind eine Einbahnstraße. Der einzelne wird von irgend jemand, den er sich nicht aussuchen kann, auf Herz und Nieren geprüft. Die Qualifikation des Prüfers steht dabei nicht zur Debatte. Dennoch ist die Auswirkung auf das gegenwärtige und künftige Leben des einzelnen so real, als wüßte jeder, was er tut.

Das könnte zu der Annahme verleiten, Leistungsberichte seien etwas sehr Negatives, das den Mitarbeitern nur zum Nachteil gereicht. Mitunter trifft das auch zu, aber im großen und ganzen sind solche Beurteilungen sehr gut gemeint. Sie tragen den Betreffenden Gehaltserhöhungen ein, empfehlen sie zur Beförderung und strömen im allgemeinen reines Wohlwollen aus.

Wenn Sie das anzweifeln, müssen Sie sich nur einmal die Beurteilungen sämtlicher Sekretärinnen einer Unternehmenszentrale ansehen. Sie schneiden alle überdurchschnittlich gut ab und werden wärmstens empfohlen. Das garantiere ich Ihnen.

Dennoch wirken sich die Berichte im Endeffekt leistungsmindernd aus. Nicht nur, daß sie die Spreu nicht vom Weizen trennen; sie stellen nicht einmal die Guten ins Rampenlicht. Und das bringt die Leute auf.

Unehrliche Leistungsbewertungen zeigen den Leuten, daß die Firma keine glaubhafte Linie hat, daß sie selbst nicht zu dem System steht, das sie ihnen aufnötigt, und nicht wirklich daran interessiert ist, Talente zu entdecken. Sie fühlen sich übergangen und gekränkt. Die Beurteilungen, die der Unternehmensleitung Informationen über die Mitarbeiter geben sollen, tun das Gegenteil. Die Mitarbeiter kommen schnell dahinter, daß die Geschäftsführung gar nicht imstande ist, die „Schönsten im ganzen Land" ausfindig zu machen, es sei denn rein zufällig oder mit einer Art sechstem Sinn.

Das läßt die Leute resignieren. Die wirklich wertvollen Mitarbeiter sehen sich schon bald nach der ersten Beurteilung anderweitig um.

Spesenabrechnungen sind für die Mitarbeiter ein weiteres Paradebeispiel dafür, daß ihre Interessen niemanden interessieren. Die meisten Firmen erstatten ihren Angestellten nach Dienstreisen anstandslos die Kosten für Hotelzimmer, Mahlzeiten und Flugtickets. Auf alle diese Kosten — die vermutlich etwa 97 Prozent der gesamten Reisespesen ausmachen — hat der Geschäftsreisende kaum Einfluß. Bei Restaurantrechnungen gibt es kleine Unterschiede, aber die Hotelkosten werden gewöhnlich akzeptiert.

Der Ärger fängt an, wenn man Posten abrechnen will, über die irgendwelche Vorschriften aufgestellt werden können, beispielsweise die folgenden:

- Wäschereikosten werden erst ab einer Reisedauer von drei Tagen erstattet.
- Ferngespräche nach Hause können nur jeden zweiten Tag abgerechnet werden.
- Nach einem Flug, auf dem eine Mahlzeit serviert wurde, werden Auslagen für Restaurantessen nicht erstattet.
- Für sämtliche Kfz-Gebühren, inklusive Autobahnkosten, sind Belege einzureichen.
- Reisekostenvorschüsse können nicht gezahlt werden.

Das Ergebnis derartiger Anordnungen ist ein ewiger Kleinkrieg zwischen Buchhaltung und Geschäftsreisenden. Bei der Spesenabrechnung geht es letzten Endes nur noch um die Entscheidung, ob der Betreffende sich an die Vorschriften gehalten hat oder nicht. Und wenn die Buchhaltung in einer Auseinandersetzung je einmal den kürzeren zieht, werden einfach die entsprechenden Formulare geändert oder die Regeln neu formuliert.

Wer auf Dienstreise geht, muß seine Reisekostenabrechnung von oben, und zwar gleich von mehreren Vorgesetzten, absegnen lassen. Die Sekretärin muß die Formulare ausfüllen, weil er sich nicht damit auskennt. Die Kompliziertheit des Abrechnungsformulars ist ein Indiz für das, was eigentlich erreicht werden soll. In Wirklichkeit geht es darum, Geschäftsreisen zu erschweren.

Der treue Verbündete der Spesenabrechnung ist der Reiseantrag. Niemand kann, aus naheliegenden Gründen, einfach zum Telefonhörer greifen und ein Flugticket bestellen. Tickets sind bares Geld, und bares Geld kann nur auf ordnungsgemäßem Weg bewilligt werden; sonst gerät ein Unternehmen in ernste Finanzschwierigkeiten.

Viele Unternehmen machen diesen ordnungsgemäßen Prozeß zur entwürdigenden Prozedur. Eine todsichere Methode besteht zum Beispiel darin, nicht ranggleiche Mitarbeiter in unterschiedlichen Klassen reisen zu lassen. Das macht für jedermann ersichtlich, wer wichtig ist und wer nicht. Die Gehaltsstufe, von der an man in den Genuß des Privilegs kommt, erster Klasse zu reisen, wird zur einzig erstrebenswerten Position im ganzen Unternehmen. Beständig gibt es Gerangel um Beförderung aus untergeordneten Stellen in diese Kaste.

Besonders erniedrigend ist es, wenn ein Angestellter, der Touristenklasse fliegen muß, einen Kollegen begleitet, der zu den Ersterklassepassagieren gehört. Die untergeordnete Person kann aufgewertet werden, wenn ein entsprechend unterwürfiger Bittbrief an den Verwaltungsdirektor gerichtet und dessen Einverständnis erwirkt wird.

Auch Arbeitssitzungen können sich motivationshemmend auswirken. Alle Sitzungen, an denen ich je teilnahm, zeichneten sich durch bestimmte, gleichbleibende Spielregeln und Verhaltensmuster aus. Es gibt immer eine konstante Anzahl von Referenten, unabhängig von der Gesamtteilnehmerzahl. Knapp ein halbes Dutzend Leute, meistens sogar nur drei oder weniger, geben den Ton an. Der eine versucht, einer Sache auf den Grund zu kommen, und die anderen sind entweder dafür oder dagegen.

Ein älterer Spitzenmanager, der gerade in ein Unternehmen eingetreten war, in dem ich arbeitete, ließ einmal die Bemerkung fallen: „Mitarbeiterbesprechungen sind überall gleich. Der Chef redet, solange es ihm paßt, über das, was ihn interessiert, und dann ist die Sitzung zu Ende."

Es gibt absolut nichts Deprimierenderes oder Erniedrigenderes für einen angehenden Topmanager, als Besprechungen beiwohnen zu müssen, auf denen ihm die Rolle des aufmerksamen Zuhörers diktiert wird. Wie wir alle wissen, nimmt das effektive Faktenwissen ab, je weiter man in die Unternehmensspitze vordringt. Das ist keineswegs eine zynische Sicht der Dinge, lediglich eine pragmatische Feststellung. Leute in Spitzenpositionen sind für ein so breites Spektrum von Tätigkeitsbereichen zuständig, daß sie sich unmöglich überall gut auskennen können.

Das hindert sie aber nicht daran, Meinungen und Wünsche zu hegen. Sie haben genaue Vorstellungen davon, wie es weitergehen soll, und die versuchen sie, vielleicht unbewußt, durchzusetzen, indem sie das Gespräch in diese Richtung lenken. Derweil müssen sich diejenigen, die wirklich Bescheid wissen, gequält auf ihren Sitzen winden. Wenn man so einen Topmanager darauf anspricht, wird er geduldig lächeln und entgegnen, daß sämtliche Sitzungsteilnehmer Gelegenheit hätten, sich zu Wort zu melden, wann immer sie wollten. Gegen Sitzungsende machen die tonangebenden Leute sogar regelmäßig die Runde um den Konferenztisch, um sich zu vergewissern, daß auch ja nichts und niemand übergangen wurde.

Ermittelt man aber die relativen Sprechzeiten, dann liegt das Verhältnis in der Regel bei 80 zu 20, d. h., 80 Prozent der Redebeiträge stammen von 20 Prozent der Anwesenden. Und diese 20 Prozent sind praktisch im voraus festgelegt. Jeder von den verbleibenden 80 Prozent der Sitzungsteilnehmer kann sich in die Diskussion einmischen, und sein Beitrag wird positiv aufgenommen werden. Man wird allgemein begrüßen, daß dieser Punkt angesprochen wurde. Aber spätestens beim dritten Mal wird der vorwitzige Redner unterschwellig mitbekommen, daß 20 Prozent eben 20 Prozent sind.

Sitzungspraktiken sind meiner Meinung nach häufiger als alle sonstigen Scherereien Kündigungsgrund für talentierte Mitarbeiter. Sie boxen sich durch drei bis vier Firmen nach oben bis in die Managementebene vor, die auf Besprechungen den Ton angibt. Dann vergessen sie prompt die zuvor gemachten Erfahrungen und genießen nur noch die Tatsache, daß Sitzungen ihnen plötzlich Spaß machen.

In jedem Unternehmen finden Dutzende vergleichbarer Veranstaltungen statt, die alle nicht viel mit der Politik des Hauses zu tun haben. Ich habe mit Dutzenden von Generaldirektoren gesprochen und bin nie einem begegnet, der die Absicht hatte, Mitarbeiter zu schikanieren. Sie wiesen, ganz im Gegenteil, alle stereotyp und glaubhaft darauf hin, daß das Unternehmen wie eine „große Familie" sei und daß alle Arbeitnehmer sich außerordentlich kollegial und hilfsbereit verhielten.

„Vergangene Woche", erzählte mir einer, „haben wir sogar die Marketingabteilung damit überrascht, daß wir ihre Büroräume übers Wochenende frisch streichen ließen. Sie waren alle ganz begeistert."

Sie haben sich begeistert geäußert, aber waren sie es wirklich? Höchstwahrscheinlich werden sie sechs Wochen brauchen, bis die Spuren der Maler entfernt und Möbel und Akten alle wieder am Platz sind. Niemand sagte den Abteilungsangehörigen vorher Bescheid, niemand gab ihnen die Möglichkeit, Vorbereitungen zu treffen, niemand fragte sie nach ihren Farbwünschen.

In einer Firma mit gestörtem Betriebsklima beschäftigt zu sein gleicht in mancher Hinsicht der Situation eines jungen Erwachsenen, der noch zu Hause lebt und dessen Eltern nach wie vor für ihn entscheiden.

Wir handeln uns sowieso einiges ein von dem Ärger, den das Leben mit sich bringt. Was wir uns selbst antun, ist unsere Privatsache, und wir bekommen vermutlich, was wir verdienen. Es gibt allerdings keinen vernünftigen Grund dafür, daß andere uns etwas antun. Scherereien am Arbeitsplatz kann man verhindern, nicht indem man eine nach der anderen abschafft, sondern indem man offene Kommunikation auf allen Ebenen praktizieren lernt. Frustrierte Mitarbeiter leisten einfach keine Qualitätsarbeit; manchmal erbringen sie überhaupt wenig Leistung.

In einem „Streß"-Unternehmen arbeiten Management und Mitarbeiter gegeneinander; in einem „streßfreien" Unternehmen arbeiten alle zusammen, gibt es keine Fronten.

Wenn man ein Unternehmen besucht, weiß man schon nach wenigen Minuten, was für ein Geist im Hause herrscht. Ein streßfreies Unternehmen zeichnet sich durch angenehmes Betriebsklima, reibungslos funktionierende Arbeitsabläufe und zufriedene Mitarbeiter aus. Es bietet auch ideale Voraussetzungen für Spitzenerträge und maximales Wachstum. Die Kunden spüren das rasch und fassen Vertrauen.

Wenn es in einem Unternehmen viele interne Scherereien gibt, hat das zur Folge, daß die Betriebsangehörigen mehr Zeit damit zubringen, sich mit den Kollegen als mit der Sache auseinanderzusetzen. Letzten Endes werden die meisten Verrichtungen, die eine Person im Laufe eines Tages ausführt, durch Ereignisse in unmittelbarer Umgebung ausgelöst. Daher sind Streit, häufige Kontrollen und Arbeitsunterbrechungen hausgemacht. So heißt es beispielsweise, Unternehmensverwaltungen hätten keine Bezirskge-schäftsstellen oder Zweigniederlassungen nötig, um ausgelastet zu sein. Ihre Mitglieder können sich gegenseitig genug Arbeit machen. Der Witz ist, daß ein störanfälliges Unternehmen nicht etwa bewußt oder in böser Absicht geschaffen wird. Es scheint ein-fach zu „passieren", also muß es auch vermeidbar sein. Vermeiden von Störungen ist in erster Linie eine Sache der inneren Einstellung und der Kommunikationsbereit-schaft.

Natürlich gibt es pathologische Zustände, die kaum Heilungschancen haben: der Firmenchef, der so mit der eigenen Wichtigkeit beschäftigt ist, daß keinerlei zwischen-menschliche Kommunikation möglich ist; der betrügerische oder korrupte Geschäfts-führer; der Machtkampf, der zum offenen Krieg wird, dem ganze Unternehmens-zweige und ihre Beschäftigten zum Opfer fallen. Es ist am ratsamsten, sich solchen Situationen zu entziehen und fruchtbarere Betätigungsfelder zu suchen. Glücklicher-weise sind solche Extremfälle außerordentlich selten.

Die Vorgänge, die die Mitarbeiter unnötig Nerven kosten und ein schlechtes Betriebsklima schaffen, sind für gewöhnlich keine großen Angelegenheiten. Einige davon habe ich in diesem Kapitel behandelt. Im folgenden stelle ich dar, wie man in zwei verschiedenen Unternehmen mit der gleichen Situation umging und was am Ende dabei herauskam.

Die Situation

Die Produktivitätsentwicklung des Unternehmens gab der Herstellungsabteilung Anlaß zur Sorge. Neuere Untersuchungen deuteten darauf hin, daß 43 Prozent aller Büroarbeit auf die außerplanmäßigen Bemühungen entfiel, die Arbeiten fristgerecht erledigt zu bekommen. Die Leistungsfähigkeit des gesamten Betriebssystems schien von Jahr zu Jahr nachzulassen. Stichproben ergaben, daß auch die Inspektoren sich Gedanken über die Produktivität und deren Verbesserung machten.

Unternehmen A

Betriebsleiter: „Herr Neubauer, ich mache mir Gedanken wegen der Produktivitäts-entwicklung. Ich habe Sie gebeten, Seminare über dieses Thema zu besuchen und sich zu überlegen, was getan werden kann. Zu welchem Schluß sind Sie gekommen?"

Georg Neubauer: „Ich habe mich intensiv mit dem Thema befaßt. Man macht sich bundesweit Gedanken darüber. Alle gesamtwirtschaftlichen Erhebungen zeigen, daß die Produktivität allgemein rückläufig ist. Wir müssen uns rasch etwas einfallen lassen."

Betriebsleiter: „Ganz Ihrer Meinung. Na, dann wollen wir mal wieder Schwung in den Laden bringen."

Georg Neubauer setzte sich mit einer Gruppe von Inspektoren aus Verwaltung und Fertigung zusammen. Er wies sie auf die nachlassende Produktivität und die Notwen-digkeit von Gegenmaßnahmen hin.

Nach Meinung dieser Gruppe war das Problem auf die Tatsache zurückzuführen, daß die Mitarbeiter einfach nicht fleißig genug arbeiteten und daß die Unternehmensleitung die Tätigkeitsmerkmale nicht klar genug formulierte. Sie beschlossen ein paar Sofortmaßnahmen, gaben entsprechende Anweisungen und warteten dann ab.

Wenige Monate danach berichtete Georg Neubauer, daß die Situation ziemlich unverändert sei und daß lediglich die neue Planvorgabe zur Steigerung der Produktivität die Belegschaft zu irritieren schien.

„Die Leute kapieren einfach nicht, wie wichtig Produktivität ist", sagte der Betriebsleiter.

Unternehmen B

Der Betriebsleiter gab eine Untersuchung über die Entwicklung der Unternehmensproduktivität in Auftrag und stellte fest, daß die Mitarbeiter nicht wußten, was der Begriff überhaupt bedeutete, und auch keinerlei Vorstellung davon hatten, wie gut oder schlecht das Unternehmen auf dem Gebiet abschnitt.

Einige leitende Angestellte in Schlüsselpositionen nahmen an Lehrgängen zum Thema teil, lernten, wie man die Wirtschaftslage eines Betriebes mißt, und machten dann eine Bestandsaufnahme. Diese Bestandsaufnahme zeigte, daß das Unternehmen unnötig viel Zeit auf Datenverarbeitung und andere Kommunikationsaufgaben verwendete und daß aufgrund unsachgemäßer Abwicklung der Aufträge viel nachträgliche Verwaltungsarbeit anfiel.

Vertreter sämtlicher Abteilungen wurden als Krisenstab und Kommunikationszentrale einberufen. Sie verschafften sich Sachverständigenhilfe bei der Neugestaltung des Datenerfassungssystems und ermöglichten es allen Betriebsangehörigen, zur Gesamtentwicklung beizutragen.

Unternehmen B macht sich großartig. Unternehmen A schlägt sich noch immer mit den alten Problemen herum.

Die Entwicklung zu einer reibungslosen Betriebsführung erfordert eine Vielzahl von Maßnahmen und unternehmerischer Konzepte. Alle Schritte müssen realistisch, konsequent und phantasiereich sein.

Wäre dies ein Lehrgang, in dem Führungskräfte lernen sollten, wie man einen Betrieb ohne Reibungsverluste führt, würde er in mehrere Abschnitte unterteilt. Denkbar wären die drei folgenden:

Abschnitt eins:
„Die Realität von Ärger am Arbeitsplatz"

Videofilm: Zwei Vertreter sitzen am Tresen in einem Café. Der eine macht ein mißmutiges Gesicht. Nach der geringen Anzahl der Gäste zu urteilen, ist es mitten am Vormittag. Der Mißmutige eröffnet die Unterhaltung:

„Ich bin manchmal so deprimiert. Mein Schwager will ein Sportartikelgeschäft aufmachen und hat mir angeboten, bei ihm einzusteigen. Kann gut sein, daß ich annehme."

„Aber Ihre Verkaufszahlen sind doch gut."

„Ach, mit dem Verkauf habe ich keine Probleme, die Kunden sind in Ordnung. Wir haben zwar jede Menge Qualitätsprobleme mit unseren Erzeugnissen gehabt, aber damit komme ich schon klar. Unsere Betriebsverwaltung geht mir auf die Nerven ... Sie wollen immer mehr Formulare, andauernd werden die Produktbeschreibungen geändert, und uns Außendienstleute erklären sie alle für Faulpelze."

„Den Ärger hatten wir auch, aber das meiste ist überwunden."

„Wie haben Sie das geschafft? Haben alle mit der Kündigung gedroht?"

„Nein, wir haben die Mitarbeiter aus Verkauf und Verwaltung zu einer gemeinsamen Sitzung eingeladen. Dann haben wir den ganzen Papierkram, den wir für sie erledigen müssen, gesammelt und an eine Wand geklebt."

(Die Szene wechselt über zum Sitzungsraum, in dem man Formulare an einer Wand hängen sieht.)

Sitzungsleiter: „Gut. Jetzt haben wir den ganzen Formularkram aufgehängt. Nun wollen wir mal überprüfen, und zwar so realistisch wie möglich, wer wirklich was braucht."

(Zurück ins Café.)

Der mißmutige Verkäufer: „Wie ging es weiter?"

„Na ja, es hat sich herausgestellt, daß 80 Prozent von dem, was auf den Formularen stand, von niemand wirklich gebraucht wurde, also haben wir das alles gestrichen. Und dann haben wir uns ein System ausgedacht, nach dem Leute aus der Verwaltung turnusmäßig einen Tag lang mit den Leuten vom Verkauf unterwegs sind. Und die Außendienstleute verschaffen sich umgekehrt regelmäßig einen Eindruck von der Arbeit in der Geschäftsstelle."

„Und wie sieht es jetzt aus?"

„Die Verkaufsziffern sind gestiegen. Der Papierkrieg hat spürbar abgenommen, und ich kann ein viel größeres Gebiet betreuen. Das hat meine Provisionen aufgebessert. Ich muß los. Ich habe einen Termin, gleich um die Ecke."

Workshop: Teilen Sie die Lehrgangsteilnehmer in vier Arbeitsgruppen, und tragen Sie ihnen auf, alle Arbeitsplatzanforderungen zu nennen, die sie erfüllen sollen und die ihnen auf die Nerven gehen. Also spezifische Arbeiten wie Formulare ausfüllen, Berichte abfassen usw. Dann sollte festgehalten werden, wo die Anforderungen verfaßt wurden und ob alle Betroffenen an ihrer Entstehung mitgewirkt haben.

Diskussion: Versammeln Sie die Lehrgangsteilnehmer wieder, und fordern sie jede Gruppe auf, ihre Ergebnisse vorzutragen. Zweck der Diskussionsrunde ist es, diejenigen Arbeitsanforderungen einzukreisen, die übertrieben viel Zeit und Nerven kosten. Die Teilnehmer sollen sich die Frage stellen: Sind sie wirklich notwendig und wichtig? Und wenn nicht, warum werden sie in unserer Firma verlangt?

Arbeitsaufgabe: Gehen Sie wieder in Ihren Betrieb, und beseitigen Sie irgendeine kleine nutzlose Irritationsquelle. Stellen Sie sich darauf ein, den übrigen Kursteilnehmern das Ergebnis mitzuteilen.

Abschnitt zwei:
„Die Notwendigkeit von Konsequenz"

Videofilm: Ein Tennistrainer ruft eine Turniermannschaft auf dem Tennisplatz zusammen. Er hat ein Notizheft und einige Papiere bei sich, die wie Formulare aussehen.

„Okay, hört mal alle her. Hier sind ein paar sehr wichtige Mitteilungen von der Clubleitung. Ich lege Wert darauf, daß ihr alle darüber Bescheid wißt."

Spieler: „Was ist los, Champ? Wollen die schon wieder die Trainingszeiten ändern?"

„Nein, es geht um mehr, Kalle. Sie haben ein völlig neues Konzept entwickelt, um mehr Zuschauer anzulocken. Die Tennisfans sollen mehr geboten kriegen als in der letzten Zeit."

„Aber wir sind Ranglistenerster. Und ich habe in meinem letzten Spiel zehn Asse geschlagen. Wir sind in Topform."

„Asse finden die Leute todlangweilig. Was sie sehen wollen, sind spannende Ballwechsel und viele Flugbälle. Es wird also ein paar Veränderungen geben müssen. Wir werden das Netz ein paar Zentimeter erhöhen."

„Aber dann kann man die Aufschläge ja nur noch als müde Pflaumen übers Netz lobben."

Der Trainer blickt auf und nickt. „Und dann werden die Seitenlinien beidseits einen halben Meter weiter nach innen verlegt. Auf die Art brauchen die Spieler nicht mehr so weit hin und herzulaufen, das gibt längere Ballwechsel."

„Aber das bringt die ganzen Platzproportionen durcheinander."

„Na, dann rücken wir eben die Grundlinie entsprechend näher ans Netz. Was meint ihr, was das für Schmetterballduelle gibt!"

„Dann können wir ja gleich Pingpong spielen."

Lange Pause, während derer sie einander ansehen und der Trainer umblättert. Beide gucken auf die nächste Seite und nicken.

Workshop: Teilen Sie die Lehrgangsteilnehmer in vier Gruppen ein, und lassen Sie sie alle Änderungen aufzählen, die eingeführt und wieder revidiert wurden — was beweist, daß sie von vornherein sinnlos waren.

Diskussion: Gehen Sie die einzelnen Änderungsschritte noch einmal durch, und versuchen Sie festzustellen, wie einige davon überhaupt zustande kommen konnten. Lag es an mangelhafter Information? Oder an der fehlenden Bereitschaft, über die Auswirkungen der geplanten Änderungen nachzudenken?

Arbeitsaufgabe: Sehen Sie sich an Ihrem Arbeitsplatz nach irgendeinem Arbeitsgang oder technischen Detail um, an dem nach Meinung der Mitarbeiter grundlos herumgeändert wurde. Beschreiben Sie, welchen Anteil Sie an der Entscheidung zur Veränderung hatten.

Abschnitt drei:
„Die Notwendigkeit von Phantasiereichtum"

Videofilm: Szene in der Betriebskantine. Zwei Personen stehen vor dem Tresen mit den ausgestellten Speisen.

„Fällt Ihnen auch auf, daß sie jede Woche genau den gleichen Speiseplan haben? Jeden Tag gibt es die gleichen Salate. Da kommt einem ja das Gähnen."

„Fahren wir doch zur nächstbesten Schnellgaststätte."

„Da kriegt man um die Mittagszeit kaum einen Platz. Hier in der Kantine ißt doch kein Mensch mehr."

„Aber so schlecht ist das Essen eigentlich gar nicht."

„Nein, so schlecht ist es gar nicht, aber das ist so ein eintöniger Fließbandbetrieb hier. Sie scheinen davon auszugehen, daß niemand das Zeug ißt. Sie sind lediglich dazu verpflichtet, das Essen hier rauszustellen und es wieder wegzuräumen. Glauben Sie, daß wir für die überhaupt existieren?"

„Wir verbinden uns einfach die Augen und gehen dann an der Theke entlang."

Workshop: Stellen Sie den Teilnehmern Themen, zu denen sie Stegreifreden halten sollen, keine länger als zwei Minuten. Fordern Sie sie auf anzugeben, worauf es ihrer Meinung nach in erster Linie ankommt, wenn man eine Rede hält. Wenn alle Antworten geschrieben sind, machen Sie die Gruppe noch einmal darauf aufmerksam, daß man als Redner die Verpflichtung hat, Interesse zu wecken. Es gibt keine uninteressanten Themen, nur langweilige Redner. Bitten Sie ein paar Leute, eine interessante, phantasievolle Rede zu halten.

Diskussion: Warum ist Phantasiereichtum ein wichtiger Bestandteil des innerbetrieblichen Kommunikationssystems? Wo sehen Sie in der Filmszene Beispiele für stumpfsinnige Routine? Was ließe sich ändern, um das Betriebsklima zu verbessern?

Arbeitsaufgabe: Sehen Sie sich in Ihrem Betrieb, in Ihrer Abteilung um. Versuchen Sie herauszufinden, welche Arbeit oder welcher Aufgabenbereich bei ihren Mitarbeitern am unbeliebtesten ist und was geschehen müßte, um an der Abneigung etwas zu ändern.

In einem reibungslos funktionierenden Unternehmen vertrauen die Mitarbeiter darauf, daß die Unternehmensführung sie ernst nimmt und ihre Leistung braucht. Sie wissen, daß die Arbeitsplatzanforderungen klar festgelegt sind, und sie hatten Gelegenheit, an deren Festlegung mitzuwirken.

Sie erleben täglich, daß die Unternehmensleitung sich selbst diesen Anforderungen verpflichtet fühlt und sie ernst nimmt. Und sie machen die Erfahrung, daß jeder, der sich Mühe gibt, Anerkennung erntet und daß Mitarbeiter, die mit irgendetwas Schwierigkeiten haben, Unterstützung bekommen. Sie sehen, daß die Mitglieder der Unternehmensleitung ihre Vorrechte haben, aber im wesentlichen die Verantwortung teilen. Die Mitarbeiter respektieren die Vorgesetzten.

Um all das zu verwirklichen, muß ein Unternehmen sich auf einen unbegrenzten Qualitätsverbesserungsprozeß einlassen. Dieser Prozeß betrifft jeden Arbeitnehmer, jede Funktion sowie jeden noch so geringfügigen Output, seien es Dienstleistungen oder Erzeugnisse.

Die folgenden Kapitel befassen sich vorwiegend damit, wie man Qualität in die Praxis umsetzt. Aber die gesamte Störungsbeseitigung ist ein Prozeß, kein Programm. Ein belegtes Brot zu essen ist ein Programm; Kinder großzuziehen ist ein Prozeß. Ein Prozeß ist nie beendet.

Die Vorzüge eines störungsfrei funktionierenden Unternehmens liegen größtenteils auf der Hand. Ein Aspekt, der unter Umständen nicht sofort ins Auge fällt, ist die Tatsache, daß es der ideale Ort ist, um sich als ein großartiger Manager zu profilieren. Wenn man ungestört seine Arbeit machen kann, bleibt genügend Zeit, um eine Menge guter Dinge in die Wege zu leiten.

Der Planungsdschungel

Um ganz sicher zu gehen, wollte ich meinen Lehrgangsteilnehmern ein detailliertes Beispiel für Unternehmensplanung anbieten. Ich fahndete nach dem Unternehmen, dem andere Planer nachsagten, daß es über das beste System verfüge. Ich rechnete damit, daß die Suche schwierig werden würde, fand aber rasch heraus, daß die **Primalux AG** als das Nonplusultra der Unternehmensplanung galt. In Planerkreisen genoß das dortige System höchste Bewunderung, und landesweit stellten Unternehmensleiter gern Nachwuchsmanager dieser Gesellschaft ein, um in ihren Betrieben ähnliche Systeme aufzuziehen.

Nirgends kursierten negative Gerüchte über die Primalux AG oder ihren stellvertretenden Vorstandsvorsitzenden, das Planungsgenie Harald Überhoff, welcher einen Termin mit mir vereinbarte und versprach, mir für meine Fragen einen ganzen Nachmittag lang zur Verfügung zu stehen. Dann bot er noch an, mich mit anderen Spitzenmanagern zusammenzubringen, die das gleiche System in ihrem Betriebsalltag anwendeten.

Verabredungsgemäß empfing mich Harald Überhoff zehn Tage danach um 12.30 Uhr und nahm mich mit in sein Büro.

„Ich lege Gesprächstermine gern auf diese Zeit", sagte er, „weil dann alle beim Mittagessen sind und ich nicht gestört werde. Ich esse selbst nur einen Apfel, so daß Mittagessen für mich keine große Affäre ist."

Wir plauderten ein Weilchen ungezwungen miteinander und entdeckten, daß wir einige gemeinsame Bekannte hatten und daß wir uns möglicherweise sogar im vergangenen Jahr bei einem Freundschaftsturnier im Herrendoppel gegenübergestanden hatten.

Harald Überhoff fragte mich, wieviel ich schon über das Primalux-System wisse. Ich antwortete, daß meine wenigen Informationen bestenfalls lückenhaft seien und daß ich ihm dankbar wäre, wenn er einfach von Null anfinge, als wüßte ich überhaupt nichts. Das schien ihm sehr lieb zu sein, denn er meinte, das erleichtere ihm die Sache bedeutend.

„Zweck unseren Planungssystems ist es, jederzeit über den Stand der Dinge genauestens Bescheid zu wissen und darüber im Bilde zu sein, was sich in den einzelnen Betrieben abspielt. Herr Müller-Westernhagen, unser Generaldirektor, legt größten Wert darauf, Überraschungen zu vermeiden. Aber ebenso kommt es ihm darauf an, daß die Führungskräfte, die wir mit der Leitung der einzelnen Werke betrauen, über den notwendigen Handlungsspielraum verfügen, um nötigenfalls die Initiative ergreifen zu können. Wir streben also eine Art Optimalzustand an. Deshalb nenne ich unser System auch gern das Konzept des ‚Wirkungsoptimums'."

Ich bemerkte, die Primalux AG sei ein sehr weitgefächertes Unternehmen, bestehend aus sechs Unternehmensgruppen, von denen vier zur Fertigungsbranche und zwei zur Bank- bzw. Dienstleistungsbranche gehörten. Soviel hatte ich dem Lesestoff entnommen, den Überhoff mir geschickt hatte.

„Ja", sagte er, „wir haben ein weitgefächertes Programm, aber wir wenden grundsätzlich in allen Geschäftszweigen das gleiche Planungssystem an. Wichtig ist die Arbeitshaltung der Mitarbeiter, die Art und Weise, wie sie ihre Verantwortung praktizieren, nicht so sehr die Einstellung zu den Produkten oder Dienstleistungen selbst. Die ist Bestandteil des Marketingkonzepts, das sich selbstverständlich am Prinzip des Wirkungsoptimums orientiert."

„Ihre Unternehmensplanung ist also von Menschen und für Menschen", sagte ich lächelnd. Er erwiderte das Lächeln schwach, aber er nickte.

„Es gibt überhaupt keinen Anlaß, solche Planungssysteme zu schaffen, wenn sie niemandem nützen. Das ist einer der Gründe, weshalb ich jedes Vierteljahr offizielle Lagebesprechungen abhalte, nur um zu überprüfen, ob die Planungsunterlagen auch benutzt werden. Wir halten nichts von Planung um der Planung willen. Pläne müssen sich in der Praxis bewähren.

Jedes Frühjahr besprechen wir die Marktprognosen für die kommenden drei Jahre — d. h. unsere Einschätzung der gegenwärtigen Entwicklung, ihre Auswirkungen auf die einzelnen Unternehmensgruppen und die globalen Aussichten für die nächste Zukunft. Die Marketingleute sind dabei federführend, aber mein Stab wertet alles aus.

Jedes Werk in jedem Geschäftszweig bringt seine Prognose ein; bei der Gelegenheit hören alle, was sich in den übrigen Unternehmenszweigen tut, da jeder zur Teilnahme an den Grundsatzreferaten verpflichtet ist. Es kostet uns rund zwei Wochen, bis wir alles durch haben."

„Wo findet diese Veranstaltung statt?" fragte ich.

„Gewöhnlich mieten wir eine der großen Tagungsstätten in den Schwarzwaldvorbergen", antwortete er. „Wir bekommen sie günstig, da um die Zeit dort nicht viel los ist. Und einer der großen Vorzüge dieser Art von Zusammenkünften ist es, daß sie sämtlichen leitenden Angestellten die Gelegenheit bieten, zwanglos zusammenzukommen und einander kennenzulernen.

Wenn die Marktanalyse im Frühsommer steht, gehen wir unverzüglich an die Finanzplanung. Diese wird auf Unternehmensgruppen- und Spartenebene durchgeführt. Wir wollen Verkaufsziffern, Gewinnspannen, Lagerbestand, Löhne und Gehälter und andere Zahlen jeweils für die nächsten drei Jahre vorausberechnen. Wir lassen auch Fünfjahresprognosen erstellen, aber das nur zu Übungszwecken."

„Wer stellt diese Zahlen auf Werksebene zusammen?"

„In erster Linie der Werksdirektor und die Abteilungsleiter. Wir haben in jedem Werk eine Planungs-Koordinierungsstelle, sozusagen als verlängerten Arm meines

Ressorts, aber die Hauptarbeit liegt bei den Werksmitarbeitern. Wir wollen, daß es ihr Programm ist. Sonst ist es nicht durchzusetzen."

„Wann kommen alle diese finanzwirtschaftlichen Daten zusammen?" fragte ich. „Schickt jeder Werksleiter sie direkt an Ihre Abteilung?"

Er schüttelte geduldig den Kopf. Er wollte, daß ich wirklich begriff, wie das System funktionierte.

„Die Bereichsleiter fassen alles zusammen und besprechen es dann mit den Leitern ihrer Unternehmensgruppe, um alles aufeinander abzustimmen. Für gewöhnlich bringt ein solcher Leiter mir das Ganze, oder er spricht alles mit Herrn Müller-Westernhagen ab, damit es keine Kollisionen gibt.

Dann stellen wir alle Zahlen zusammen und überprüfen sie mit dem Leiter des Rechnungswesens, welcher das Verhältnis von Bruttogewinn zu Nettoertrags- und Bilanzziffern ermittelt. Wenn das alles getan ist, halten wir ein Treffen aller leitenden Angestellten ab, gewöhnlich an einem der Wochenenden um den 17. Juni herum, damit alle gleichzeitig eine Übersicht über alle Zahlen bekommen."

„Wo halten Sie diese Versammlung ab?"

„Hier bei uns in der Hauptverwaltung. Auf dem obersten Stockwerk haben wir einen Raum, in dem 175 Leute so bequem Platz finden, daß alle die Projektionswände einsehen können. Ich werde dafür sorgen, daß Sie den Versammlungsraum und die Projektionseinrichtungen gezeigt bekommen. Wir verfügen über eine im Unternehmensbereich einmalige Einrichtung.

Der Chef ist der Ansicht, daß die Leute um so fleißiger arbeiten und sich um so loyaler verhalten, je mehr Informationen sie haben. Das ist einer der Gründe, weshalb wir uns auf diesen Aspekt konzentrieren."

„Und wie lange dauern diese Versammlungen? Nimmt jeder an jeder Sitzung teil?"

„Der Gesamtüberblick, der von den Leitern meines Planungsstabs vorgestellt wird, dauert etwa eineinhalb Tage. Die Spartenberichte nehmen den Rest der Woche in Anspruch. Wir verlangen nicht von den Mitarbeitern der einzelnen Unternehmensbereiche, an den Sitzungen der anderen teilzunehmen, es sei denn, sie wollen es ausdrücklich. Es freut mich jedoch festzustellen, daß die meisten Wert darauf zu legen scheinen. Das Engagement ist sehr groß."

„Jetzt haben sie also den Markt analysiert und den Mitarbeitern die finanziellen Aspekte vor Augen geführt. Wird während der übrigen Zeit an diesen Themen weitergearbeitet?"

„Ach, du liebe Güte, nein!" rief er aus. „Dies ist nur der Anfang. Es hat nicht viel Sinn, nur zu wissen, was man erreichen will; man muß sich auch in die Niederungen der Praxis begeben und ganz genau festlegen, was getan werden muß, um diese Ziele zu verwirklichen. Nach der Finanzplanung stürzen wir uns sofort in die Wirtschaftsplanung.

Die Wirtschaftsplanung ist das A und O. Jeder Betrieb des Unternehmens muß erläutern, was getan werden wird, um die Ziele zu erfüllen, wieviel Kapital, wenn überhaupt, gebraucht wird, welcher Art die künftigen Probleme sein werden und was von der Konkurrenz zu erwarten ist."

„Wieviel Zeit bekommen die Mitarbeiter, um diese Pläne auszuarbeiten?" fragte ich. „Und schicken sie Ihnen die Pläne zur Beurteilung?"

„Sie kommen auf meinen Schreibtisch, aber erst wenn die Planungsstäbe auf allen Geschäftsführungsebenen sie abgesegnet haben. Früher kamen sie immer direkt zu uns in die Direktion, aber da waren sie wirklich zu unvollständig. Das ist einer der Gründe, weshalb wir unsere Planungslehrgänge eingerichtet haben. Jeder Werksabteilungsleiter von Primalux nimmt an dieser einwöchigen Sitzung teil. Für die Mitarbeiter vom Werksdirektor an aufwärts gibt es spezielle Zweitagesseminare."

„Jedes Jahr?"

„Ja, jedes Jahr. Wir wollen die Mitarbeiter immer über die besten Techniken auf dem laufenden halten. Die Zweitagesseminare halten wir für gewöhnlich nach dem Wochenende ab, an dem der Unternehmenschef seinen Rechenschaftsbericht gibt. Zu dem Anlaß versammeln sich sowieso die Geschäftsführer aller Bereiche zusammen mit den Vorstandsmitgliedern. Danach behalten wir einfach ein paar von ihnen da und halten den Lehrgang mit ihnen ab. Sie freuen sich alle über die Gelegenheit zum Zusammensein."

„Wo veranstalten Sie Ihren Planungslehrgang?"

„An irgendwelchen beliebten Kurorten. Das gibt uns in den Augen der Mitarbeiter einen Anstrich von Seriosität. Ich lasse es mir nicht nehmen, mich in jeder Arbeitsgruppe zu zeigen, um mein Interesse zu dokumentieren."

„Sind Ihre leitenden Angestellten sehr begeistert von Unternehmensplanung in diesem Umfang? Ist sie nicht sehr zeitaufwendig?"

„Sie ist gar nicht so zeitaufwendig, wie man annehmen könnte", sagte er. „Wir betrachten unser Planungssystem als eine sinnvolle Investition und würden es für ein Versäumnis halten, sie nicht zu machen. Wir können jede Tätigkeit in unserem Unternehmen bis aufs i-Tüpfelchen verfolgen und belegen. Wenn etwas schiefgeht, können wir die Ursache exakt feststellen und unsere Lehren daraus ziehen.

Aber am meisten kommt bei der Vorstellung der Wirtschaftspläne heraus. Das ist der Höhepunkt des Jahres. Jeder Unternehmensbereich berichtet Werk für Werk, Abteilung für Abteilung, was in den folgenden drei Jahren passieren soll und wie der Leistungsstand im Vergleich zu den vergangenen drei Jahren aussieht."

„Und wann halten Sie diese Sitzungen ab und wo?"

„Bis auf die Planungsgespräche mit unseren lateinamerikanischen und den fernöstlichen Niederlassungen finden alle hier bei uns in der Hauptverwaltung statt. Zu den übrigen reisen wir nach Sao Paulo und nach Hong Kong. Wir haben den Großteil der Monate November und Dezember für diese Planungsgespräche vorgesehen. Die gesamte Managementspitze nimmt ausnahmslos an allen Sitzungen teil.

Der Chef achtet immer darauf, jedem Manager mindestens eine Frage zu stellen; das beweist ihnen, daß er tatsächlich am Ergebnis interessiert ist. Er ist wirklich ein Meister auf dem Gebiet, und er vergißt nie, was ihm jemand einmal versprochen hat."

„Was wird nach den Planungssitzungen aus den Plänen?"

„Nun, die eigentlichen Pläne werden aufbewahrt, aber die Planungsbeauftragten in den einzelnen Betrieben fangen sofort mit der Überprüfung der Betriebe an und sehen zu, daß das Programmziel erfüllt oder sogar übertroffen wird. Sobald irgendein Problem auftaucht, wird eine Arbeitsgruppe gebildet, die dem Werk bei der Bewältigung der Schwierigkeiten helfen soll. Da wir immer wissen, was planmäßig geschehen sollte, können wir auch sofort erkennen, wenn irgend etwas danebengeht."

„Und nach dem Jahreswechsel ...?"

„... fangen wir den Planungsprozeß wieder von vorn an. Es ist ein fortdauernder Prozeß, da wir in einer ständig im Wandel befindlichen Welt leben. Ich sehe unsere Pläne als etwas Lebendiges an; wir sind immer auf dem neuesten Stand und können sofort durchstarten, wenn akute Maßnahmen notwendig sind."

„Haben Sie schon ausgerechnet, was dieser Prozeß kostet?"

„Nicht wirklich. Uns interessiert mehr, was es kosten würde, wenn wir ihn nicht eingeführt hätten. Wer weiß, wie es dann bei uns zugine. Die direktesten Kosten verursacht der Planungsstab — er umfaßt etwa 97 Mitarbeiter im gesamten Unternehmen."

Walter Thomas, Leiter einer Unternehmensgruppe, war uneingeschränkter Befürworter des ‚Wirkungsoptimums'. „Vor fünf Jahren wußte bei uns nie jemand über die aktuellen Vorgänge Bescheid, nicht einmal über das, was in der unmittelbaren Vergangenheit gelaufen war. Jetzt können wir konkrete Pläne machen und uns von Woche zu Woche daran orientieren. Ich setze mich zweimal monatlich mit jedem Bereichsleiter zusammen, und alle sechs Wochen versammle ich sie vollzählig."

„Ist das Ihre Hauptgeschäftssitzung?"

„Nun, wir haben noch die monatliche Unternehmenssitzung mit dem Vorstandsvorsitzenden und seinem Stab. Die müßten Sie einmal miterleben; das ist wirklich eine gut durchdachte Angelegenheit. Der Leiter des Finanz- und Rechnungswesens zieht Bilanz, die Abteilungsleiter der Hauptverwaltung legen Rechenschaft ab, der Hauptbuchhalter gibt Auskunft über die Außenstände und die Herstellung über den Lagerbestand. Dann erstattet jeder Spartenleiter Bericht und steht Rede und Antwort über seinen Bereich. Eine höchst informative Veranstaltung."

„Wie lange dauert sie?" fragte ich.

„Meistens nur eineinhalb Tage, aber gelegentlich zieht sie sich auch über zwei Tage hin. Wenn etwas Wichtiges zur Sprache kommt, kann es durchaus sein, daß der Unternehmenschef gleich für den nächsten Tag eine Arbeitsgruppe zur Planung von Gegenmaßnahmen einbestellt.

Es erleichtert dem Bereichsleiter die Arbeit enorm, wenn er rasch ein Team von Leuten aus Rechnungswesen, Produktion, Ausbildung, Qualitätsüberwachung, Entwicklung und anderen Ressorts zusammenstellen kann. Manchmal sind sie nicht so entscheidungsfreudig wie der Vorstand, aber das lernen wir schon noch."

Herr Thomas lud mich zum Mittagessen in der Direktionskantine ein, wo wir uns zu zwei Vorstandsmitgliedern an den Tisch setzten: Ernst Kögel, Produktionsvorstand, und Karl Meißner, Qualitätsvorstand. Sie erzählten mir gutgelaunt ein paar Anekdoten von den allmonatlichen Vorstandssitzungen, bei denen es meistens um die Sorgen und Nöte der Kollegen ging, die nicht imstande gewesen waren, die eingegangenen Verpflichtungen zu erfüllen.

„Einer der Haken bei der vielen Planerei ist, daß jeder irgendwann Verpflichtungen eingeht, die praktisch auf dem Präsentierteller liegen. Wenn man nicht genug Verkäufe abschließt oder genug Waren verschickt oder die vorgeschriebene Anzahl von Policen verkauft, sitzt man in der Tinte. Schließlich hat man den Plan ja selber aufgestellt."

Karl Meißner langte nach einem Selleriestengel. „Kollege Kögel hat recht", sagte er. „Leistungskontrollen gelten für alle und sind sehr auffällig. Manchmal scheint es mir, als wären sie eher ein Hemmschuh; irgendwann läßt die Bereitschaft nach, ständig hinter etwas herzujagen, wovon man nicht weiß, ob es zu schaffen ist."

Herr Thomas lehnte sich in seinem Sessel zurück und runzelte die Stirn. „Ich habe noch nie erlebt, daß irgendjemand dadurch in seinem Tätigkeitsdrang eingeschränkt wird", sagte er. „Manchmal muß ich die Leute eher ein bißchen bremsen und sie dazu anhalten, sich Ziele zu stecken, die mir realistischer erscheinen. Wir brauchen wirklichkeitsnahe Pläne."

„In der Wirklichkeit", bemerkte Ernst Kögel, „halten die Dinge nicht still, während man sich auf einen Einsatz vorbereitet. Bei uns wird, bevor wir mit der eigentlichen Arbeit anfangen, alles so haargenau festgelegt, daß manchmal das Spiel schon vorüber ist, wenn wir endlich aus der Umkleidekabine kommen."

„Stimmt, das ist gelegentlich vorgekommen", sagte Thomas, „aber ich denke, die Vorteile und Nachteile gegenüber früher liegen auf der Hand. Wir haben in der Vergangenheit ein paar echte Katastrophen erlebt, das müssen Sie zugeben."

„Gar keine Frage, wir haben vermutlich ein paar dicke Hunde verhütet. Aber trotzdem bin ich froh, daß ich hier in der Hauptverwaltung arbeite und eine Koordinierungsfunktion wahrnehme und nicht draußen für einen Unternehmensbereich verantwortlich bin. Hier kann man seine Fehler vertuschen."

Ich fragte, was sie von der alljährlichen Planungstagung hielten, auf der die Unternehmensziele festgelegt wurden. Nach kurzem Schweigen antwortete Meißner: „Das einzige, was schlimmer ist, als daran teilzunehmen, ist, nicht dazu eingeladen zu werden."

Den nächsten Gesprächstermin hatte ich mit Hanna Lautenschläger, Bereichsleiterin für das Versicherungs- und Finanzwesen. Sie war zusammen mit ihrem Unternehmen vor einigen Jahren bei der Primalux AG gelandet und hatte rasch Karriere gemacht; jetzt leitete sie den Geschäftszweig, der 20 Prozent der von der Gesellschaft abgesetzten Produkte herstellte und 40 Prozent der Gewinne erwirtschaftete. Nachdem sie sich vergewissert hatte, daß ich nicht für irgendein Wirtschaftsmagazin schrieb, sondern lediglich Recherchen für ein Buch anstellte, entschloß sie sich, mir reinen Wein einzuschenken.

„Ehrlich gesagt", sagte sie, „bin ich der Meinung, daß wir diese ganze Geschichte überziehen. Wenn ich, zusätzlich zu jeder Planungssitzung, an der ich eigentlich teilnehmen soll, zu sämtlichen Geschäftsgesprächen mit den Chefs der Unternehmensgruppen und zu den monatlichen Vorstandssitzungen führe, und dazu noch zu all den Lehrgängen in irgendeinem Kurort und den Versammlungen der Bereichsleiter — dann würden mir vielleicht noch drei Tage pro Jahr für die Leitung meiner Betriebe bleiben. Und Sie dürfen nicht vergessen, daß meine Mitarbeiter sich neben alledem auch noch mit mir zusammensetzen müssen, so daß sie mit einem permanenten Zeitdefizit arbeiten müssen.

Wenn Sie dann noch die Reisen dazurechnen, die notwendig sind, um über alle Teile des Unternehmens im Bilde zu sein, werden Sie selber zu dem Schluß kommen, daß die ganze Sache undurchführbar ist. Es wäre ja gar nicht so schlimm, wenn irgendwer außer der Hauptverwaltung von den Informationen Gebrauch machte. Meines Wissens tut das jedoch niemand, meine Leute jedenfalls nicht. Sie haben ihre internen Richtlinien. Wir führen unabhängige doppelte Tätigkeitsprotokolle für unsere Besprechungen. Sie werden keines der Formulare, keine der Broschüren oder der übrigen Planungsunterlagen, die Herr Überhoff herausgibt, irgendwo finden außer in seiner Geschäftsstelle und vielleicht noch im Bücherregal des Generaldirektors."

Ich war wie vom Donner gerührt. „Wollen Sie mir damit sagen, daß das ganze Unterfangen ein nutzloser Rummel ist? Sind Sie der Ansicht, daß die Hunderte und Aberhunderte von Arbeitsstunden von Führungkräften bloß vertane Zeit sind?"

„Na ja, nicht alle. Wir würden einander vermutlich nie zu Gesicht bekommen, wenn es die Tagungen nicht gäbe. Aber mit zweitägigen Sitzungen alle zwei Monate könnten wir das gleiche leisten. Ein Planungsbeauftragter pro Unternehmensbereich könnte die Pläne der einzelnen Betriebe oder, in meinem Fall, die Pläne der einzelnen Produktgruppen einsammeln und zusammenfassen, und dann könnten der Chef und Herr Überhoff die Punkte, die ihnen nicht passen, auf dieser Sitzung ansprechen. Mehr ist wirklich nicht notwendig."

„Warum tun sie es dann? Was ist der Zweck der Übung?"

„Zweck? Die Primalux AG soll dadurch das Image eines hervorragend geführten Unternehmens bekommen, wovon man sich wiederum eine Erhöhung der Dividenden verspricht. Dann steht das gesamte Management in einem guten Licht da."

„Das Rezept muß funktionieren; das Wachstum Ihrer Gesellschaft macht einen ziemlich stabilen Eindruck."

„Dieses Wachstum ist größtenteils auf die Investitionen im Versicherungsbereich und auf das Wachstum bei den elektronischen Bauteilen zurückzuführen. Beide Branchen wachsen oder schrumpfen ohne Rücksicht auf irgendeinen Planungsprozeß. In etwa einem Jahr, um die Zeit, wenn Ihr Buch herauskommt, dürfte die Tendenz wieder rückläufig sein. Gegenwärtig müssen wir uns von einigen Betrieben trennen und in andere Branchen diversifizieren. Es ist jedoch außerordentlich schwierig, einen Plan aufzustellen, der sich in der Praxis als unfehlbar erweist."

Herr Müller-Westernhagen, der Primalux-Chef, Vorstandsvorsitzender, Verwaltungsratsvorsitzender und Generaldirektor in einer Person, war ein ganz reizender, unkomplizierter Mensch. Er entwaffnete mich sofort mit der Bemerkung, ich solle ruhig, da er nicht viel Zeit habe, gleich zur Sache kommen, anstatt lange um den Brei herumzureden. Also fragte ich ihn natürlich, in welchem Maße er sich bei seiner Arbeit auf das ausgeklügelte Planungssystem und die begleitenden Geschäftsberichte stütze.

„Wenn ich irgend etwas wissen will, rufe ich einfach die Verantwortlichen zu mir und bitte sie, mir zu sagen, was vor sich geht. Von ihnen bekomme ich alle Auskünfte, die ich brauche. Und selbstverständlich halten mich der Leiter des Finanz- und Rechnungswesens und andere Ressortchefs auf dem laufenden, insbesondere wenn Probleme auftauchen. Dadurch habe ich immer einen ziemlich guten Überblick.

Die ganzen Planungsarbeiten und Geschäftsberichte helfen den leitenden Angestellten, systematisch über ihre Arbeit nachzudenken und regen sie vielleicht sogar dazu an, Dinge zu tun, die sie normalerweise nicht tun würden. Sie scheinen alle große Stücke auf das System zu halten, deshalb rühre ich nicht daran."

„Soll das heißen, daß das Planungssystem für Sie persönlich gar nicht von Nutzen ist", fragte ich verblüfft. „Wem nützt es denn, wenn nicht Ihnen?"

„Nun, es hält den Betrieb aufrecht. Die Tatsache, daß ich es nicht als Hauptinformationsquelle benütze, bedeutet noch längst nicht, daß es nicht der Grundstein unseres Systems ist. Lassen Sie sich das von Herrn Überhoff im einzelnen erläutern. Er ist eine brillante junge Führungskraft."

Weiter kamen wir nicht. Kurz darauf verließ ich das Hauptgebäude der Primalux AG und fuhr in mein Büro, um meine Notizen auszuwerten. Soweit ich es beurteilen konnte, waren die einzigen, die wirklich auf das Planungs- und Kontrollsystem Wert legten, die Leute, die es der Gesellschaft verordneten, dann ein paar altgediente Mitarbeiter, die sich in dem Glauben wiegten, der Chef lege wirklich Wert darauf, sowie der Besitzer eines Gasthofs irgendwo im Schwarzwald.

Planungstätigkeit	Reise-tage	Sitzungs-tage	
Vierteljährliches Planungsgespräch	2	3	
Frühjahrs-Marketingkonzeption			
Betriebe		15	
Bereiche	2	4	
Gruppen	2	3	
Finanzplanung			
Betriebe		15	
Bereiche	2	6	
Gruppen	2	3	
Konzern	2	3	
Geschäftsplanung			
Betriebe		20	
Bereiche	2	3	
Gruppen	2	3	
Konzern	4	10	
Schulung			
Vorstandsmitglieder		2	
Andere	2	5	
Geschäftsberichte			
Bereich (vierteljährlich)	8	8	
Gruppe (monatlich)	24	24	
Konzern	24	36	
Summen	78	163	
Arbeitstage Führungskräfte			242
Planungstage Führungskräfte			241
Verbleibende Arbeitszeit für laufende Arbeiten			1

Dieses Gesellschaftsspiel kostete das Unternehmen jährlich Unsummen für Löhne und Gehälter der eigens dafür abgestellten Mitarbeiter, für Material und vor allem für Arbeitszeit von leitenden Angestellten. Weitere Gespräche mit Werks- und Verwaltungsdirektoren ergaben, daß jeder einen Stellvertreter brauchte, der sich um die laufenden Arbeiten kümmerte, während der Direktor sich darauf konzentrierte, den Wünschen der Leute in der Unternehmensleitung zu entsprechen. Die obersten fünf Managementebenen der Firma waren nicht imstande, fruchtbare Arbeit zu leisten. Planung war zum Selbstzweck geworden.

Man muß sich vor Augen führen, wieviel Zeit ein Geschäftsführer in dieses System investierte. Jedes Planungsgespräch mußte auf mehreren Ebenen stattfinden, und jedesmal war seine Anwesenheit erforderlich.

Die aufschlußreichsten Stellungnahmen sind meiner Meinung nach die unwissenschaftlichen. Auf die Frage „Wie fühlen Sie sich?" bekommt man zwar eine Menge unbewiesener Meinungen zu hören, aber Fragen wie „Wie hat Ihnen die Veranstaltung gefallen?", „Taugen die Produkte etwas?" oder „Wo läßt es sich Ihrer Meinung nach gut leben?" werden immer irgendwie beantwortet und bringen die Kommunikation in Fluß.

Anliegen	Bewertung (0 – 10)
Parkplatz auf Firmengelände	
Neuer Schreibtisch	
Kurzes Gespräch mit dem Chef	
Änderung auf Versicherungsformular	
Reisekostenvorschuß	
Neue Postkennziffer	
Gehaltserhöhung für einen Mitarbeiter	
Zulieferer wechseln	
Leistungsbeurteilung	
Versetzung	
Sitzungszutritt	
Ab und zu ungestört arbeiten	
Urlaub verlegen	
Neues Produkt genehmigen lassen	
Bestimmungen bekanntmachen	
Insgesamt	

0 – 37,5	Guter Arbeitsplatz. Vermutlich relativ kleine Belegschaft.
38 – 75	Das meiste läßt sich lösen, anscheinend vernünftige Mitarbeiter. Vermutlich sind sie sich der Störung gar nicht bewußt und gehen bereitwillig auf Änderungen ein, wenn sie darum gebeten werden.
75 – 112,5	Ab hier haben wir es mit professionellen Nervensägen zu tun. Die ändern sich bestimmt nicht. Sehen Sie sich nach Ausweichmöglichkeiten um.
113 – 150	Bleiben Sie keinen Tag länger. Suchen Sie das Weite, solange Sie noch eine ruhige Hand haben – es sei denn, Sie lassen sich gern ärgern und sorgen selber gern für Ärger. Solche Leute gibt es. Sie beklagen sich fast permanent über die Firma und die üblen, nervtötenden Machenschaften dort. Aber mit ihren ewigen Klagen sind sie für den Zuhörer eine noch viel größere Zumutung.

„Streß" bedeutet für jeden etwas anderes. Ich verstehe darunter die unnötigen Schwierigkeiten oder Hindernisse, die einem in den Weg gelegt werden, wenn man etwas Vernünftiges tun will. Es ist alles das, was die Leute unter kleinkariertem Bürokratismus verstehen, unter sinnlosen Maßnahmen, die einem das Leben erschweren.

Ausgehend von solchen Erfahrungen habe ich den Streß-Index geschaffen. Er liefert Anhaltspunkte für das Streßniveau in einem Unternehmen. Man braucht dazu lediglich zu überprüfen, wieviel Mühe es kostet, irgendeine vollkommen vernünftige Aufgabe durchzuführen. Der Streßaufwand für jede Arbeit wird mit Ziffern von 0 (Kinderspiel) bis 10 (das Finanzamt ist ein Pappenstiel dagegen) bewertet.

Auf Seite 45 sind 15 alltägliche Anlässe aufgeführt. Bestimmt fallen Ihnen Dutzende ein, die besser auf Ihre Firma zutreffen. Wenn man auf 150 Punkte kommt, besteht Verdacht, daß man mit dem Teufel im Bunde ist; wenn jemand auf null Punkte kommt, dann wurde bestimmt irgendwo gemogelt.

4
Das hohe Lied der Qualität

Erich Wellmann brüstete sich, jeden Morgen als erster im Büro zu sein und abends als letzter den Arbeitsplatz zu verlassen. Aufstrebende junge Führungskräfte gaben es bald auf, den Chef durch Überstunden beeindrucken zu wollen. Sie machten die Erfahrung, daß Wellmann sie lediglich als etwas weniger schwach und entschlußlos betrachtete als die anderen — diejenigen, die zu den regulären Zeiten kamen und gingen.

Wellmann war seit 35 Jahren Geschäftsführer bei der Verbraucherbedarfsgesellschaft (VBG). Er und sein Freund, Jakob Meister, hatten mit einem Gemischtwarenladen angefangen. Im Laufe der Jahre waren eine Kette von Einzelhandelsgeschäften, ein Elektrogeräte- und Serviceunternehmen, ein Kreditkartenunternehmen, eine Finanz- und Kreditvermittlung und sogar eine Autoverleihfirma dazugekommen.

Die VBG hatte anfänglich floriert, weil Wellmann und Meister darauf achteten, daß sie mit ihren Preisen die gesamte Konkurrenz unterboten, mit Ausnahme der Finanzvermittlungen, wo die Zinsen so hoch wie nur irgend möglich angesetzt wurden.

Seit etwa zehn Jahren ging es mit Marktanteilen und Rentabilität jedoch abwärts, weil die Kunden mit der Qualität der VBG nicht zufrieden waren. Das galt besonders für das Kreditkartenunternehmen, wo 65 Prozent der Kundenkonten mit schöner Regelmäßigkeit einmal im Monat mindestens eine Fehlbuchung aufwiesen. In der Elektrogerätesparte gab es bei Kühlschränken und Geschirrspülmaschinen hohe Rücklaufquoten und Garantieleistungen. Die VBG-Kundendienstleute galten als die besten in der Branche. Dennoch hatten sie Mühe, alle Material- und Serviceprobleme der VBG in den Griff zu bekommen.

Der Firmenchef schob die Schuld für die Qualitätsmängel auf die sinkenden Leistungsstandards in der Arbeiterschaft und ordnete Disziplinarmaßnahmen an. Walter Kaufmann, sein Assistent, sagte oft: „Nach Herrn Wellmanns Meinung würde sich das rasch ändern, wenn wir die guten alten Zeiten wieder herstellen könnten."

Wellmann war ein außerordentlich leistungsfähiger Mann, körperlich gut in Form und allen anderen geistig überlegen. Er hatte einen energischen Gang, und seinem

Gesicht sah man Zielstrebigkeit und Entschlossenheit an. Es war allenthalben bekannt, daß er, wenn er eine der VBG-Niederlassungen besuchte, Mißstände aufdeckte, die selbst den erfahrensten Prüfern entgingen.

Jakob Meister leitete die Fertigungsbetriebe und Erich Wellmann die Dienstleistungs- und Finanzbereiche. Wellmann war Geschäftsführer. Auf der letzten Vorstandssitzung, die Meister leitete, kamen einige typische VBG-Probleme an den Tag. Da er nach dieser Sitzung in aller Stille verstarb, war es an Wellmann, mit den Problemen fertig zu werden, die Meister ans Licht gebracht hatte.

„Bei den Kühlschränken wird der Kundendienst im ersten Jahr im Schnitt viermal angefordert", hatte Meister gewarnt. „Eingeplant sind nur 2,45 Kundenbesuche. Diese erhöhte Rate macht fast den ganzen Gewinn an den Kisten wieder zunichte."

„Bestimmt finden die Kundendienstmonteure die Defekte nicht auf Anhieb beim ersten Besuch", sagte Wellmann daraufhin. „Stell neue Serviceleute ein, und entlasse die alten."

„Das müßte wirken", sagte Meister.

„Bei den Geschirrspülern ist die Produktion rückläufig", sagte Meister. „Sie mußten das Band letzte Woche mehrmals stoppen, um irgend etwas zu reparieren."

„Das Band stoppen? Das Band stoppen?" brüllte Wellmann. „Wozu sind denn Instandhaltung und Wartung da? Was ist denn das für ein Laden hier? Wenn wir wegen jeder kleinen Panne die Fertigung stoppen, haben wir bald kein Produkt mehr zu verkaufen. Dafür ist der Kundendienst zuständig."

„Die Kreditkartensachbearbeiter sagen, sie brauchen mehr Fortbildung, damit die Leute nicht so viel falsch machen."

„Sag ihnen, sie sollen ausgebildete Leute einstellen. Wir sind schließlich keine Hochschule. Wir können unsere Arbeitnehmer nicht in Watte packen, die Leute verlangen allmählich wirklich zu viel. Ihr müßt die Rechnungen genauer überprüfen, bevor sie rausgehen, und die Leute rausschmeißen, die keine anständige Rechnung zustande bringen.

Letzte Woche kam einer zu mir und wollte den Prospekt für die Postwerbung aufhalten, weil ein paar kleine Fehler drin sind. Ich habe ihm gesagt, daß Qualität nicht umsonst ist und daß Leute, die an solchen Texten herummäkeln, sowieso nichts kaufen. Ihr müßt aufhören, alles auf die Goldwaage zu legen. Wir können es uns nicht leisten, für Qualität Geld auszugeben."

Eine Woche nach Meisters Beerdigung fuhr Wellmann wie immer mit einem der letzten Busse nach Hause. Als er an seiner Haltestelle ankam, war es wie gewöhnlich schon dunkel, und die Straßenbeleuchtung funktionierte wieder einmal nicht. Schwer beladen, Akten unter einem Arm und mehrere Ordner unter dem anderen, stieg er aus dem Bus.

Als der Bus abfuhr, bemerkte er, daß die Umgebung irgendwie anders aussah als sonst. Sehr anders sogar. Dies war gar nicht seine Haltestelle; er war am falschen Ort ausgestiegen. Auf einem sonst unbebauten Gelände stand ein Fabrikgebäude. Eine Tür mit einem erleuchteten Raum dahinter war das einzige, was er in der Dunkelheit erkennen konnte. Ein höchst ungemütliches und furchterregendes Gefühl.

Wellmann sah sich um, aber selbst die Straße schien unter wallendem Nebel zu verschwinden. Irgendwie war klar, daß in nächster Zeit hier keine Busse mehr vorbeikommen würden.

Bei diesem Gedanken ging er mit zögernden Schritten auf die erleuchtete Tür zu. Dort drinnen gab es mit Sicherheit ein Telefon. Er konnte ein Taxi rufen, oder vielleicht würde sein Nachbar ihn abholen — sofern sich überhaupt feststellen ließ, wo er sich befand.

Eine ältere und sehr müde Frau saß am Empfangstisch und blickte auf, als er den Raum betrat. „Sie müssen Herr Wellmann sein", sagte sie.

„Woher wissen Sie denn das, um Gottes willen?" stotterte er und empfand plötzlich schwindelnde Leere im Kopf. Er war sicher, daß er blaß geworden war.

Sie schien es nicht zu bemerken.

„Sie kommen gerade rechtzeitig zu Ihrem Termin. Gehen Sie durch die Tür da drüben, und dann rechts den Gang hinunter bis zur vierten Arbeitszelle auf der linken Seite. Er erwartet Sie schon."

„Wer erwartet mich?"

„Sie verschwenden Ihre Zeit, gehen Sie schon. Vierte Zelle links."

Sie wandte sich wieder ihrer Zeitschrift zu.

Vor lauter Ärger hatte Wellmann inzwischen seine Angst vergessen. Ohne erkennbaren Zusammenhang stieg dasselbe Gefühl der Verbitterung in ihm auf, das sonst Drückebergerei von Mitarbeitern immer in ihm erzeugte wie neulich, als ein Abteilungsleiter einen Tag frei haben wollte, um an einem Qualitätsverbesserungslehrgang teilzunehmen. Er starrte die Frau wütend an und ging dann durch die Tür. Sie führte in eine riesige, schlecht beleuchtete und schmuddelige Werkhalle. Wellmann war kein fanatischer Saubermann, aber ihm schien, daß ein bißchen Pflege diesem Laden nicht schaden würde. Es war kalt und bedrückend.

Als er den Gang entlangging, kam er an der ersten Zelle vorbei, in der er einen Mann an einem Schreibtisch arbeiten sah. Auf Schreibtisch, Stühlen, Fußboden, selbst auf den zahlreichen Aktenschränken türmten sich Papiere. Wellman blieb einen Augenblick lang stehen und sah dem Mann zu, der hektisch weiterarbeitete, ohne aufzublicken.

Im nächsten Raum rückte eine Frau Koffer in den verschiedensten Ausführungen und Formaten hin und her. Während unaufhörlich neue Koffer durch die gegenüberliegende Tür hereinkamen, nahm sie als erstes an jedem Stück die Anhänger ab und befestigte neue daran. Dann schob sie sie weiter und durch die vordere Tür hinaus, aber sie kamen immer wieder durch die Hintertür zurück.

Verwirrt ging Wellmann weiter und nahm im Vorübergehen nur wahr, daß die dritte Zelle leer stand. Entsetzt blieb er stehen, aber dann faßte er sich rasch und trat vor die vierte Zelle.

Er verlor fast den Verstand, denn an einer Werkbank saß, in einem Wust von Arbeit, sein alter Freund Jakob Meister vor ihm. Um ihn herum standen Dutzende von Kühlschränken, Toastern, Geschirrspülern, Motoren, Herden, Waschmaschinen, Trockenmaschinen, Rasierapparaten und anderem mehr. Es blieb kaum genug Platz für Jakob und seinen Werkzeugkasten.

Jakob blickte nur flüchtig auf. „Ja, ich bin's, Erich. Ich habe nicht viel Zeit zum Reden; wir müssen das hier rasch erledigen."

„Was geht hier vor sich, Jakob?" rief Wellmann aus. „Was für eine Einrichtung ist das hier? Das ist ja eine ganz unverschämte Person vorn am Empfang."

Jakob guckte ihn über die Brillenränder an. „Halt den Mund und setz dich, Erich. Ich mußte ihnen eine Menge Zugeständnisse machen, damit du herkommen konntest, also verschwende bitte nicht die Zeit mit deinem Gemecker. Ich wollte dir eine Chance geben, dich zu besinnen. Bevor wir weiterreden, mußt du einen Blick in die Zelle nebenan werfen, in Nummer drei, die gerade leer ist. Aber beeil dich."

Wellmann stand auf und ging hastig bis zur Trennwand, um einen Blick durch die Gitterfront der Nachbarzelle zu werfen. Was er drüben sah, warf ihn beinah um: sein Büro war in dem Raum! Überall lagen Berge von Papieren, und durch die geöffnete Rückwand erblickte er endlose Warenlager, vollgestopft mit denselben Produkten, wie die, an denen sein Freund arbeitete.

Er eilte in den anderen Raum zurück. „Was soll das alles, Jakob? Bitte, sag es mir. Was tust du hier? Warum ist mein Büro nebenan? Was hat das zu bedeuten?"

„Ich behebe sämtliche Mängel an Erzeugnissen und Dienstleistungen und sonstigen Geschäftsvorgängen, die ich im Lauf der vergangenen 40 Jahre verschuldet habe. Weißt du noch, wie ich damals, 1957, sagte, sie sollten weitermachen und die neuen Waschmaschinen ausliefern, obwohl einige der Löcher in den Trommeln ein bißchen zu groß waren?"

„Ich erinnere mich vage", sagte Wellmann. „Die Art Entscheidungen haben wir oft getroffen."

„Tja, wir haben 24.871 undichte Maschinen ausgeliefert. Sie stehen alle da hinten, und ich muß sie reparieren. Siehst du die Toaster? Ich habe Draht dafür eingekauft, der nicht den Vorschriften entsprach, und ein paar haben Feuer gefangen. Ich muß alle 367.298 Stück, die wir hergestellt haben, neu verdrahten."

„Wofür wirst du bestraft?"

„Für den Ärger, mit dem andere Leute leben mußten und den ich verursacht habe. Ich werde dafür bestraft, daß ich diese Defekte nicht verhindert habe, weil es mir an Qualitätsbewußtsein fehlte. Und ich werde für immer hier sitzen, Tag für Tag, bis ans Ende der Zeit, denn wenn ich mit all den Geräten fertig bin, muß ich mit den Formularen der Kundendienstabteilung anfangen. Allein für die werde ich eine Ewigkeit brauchen."

„Und mein Büro nebenan?"

„Es wird schon für dich hergerichtet. Keine Bange, du kannst dein Leben zu Ende leben. Denen eilt es nicht, sie haben unbegrenzt Zeit."

Jakob seufzte und machte sich wieder an dem Toaster zu schaffen, während Erich das alles zu verarbeiten suchte. Er schüttelte sich und kniff sich dann in den Handrücken, um sich zu vergewissern, daß er das alles wirklich erlebte.

Jakob fuhr fort: „Ich habe ein Bildschirmgerät hier, damit ich mitverfolgen kann, wie weit ich bin. Sie sind sehr gründlich hier. Jeder kleinste, alberne, kurzsichtige Qualitätsvertoß, den ich je begangen habe, ist hier gespeichert und wird in allen seinen Auswirkungen bewertet. Weißt du noch, wie ich die Qualitätskontrolle in der Gießerei abgeschafft habe?"

„Ja, sicher, dadurch sparten wir damals 70.000 Mark pro Jahr."

„Ja, aber deswegen stehen da draußen sieben — ", er sah auf dem Bildschirm nach, „ — nein, acht Eisenbahnwaggons voll Gußformen, mit denen ich mich beschäftigen muß. Und wenn ich nicht jeden Tag mein Soll schaffe, dann brummen sie mir noch mehr auf."

„Was willst du von mir, Jakob?" fragte Wellmann. „Was habe ich mit alledem zu tun? Weshalb hast du mich hierhergelotst?" Meister setzte an, aber Wellmann unterbrach ihn. „Was macht diese Frau mit den Koffern? Die bewegen sich unentwegt im Kreis."

„Sie war bei einer großen Fluggesellschaft für die Gepäckkontrolle zuständig. Sie kämpft mit den Koffern, die verlorengingen und nie wieder bei ihren Besitzern ankamen, weil sie ihre Mitarbeiter nicht richtig anlernen ließ und nicht für verständliche Vorschriften sorgte. Sie wird nie fertig werden.

Aber du auch nicht, Erich. Die ganzen Jahre hast du Qualität behandelt wie etwas, das man nehmen oder lassen kann. Und wenn du deine Arbeitsmethoden nicht änderst, wirst du auch hier landen und für immer und ewig rund um die Uhr da nebenan arbeiten. Keine Freizeit, keine Besucher, keine Veranstaltungen — bloß mit sämtlichen Fehlern und Mängeln allein, die du je verursacht hast."

„Ein schrecklicher Gedanke, Jakob."

„Sprich dich aus", sagte Jakob.

„Ich tue doch nur, was alle Welt tut. Ich bin kein schlechter Mensch. Ich will niemandem etwas zuleide tun. Ich bin dem Betrieb gegenüber verpflichtet, Geld zu verdienen und wirtschaftlich zu arbeiten."

„Du wirst bald begreifen, daß man am meisten Geld verdient, wenn man den Kunden gibt, was man ihnen versprochen hat, und den Mitarbeitern unnötigen Ärger erspart. Immerhin hast du eine Chance. Ich rate dir gut: nutze sie."

„Was soll das heißen: Ich werde bald begreifen?"

„Du wirst drei Lehrer haben: Qualitätsvergangenheit, Qualitätsgegenwart und Qualitätszukunft. Was du im Augenblick siehst, ist die Zukunft, die dich erwartet, wenn du nichts unternimmst. Ich muß jetzt weitermachen, Erich, und du mußt hier raus."

Mit einem Schlag verschwand alles, und Wellmann hörte eine Stimme, die zum ihm sagte: „Sie müssen aussteigen, Herr Wellmann."

Er begriff mühsam, daß der Busfahrer ihn angesprochen hatte und daß er eingeschlafen war. Zuerst zögernd und dann immer zügiger ging er zwischen den Sitzen nach vorn und stieg aus. Erleichtert nahm er die vertraute Umgebung entlang der Straße zu seinem Haus wahr, ging rasch durch die Eingangstür hinein und ließ sich mitsamt seinen Akten auf einen Sessel fallen.

„Richten Sie sich gar nicht erst gemütlich ein. Wir müssen gleich wieder gehen", sagte eine Stimme.

Wellmann sprang vom Sessel auf und erblickte gegenüber einen alten Herrn in der Amtstracht eines Lehrstuhlinhabers.

Der Professor hob grüßend die Hand. „Erinnern Sie sich noch an mich, Wellmann?"

„Professor Bertram, selbstverständlich erinnere ich mich an Sie, Herr Professor. Ich hatte während des Studiums einige Vorlesungen und Seminare bei Ihnen. Es war immer hochinteressant."

„Danke. Nur war ich leider in mancher Hinsicht falsch informiert. Meine gegenwärtige Aufgabe ist es, einige der Probleme wiedergutzumachen, die ich unter Umständen verursacht habe, indem ich Lehren verbreitete, die sich als unbrauchbar erwiesen. In Ihrem Fall geht es um Qualität."

„Unbrauchbar? Aber wir haben uns doch immer auf die praktischen Aspekte konzentriert. Ich dachte, es ginge darum, den größtmöglichen Nutzeffekt zu erzielen. Und dazu gehört selbstverständlich Qualität. Wir verwenden viel Zeit darauf, festzulegen, wie gut die Dinge sein sollen."

„Lassen Sie uns hinausgehen und einen kleinen Spaziergang in die Vergangenheit machen, während wir uns unterhalten."

Der Professor nahm Wellmanns Arm und geleitete ihn durch die Eßzimmertür in einen Hörsaal, wo Studenten aufmerksam einer jüngeren Ausgabe des Professors lauschten.

„Wir müssen die wichtigsten Qualitätsmerkmale auswählen, damit unsere Mitarbeiter später genau wissen, welche exakt eingehalten werden müssen. Das ist das wirkungsvollste Vorgehen, denn es gibt so etwas wie eine Qualitätsökonomie. Wenn man zu hohe Qualitätsmaßstäbe hat, kostet das Geld, also gilt es, das richtige Maß zu finden."

Wellmann nickte zustimmend. „Stimmt genau, und so haben Jakob und ich es immer gehalten. Wir lernten, ständig Entscheidungen zu treffen, und das hat sich sehr bewährt."

„Nun, das klingt zwar gut, aber der Ansatz ist leider zu schwammig. Er bewirkte, daß die talentiertesten Leute des Unternehmens ihre ganze Zeit darauf verwendeten, zu entscheiden, ob irgend etwas gut genug war oder nicht.

Solange es noch billige Energie, niedrige Löhne, einen monopolistischen Markt und preisgünstiges Material gab, konnten wir uns das leisten. Aber sobald man genauer kalkulieren muß, kann man sich nicht mehr so wischiwaschi verhalten."

„Ich verstehe Sie nicht. Qualität ist doch nichts fest Umrissenes; das läßt sich nicht so genau festlegen. Der eine hat ein Auge dafür, der andere nicht. Sehen Sie sich die beiden da drüben an."

Sie gingen auf einen vergitterten, käfigartigen Werkraum mit der Aufschrift „Materialprüfung" zu. Zwei junge Männer stritten sich darin über ein Werkstück, das auf dem Tisch vor ihnen lag.

„Mit ist klar, daß das Loch ein bißchen zu groß geraten ist, aber mit ein bißchen Dichtungsmasse müßte der Gummi dichthalten."

„Aber Herr Meister, wenn die Dichtungsmasse später austrocknet, fängt die Maschine an zu lecken. Meiner Meinung nach müßten wir das verbessern. Was meinen Sie?" Sie wandten sich an Wellmann und den Professor.

Wellmann zögerte und sagte schließlich: „Ich denke, Herr Meister hat recht. Wir können nicht jede Kleinigkeit korrigieren, sonst kriegen wir kein einziges Stück versandfertig. Ich bin einverstanden, die Sache mit Dichtungsmasse zu beheben." Dann drehte Wellmann sich zu der Erscheinung. „Ich dachte, die beiden könnten uns nicht sehen."

„Die beiden können nur Sie sehen, nicht mich. Sie sehen Sie in Ihrer damaligen Gestalt. Das ist das Teil, an dem Jakob Meister gerade in dieser fürchterlichen Bude arbeitet."

Erich schauderte.

„Es ist echte Pfuscharbeit. Sehen Sie, das Teil hier sollte mit anderen Teilen zusammenpassen. Wenn es schon in sich nicht den Vorschriften entspricht, dann kann es mit den anderen zusammen erst recht kein funktionierendes Ganzes bilden. Traurig, aber wahr.

Sie und Jakob Meister und alle Ihre Zeitgenossen lernten damals, daß es nicht notwendig sei, technische Vorschriften ernst zu nehmen. Sie dachten, man könne alles, was danebenging, irgenwie wieder ausbügeln."

Der Werksdirektor, Albert Spengler, kam auf Erich Wellmann zu. Er schüttelte besorgt den Kopf.

„Wir müssen in Zukunft sorgfältiger auf Qualität achten, Herr Wellmann. Ich muß Ihnen leider sagen, daß viel geschlampt wird und daß viele Mitarbeiter sich ernstlich Sorgen machen. Letzte Woche war ich zusammen mit dem Leiter der Qualitätskontrolle zu einem Gespräch bei einem unserer Großkunden eingeladen. Sie haben einen zur Zeit einen absoluten Qualitätsfimmel und sagten uns auf den Kopf zu, daß es bei uns einiges zu verbessern gibt. Sie machen keine Witze.

Sie sprachen von Null-Fehler-Norm — also von Material, das jederzeit sämtlichen technischen Anforderungen entspricht. Dann würden sie überhaupt keine Kontrollen oder Materialprüfungen mehr anordnen müssen." Wellmann erschrak.

„Das würde uns ein Vermögen kosten. Wir müßten zehnmal soviel kontrollieren wie bisher, um Pannen auszuschließen. Das ist nicht zu machen. Solchen Wünschen muß man von Anfang an einen Riegel vorschieben. Wir halten sie einfach ein bißchen hin, dann ist die Sache rasch vergessen."

Der Direktor schüttelte den Kopf. „Sie erwarten von uns einen Plan, wie wir künftig Mängel zu verhüten gedenken. Sie wollen nicht, daß bei uns noch mehr geprüft wird; sie wollen, daß wir mehr für Fehlerverhütung tun. Es ist ihnen wirklich ernst."

Wellmann dachte ein Weilchen darüber nach. Er hätte gern den Professor nach seiner Meinung gefragt, fürchtete jedoch, daß Spengler dann denken müßte, er führe Selbstgespräche.

„Wir können auf jeden Fall schon mal eines tun. Wir trommeln die ganze Belegschaft zusammen und schärfen allen ein, daß wir alle in unserer Firma ab sofort alles gleich von Anfang an richtig machen werden. Und wir laden Kunden dazu ein, die zur Belegschaft sprechen, und sorgen für Musik — sie sollen glauben, daß bei uns alles anders wird. Setzen Sie sich mit der Qualitätsabteilung in Verbindung, und dann ran an die Arbeit."

„Das ist eine hervorragende Idee, Chef. Ich nehme das sofort in die Hand."

Der Professor schüttelte den Kopf. „Warum halten Sie es für so unmöglich, Problemen vorzubeugen? Sie haben einige sehr gute Leute in der Firma. Und die verbringen die Hälfte ihrer Arbeitszeit mit Nachbessern und investieren fast gar keine Zeit in aktive Vorbeugung. Begraben Sie die Hoffnung nicht, solange Sie es nicht wenigstens versucht haben."

„Aber wir haben doch enormen geschäftlichen Erfolg. Im Fernsehgerätebau wird an den Serviceverträgen mehr verdient als am Verkauf. Die Gemeinkosten im Finanzwesen steigen zwar, aber eines Tages werden wir bessere Computer haben, und dann ist Schluß mit den Fehlern. Unser Autoverleih expandiert — allein im vergangenen Monat sind zehn Städte dazugekommen."

„Nun", sagte der Professor, „mir scheint, daß Qualität in allen ihren Betrieben einen größeren Stellenwert hat, als Sie denken. Und ich hoffe, daß Ihnen mit der Zeit bewußt wird, daß einige der Denkschablonen, die Sie sich im Laufe der Jahre angewöhnt haben, ziemlich überholt sind. Schlimmer noch, sie sind unrationell, unwirtschaftlich und sehr kostspielig.

Ich muß mich jetzt von Ihnen verabschieden. Es kommt gleich noch ein Besucher, der über die Qualitätsgegenwart mit Ihnen sprechen wird. Auf Wiedersehen."

Bevor er einen Gedanken fassen konnte, war Wellmann wieder in seinem Büro. „Jetzt muß ich die ganze Busfahrt noch einmal machen", dachte er.

Eine junge Dame „mit attraktivem Äußeren und selbstsicherem Auftreten" kam auf ihn zu.

„Guten Morgen, Herr Wellmann, ich bin Rita Unmüßig, ich werde Ihnen bei der Überprüfung des Qualitäts-Istzustands beratend zur Seite stehen. Ich habe mich ziemlich eingehend in der heutigen Welt umgesehen. Vielleicht sollten wir ein Weilchen miteinander plaudern?"

„Mit dem größten Vergnügen, Frau Unmüßig. Aber meinen Sie nicht auch, daß mehr dabei herauskommt, wenn Sie mit den Leuten aus der Qualitätskontrolle sprechen?"

Die Besucherin lächelte. „Qualität durchzusetzen übersteigt die Möglichkeiten der Qualitätsbeauftragten, solange das Management sich seiner Rolle nicht wirklich bewußt ist. Man muß sich zu der Erkenntnis durchringen, daß die oberste Managementebene hundertprozentig verantwortlich ist für alle Qualitätsprobleme — und deren Fortbestand.

Ich fürchte, Sie kommen nicht darum herum, sich mit mir zu beschäftigen, Herr Wellmann."

Wellmann lächelte mit allen Anzeichen der Resignation. „Na gut. Womit wollen wir anfangen?"

Rita Unmüßig nahm ein ledergebundenes Notizbuch aus ihrer Aktentasche, schlug es auf und nahm ein Blatt heraus, das sie Wellmann reichte.

„Hier sind unsere Gesprächsthemen. Ich dachte, wir sollten uns erst einmal ansehen, was unsere Kunden vom Qualitätsstandard der VBG halten, und dann überprüfen, was bisher für die Qualitätsverbesserung getan wurde."

„Ich war immer sehr stolz auf unser Qualitätsniveau", sagte Wellmann. „Wir hatten bestimmte Probleme, aber insgesamt sind wir sehr erfolgreich."

„Gut", nickte seine Gesprächspartnerin. „Fangen wir doch am besten hiermit an. Einer der Hauptmaßstäbe für das Qualitätsniveau einer Firma sind die Kosten für die Nichterfüllung von Anforderungen. Dazu zählen sämtliche Kosten für mangelhaft ausgeführte Arbeit. Mangelhafte Leistung in der Fertigung, mangelhafte Leistung in der Verwaltung, im Service und in anderen Bereichen. Ihr Mitarbeiterstab kennt die Höhe dieser Kosten nicht, aber wir haben uns erlaubt, sie kalkulieren zu lassen. Ihr Finanz- und Rechnungschef hat die Zahlen überprüft."

„Na ja", meinte Wellmann, „grob geschätzt, würde ich sagen, daß diese Kosten rund zwei bis drei Prozent vom Umsatz ausmachen. Das mag ziemlich hoch gegriffen sein, aber ich bin nun mal vorsichtig."

Sie entnahm ihrer Aktentasche eine Tabelle und reichte sie ihm. „Wir haben ermittelt, daß sie 23 Prozent vom Umsatz betragen. In dieser Zahl ist allerdings noch nicht der Preis für die Erfüllung der Qualitätsnorm berücksichtigt — also die Ausgaben für Güteprüfung, Testverfahren und Fortbildung. Für Qualitätsschulung hat Ihr Unternehmen nichts ausgegeben, aber die Kosten für Leistungsbeurteilungen liegen bei rund vier Prozent vom Umsatz. Also belaufen sich die Qualitätskosten in Ihrem Unternehmen auf insgesamt 27 Prozent vom Umsatz. Ich brauche Ihnen bestimmt nicht vorzurechnen, daß das neunmal so viel ist wie Ihr Gewinn nach Abzug von Steuern."

Wellmann ließ sich in seinem Sessel zurückfallen, bedeutete der jungen Managerin mit einem Handzeichen, Platz zu nehmen, und versuchte, sich wieder zu fassen. Das war ja geradezu lächerlich. Wie war es möglich, daß er nie eine derartige Zahlenaufstellung zu Gesicht bekommen hatte? Mühsam brachte er eine Antwort zustande.

„Vermutlich wollen Sie mir jetzt sagen, daß sich diese Kosten im Handumdrehen senken ließen, wenn wir lernen könnten, alles von vornherein richtig zu machen. Aber wie weit kann man sie senken? Qualität kostet nun mal ihren Preis."

Sie seufzte. „Pfusch kostet Geld. Reparieren, nachbessern, Gewurstel — das alles kostet Geld. Die Kosten für die Arbeit, die nur einmal getan werden muß, haben sie bereits veranschlagt. Wenn wir uns an die Qualitätsanforderungen halten, kommen keine weiteren Kosten mehr dazu.

Aber um auf Ihre Frage zurückzukommen: Wir kennen Unternehmen mit einer ähnlichen Produkt- und Dienstleistungspalette wie Ihre Firma, die innerhalb eines Jahres weit über die Hälfte der Qualitätskosten aus der Welt geschafft haben. Uns ist sogar ein Unternehmen bekannt, das eine Zeitlang konsequent diesen Weg beschritten und inzwischen die Qualitätskosten auf unter fünf Prozent des Umsatzes gesenkt hat.

Wenn Sie also die Bedeutung von Qualität einsehen und die VBG ernstlich daran arbeitet, werden die Kosten nächstes Jahr um diese Zeit auf rund 13 Prozent gesunken sein. Und in drei Jahren auf etwa 6 Prozent."

Wellmann wurde die ganze Sache allmählich zu bunt. Er hatte einen langen Arbeitstag gehabt. Er konnte nicht einmal mit Sicherheit sagen, ob es überhaupt nur ein Tag gewesen war. Er hatte sich 15 Jahre zurückversetzt in die Zeit, als er Abteilungsleiter gewesen war. Und jetzt war er wieder in der Gegenwart und saß dieser resoluten und unglaublich tüchtigen jungen Dame gegenüber.

Er wußte nur eines: er mußte irgendwie wieder Herr der Situation werden.

„Ich verstehe gar nicht, weshalb wegen Qualität jetzt plötzlich so viel Aufhebens gemacht wird. Das Problem gab es schon immer, und man hat es immer auf die eine oder ander Art angegangen. Sie wollen ein Nachlassen der Qualität in letzter Zeit festgestellt haben? Wenn dem so ist, dann muß ich auch sagen, daß die Arbeiter von heute nicht mehr das sind, was sie früher einmal waren."

„Herr Wellmann, Sie machen es mir wirklich schwer. Nicht die Arbeiter sind schlechter. Auch nicht das Management. Sie müssen zugeben, daß wir nie irgendetwas übertrieben gut gemacht oder verwaltet oder betreut haben. Aber es gab keine Konkurrenz. Erst seit wir Erzeugnisse aus anderen Ländern bekommen, werden Unterschiede sichtbar."

Aufgebracht erwiderte Wellmann: „Das sehen Sie meiner Meinung nach falsch. Wir sind qualitativ so gut wie alle anderen, und wir haben sogar eine Menge unternommen, um die Qualität bei uns noch zu verbessern."

Er wühlte in den Papieren auf seinem Schreibtisch und zog aus einem der Stapel den Qualitätsprüfbericht hervor. Mit gestärktem Selbstbewußtsein trommelte er auf die Schreibtischplatte und sah seine Gesprächspartnerin an.

„Nur ein Beispiel: Wir haben zehn Qualitätsausschüsse im elektronischen Gerätebau. Sie haben je 6 Mitglieder und schon einige ausgezeichnete Ideen für die Qualitätsverbesserung unterbreitet. Das zeigt doch, weiß Gott, daß wir an unserem Qualitätsstandard arbeiten. Diese Ausschüsse sind mit wechselnder Besetzung und einigen Unterbrechungen seit zwei Jahren im Einsatz."

Rita Unmüßig machte sich darüber Notizen in ihrer Arbeitsmappe. „Wie viele Beschäftigte hat die VBG, Herr Wellmann?"

„Das wissen Sie vermutlich so gut wie ich; wir beschäftigen gegenwärtig 3.500 Leute."

„Die 60 Qualitätsbeauftragten sind also unbestreitbar ein Gewinn. Aber allein die Existenz dieser Gruppen stellt an sich noch keinerlei Verpflichtung zur Verbesserung dar. Wir haben bei unseren Nachforschungen auch herausgefunden, daß es Schwierigkeiten gab, die Gruppen überhaupt in Gang zu halten. Der einzelne fühlt sich alleingelassen und hat den Eindruck, als hätte die Unternehmensleitung mit dem Ganzen nichts zu tun."

Wellmann war betroffen. „Woher kommt dieses Gefühl? Wir tun alles zu ihrer Unterstützung."

Sie beugte sich vor. „Herr Wellmann", sagte sie, „Sie dürfen sich über den Qualitätsstandard der VBG nichts mehr vormachen. Die Firma gerät mehr und mehr in den Ruf, schlampige Dienstleistungen und Waren zu liefern. Die Unternehmenskultur ist ganz eindeutig termin- und kostenorientiert. Qualität liegt weit abgeschlagen an dritter Position. Sie wollen das offensichtlich nicht glauben, aber es es ist dennoch die Wahrheit. Ich schlage vor, daß Sie den Vorstand einberufen. Lassen Sie sich von den Mitgliedern ihre größten Probleme schildern, und dann fragen Sie sie, mit welchen Arbeiten sie die meiste Zeit beschäftigt sind."

Wellmann überlegte einen Moment. „Wenn ich das tue und sich dabei herausstellt, daß sie Qualität wirklich ernst nehmen — werden Sie dann alle aufhören, mich zu behelligen?"

„Wir werden Sie sowieso nicht länger behelligen, Herr Wellmann. Wir versuchen lediglich, die Situation ein wenig zu erhellen. Es geht nicht darum, ob es Ihnen gelingt, mir alles in den leuchtendsten Farben darzustellen. Es geht um die Frage, ob Ihr Unternehmen mit all seinen Arbeitsplätzen zu retten ist, wenn alles weitergeht wie gehabt."

Wellmann lud fünf Spitzenmanager zu dem Gespräch ein. Rita Unmüßig zog sich in eine Ecke des Raums zurück und ging so der Gefahr aus dem Weg, daß sich jemand auf sie setzte. „Ich habe Sie hergebeten, um mich rasch über ein paar Punkte unterrichten zu lassen. Was ich gern wüßte, ist folgendes: Wo liegen Ihre größten Probleme? Und dann: Auf welche Aufgaben verwenden Sie den größten Teil Ihrer Arbeitszeit?

Ich brauche ein paar Hintergrundinformationen, um beurteilen zu können, ob wir mit unseren Methoden richtig liegen. Wie Sie alle wissen, sieht es in der Wirtschaft insgesamt nicht so rosig aus, und wir müssen sichergehen, daß wir die bestmögliche Unternehmensstrategie verfolgen."

Die fünf Manager sahen einander kurz an und richteten dann ihre Blicke auf Wellmann. Nach einem kurzen Augenblick des Zögerns fingen sie an auszupacken:

Jutta Diepholz, Chefin der Materialwirtschaft: „Mein größtes Problem sind Zulieferer. Sie bieten Dienstleistungen und Waren an, die einfach nicht in Ordnung sind. Die meiste Zeit verbringe ich mit den Leuten von der Rechtsabteilung, um alles wieder einigermaßen geradezubiegen. Und es wird immer schlimmer."

Harald Andresen, Fertigungschef: „Termingerechte Herstellung ist mein Hauptproblem. Wir müssen von jedem Teil fünf Stück herstellen, um vier ausliefern zu können. Die heutige Arbeitseinstellung und das Material, das wir geliefert bekommen, machen alles unglaublich schwierig. Ich verbringe den größten Teil meiner Arbeitszeit mit den Kollegen von der Kostenplanung, um den Produktionsaufwand noch irgendwie in einem rentablen Rahmen zu halten."

Günther Engel, Chef des Qualitätsressorts: „Unsere Prüfarbeit ist sehr oberflächlich geworden, da wir jetzt viel mehr Kontrollen durchführen müssen. Und wir haben angefangen, mit den Einzelhändlern und den Kreditkartenunternehmen zusammenzuarbeiten, damit sie Mängel früher feststellen. Ich habe die meiste Zeit in die Ausbildung von Prüfern investiert."

Adolf Decker, Kundendienstchef: „Mein Hauptproblem ist es, unsere Produkte draußen beim Kunden in Schuß zu halten. Die Anzahl der Kundenbesuche hat sich im letzten Jahr verdoppelt. Ich denke, das liegt daran, daß der Kunde einfach weniger tolerant ist als früher. Die meiste Arbeitszeit kostet mich die Terminplanung, weil unsere Kundendienstmonteure immer an zwei Orten gleichzeitig sein müssen."

Barbara Wunderlich, Einzelhandelschefin: „Ich muß mich mit allen genannten Problemen auf einmal herumschlagen. Wir kriegen das falsche Material zur falschen Zeit. Wir haben mit den Rechenfehlern unseres Verkaufspersonals zu tun, und die rückläufigen Waren von der Kundschaft türmen sich jeden Tag höher. Ich verbringe die ganze Zeit damit, von einem Laden zum anderen zu fahren und den Filialleitern Dampf zu machen, daß sie mehr Kundschaft in die Läden bringen sollen. Und die wiederum bearbeiten mich, daß ich ihnen bessere Waren und tüchtigere Verkäufer besorgen soll."

Einen Augenblick lang saßen alle schweigend da. Wellmann warf einen kurzen Blick zu Rita Unmüßig hinüber, die nur mit einem angedeuteten „Ich habe es Ihnen ja gesagt" die Schultern hob.

„Ich würde gern von Ihnen hören, wie Sie unseren Qualitätsstandard einschätzen. Müssen wir auf dem Gebiet etwas unternehmen?"

„Unsere Qualität ist nicht schlechter als bei den anderen."

„Wir geben gegenwärtig ein Vermögen für Qualitätsprüfung aus. Wenn wir uns noch mehr mit Qualität beschäftigen, gehen wir Pleite."

„Qualität ist wichtig, aber wenn wir nicht pünktlich ausliefern, verlieren wir Kunden. Wir sollten statistische Qualitätskontrolle bei uns einführen. Das würde alles ins Lot bringen."

Alle Anwesenden schwiegen. Wellmann sah einen nach dem andern an und fragte: „Ist das Ganze Ihrer Meinung nach ein Managementproblem?"

Einstimmiges „Nein!" erschallte. Einige äußerten die Ansicht, daß Qualitätsschulung fürs Aufsichtspersonal ganz nützlich sein könnte. Ein Gesprächsteilnehmer schlug (spaßeshalber) vor, man solle japanische Arbeiter einstellen. Aber man war einhellig der Meinung, daß alles eine Konsequenz des allgemein gesunkenen Niveaus im Gesellschafts- und Geschäftsleben sei. Im Unternehmen werde wahrscheinlich alles getan, was getan werden könne.

Der Qualitätsleiter bemerkte noch: „Ich finde, daß das ganze Qualitätsgerede heutzutage übertrieben ist. Es ist schlicht unmöglich, jeden Menschen dazu zu bewegen, daß er alles gleich von Anfang an richtig macht, und ein bißchen muß man sich schon schützen.

Wir machen auf einigen Gebieten Fortschritte bei der Mängelbeseitigung, und mir scheint, daß die Arbeitshaltung in der Belegschaft gut ist, besonders in der Fertigung. Aber wir müssen realistisch sein und uns damit abfinden, daß wir in der Wirklichkeit leben und daß im Leben nun mal Fehler üblich sind."

Wellmann entließ die Gruppe und wandte sich an seine Beraterin. „Es ist nicht so schlimm, wie Sie annahmen. Sie scheinen alle die richtige Einstellung zu haben."

„Ach, wirklich? Es spielt in der Tat keine allzu große Rolle, wie sie denken; die entscheidende Frage ist: Was halten die Kunden von der VBG? Wollen Sie darüber etwas hören?"

„Wie soll das vor sich gehen?"

„Stellen Sie den Fernseher da drüben an."

Wellmann nahm die Fernbedienung aus der Schreibtischschublade und drückte auf einen Knopf. Während das Bild erschien, fragte er: „Welcher Kanal?"

„Spielt keine Rolle", sagte sie. „Sie können im übrigen mit den Kunden sprechen, sie alles fragen, was Sie wollen."

Eine junge Mutter, die mit den Händen in den Hüften in ihrer Küche stand, blickte zornerfüllt in die Kamera.

„Sind Sie der Heini, der die Firma führt, wo mein Kühlschrank hergestellt wurde?"

„Ja, meine Dame, der bin ich", antwortete Wellmann.

„Also, Sie sollten sich was schämen. Ich mußte den Kundendienst dreimal herbestellen, seit wir den Apparat letzten Monat gekauft haben. Und augenblicklich steht er wieder nutzlos rum, und meine ganzen Lebensmittelvorräte tauen auf, weil irgendwas nicht richtig funktioniert und weil die Monteure irgendein Teil mit Luftfracht kommen lassen müssen. Mein alter Kühlschrank ist jahrelang gelaufen. Ich wünschte, ich hätte den wieder."

„Es tut mir leid, daß Sie Ärger haben. Benehmen sich die Kundendienstleute korrekt?"

„Die machen ihre Sache ziemlich gut, wenn man bedenkt, unter welchem Druck sie stehen. Anscheinend versagen die Elektrogeräte überall in der Stadt den Dienst. Aber wir werden das Problem bald vom Hals haben. Das Gerät geht morgen zurück."

Das Bild wurde ausgeblendet, und dann leuchtete der Bildschirm mit einem anderen Gesicht wieder auf.

„Es hieß, der Chef der VBG würde zu einem Gespräch bereitstehen. Stimmt das?"

„Ja, mein Herr, ich bin Erich Wellmann. Sind Sie Kunde bei uns? Welches unserer Produkte haben Sie gekauft?"

„Ich habe kein Produkt gekauft. Ich bin Benutzer Ihrer Kreditkarte. Meine Firma ist im Besitz von 34 dieser Karten. Wir geben sie unseren Geschäftsreisenden, das senkt den Bargeldbedarf."

„Ein guter Unternehmenszweig, mit dessen Entwicklung wir sehr zufrieden sind."

„Na, gut, daß wenigstens Sie zufrieden sind. Unser Rechnungschef geht jeden Monat ein paar Mal an die Decke, weil immer wieder Dutzende von Fehlern in den Kontoauszügen sind, die uns die VBG zuschickt. Alles Fehler, die von Ihren Leuten gemacht wurden.

Und dann, während wir alle Hände voll damit zu tun haben, das wieder ins reine zu bringen, bombardieren Sie uns mit Telegrammen, in denen Sie mit Mahnbescheiden drohen, wenn wir nicht sofort bezahlen. Sie sollten da wirklich etwas unternehmen, wenn Sie mit uns im Geschäft bleiben wollen."

Wellmann stimmte eifrig zu. „Ich schreibe mir sofort Ihren Namen und den Ihres Unternehmens auf und werde alle Hebel in Bewegung setzen, daß das behoben wird."

„Ich spreche für die Firma Kühnle Fensterbau, und mein Name ist Wilhelm Wettermann. Viel Glück. Sie werden es brauchen."

Wellmann rief den Chef des Kreditkartenunternehmens an und schilderte ihm das Problem. Man wollte ihn binnen einer Stunde zurückrufen.

Dann wandte er sich wieder an seine Besucherin. „Ich fange langsam an zu begreifen, obwohl ich finde, daß viele dieser Schwierigkeiten einfach zum Leben gehören. Was kann man dagegen unternehmen? Offenkundig sind meine Topleute der Ansicht, sie hätten nichts damit zu tun."

„Das ist ja gerade eine der größten Schwierigkeiten", sagte Rita Unmüßig. „Qualitätsverbesserung ist ein Prozeß, kein Programm, und es dauert lange, bis sie fester Bestandteil des Berufsalltags wird. Als erstes müssen sämtliche ‚Köpfe' des Unternehmens einen einheitlichen Qualitätsbegriff entwickeln."

Wellmann machte sich Notizen. „Gut, wir trommeln alle zusammen und beauftragen Herrn Engel, ihnen etwas über Qualität zu erzählen. Was weiter?"

Rita Unmüßig lächelte und schüttelte den Kopf. „Sein Denken ist völlig besetzt von herkömmlichen Qualitätsvorstellungen. Er ist selbst ein Teil des Problems. Die Leute der Führungsebene, an die ich denke, brauchen gezielte außerbetriebliche Schulung. Sie müssen die Gebote des Qualitätsmanagements begreifen lernen. Diese Leute müssen mit der Realität konfrontiert werden, genauso wie Sie selbst."

„Das kann ich ohne weiteres machen — aber was ist der Unterschied zwischen dem, was Sie ‚herkömmliche Qualitätsvorstellungen’ nannten, und dem, was wir lernen müssen?“

Sie reichte ihm eine kleine Karte. Darauf stand: „Nach herkömmlichen Vorstellungen ist Qualität gleichbedeutend mit Güte und daher ein sehr vager Begriff; die Realität lehrt uns, daß Qualität gleichbedeutend ist mit Erfüllung der Anforderungen und damit etwas ganz Präzises aussagt.

Nach den herkömmlichen Vorstellungen erreicht man Qualität durch Kontrollen, Funktionstests und Prüfverfahren; die Realität lehrt uns, daß Mängelvorbeugung das einzig brauchbare System ist.

Nach herkömmlichen Vorstellungen genügt akzeptable Qualität — nach dem Motto: ‚Das tut’s auch’ — als Leistungsstandard für Angestellte und Arbeiter; die Realität lehrt uns jedoch, daß der Standard genau definiert sein muß, etwa: fehlerfrei oder Fehlerquote gleich Null.

Nach herkömmlichen Vorstellungen sollte Qualität außerdem anhand von statistischen Meß- und Vergleichswerten gemessen werden; die Realität lehrt, daß der beste Maßstab für Qualität die Kosten für die Abweichung von den Anforderungen sind.“

Wellmann las den Text gründlich durch. „Das hört sich gar nicht so schlimm an. Ich bin mit dem meisten ziemlich einverstanden. Bloß fehlerfrei als Maßstab erscheint mir etwas hochgegriffen. Es klingt unrealistisch.“

Rita Unmüßig lächelte. „Die meisten Führungskräfte sind dieser Meinung. Ich will Ihnen einen Garantieleistungsnachweis eines ihrer Konkurrenzunternehmen vorführen. Sie haben bei den Kühlschränken im ersten Jahr durchschnittlich 4,1 Kundenbesuche; bei der Konkurrenz sind es dagegen im Schnitt nur 0,02 Besuche. Das ist ein gewaltiger Unterschied. Und, um es gleich vorwegzunehmen, der Vergleich hinkt nicht. Und nicht nur das, just in diesem Augenblick findet dort eine Besprechung statt, bei welcher der Sitzungsleiter die Verantwortlichen auffordern wird, von 0,02 auf Null zu kommen.“

Wellmann war verblüfft. „Gibt es diese Entwicklung schon lange?“

„Das Bewußtsein von der Notwendigkeit dieser Verbesserung bestand schon seit geraumer Zeit. Aber im Management fehlte es an der Bereitschaft zur Durchführung. Das ist ein stures Volk.“

Das Telefon läutete und Wellmann nahm entschuldigend ab. Der Leiter des Kreditkartenunternehmens berichtete, daß die Fehlerquote in der Führung des Kühnle-Kontos vom Höchststand von 37 pro Monat auf gegenwärtig 12 gesunken sei. Er berichtete auch, daß der Kunde seine Zufriedenheit geäußert habe über die Entwicklung. Wellmann sagte, er bezweifle das, dankte und hängte auf. Nach einem Weilchen drehte er sich nach seiner Beraterin um, aber sie war verschwunden.

Die Tür ging auf, und ein ziemlich ungepflegtes Individuum schlenderte herein, begleitet von einem streng aussehenden Menschen, der eine Aktenmappe trug und in einen schwarzen Dreiteiler gekleidet war.

„Sind Sie Herr Wellmann?“ fragte der Ungepflegte.

„Wer sind Sie?“ fagte Wellmann und erhob sich. „Was haben Sie in meinem Büro zu suchen?“

Der Strenge räusperte sich. „Ich fürchte, das Büro gehört jetzt Herrn Blust. Er hat soeben das gesamte Unternehmen vom Konkursgericht erstanden."

Wellmann erstarrte. Dann lächelte er. „Okay, ihr zwei, raus mit euch, aber dalli. Ich brauche kein Qualitätsphantom mehr, um mir auf die Sprünge zu helfen. Dieses Unternehmen wird nie bankrott machen."

Gehorsam verschwanden die Geister.

„Ich bin fest entschlossen", sagte Erich Wellmann zu sich selbst, „diese Qualitätsgeschichte in den Griff zu bekommen."

Er blickte auf die Karte, die Rita Unmüßig ihm gegeben hatte, und drehte sie um. Auf der Rückseite stand: „Die Qualitätspolitik dieses Unternehmens hat zum Ziel, Kunden und Auftraggebern innerhalb und außerhalb termingerecht fehlerfreie Erzeugnisse und Dienstleistungen zu liefern."

„Mir wird langsam klar", murmelte Wellmann vor sich hin, „daß ich gewaltige Scheuklappen hatte. Mein Qualitätsbegriff war viel zu eng. Qualität besteht nicht nur darin, Anforderungen festzulegen und hartnäckig zu fordern, daß die Dinge richtig gemacht werden. Das darf man nicht so schematisch sehen. Im Grund geht es dabei um den allgemeinen Führungsstil eines Unternehmens. Sämtliche Mitarbeiter eines Unternehmens müssen mit vereinten Kräften dazu beitragen, daß der Betrieb ordentlich funktioniert.

Mir geht es nicht nur um einen Nullfehlerstandard bei unseren Produkten und um zufriedene Kunden und um Rentabilität und so weiter. Wir brauchen das alles, weiß Gott. Aber das ist nur ein Nebeneffekt.

Was wir hier verwirklichen werden, ist ein störungsfreier Betrieb. Wir werden lernen, alle unsere Arbeiten ordentlich, energisch und präzise auszuführen.

Störungsfrei. Das soll unsere Devise sein."

Und er ging ans Werk.

5
Festlegung

Öffentliche und private Unternehmen tun sich schwer mit Qualität, weil es ihnen einfach an Entschlossenheit fehlt. Mir ist bewußt, daß sich eine derartige Feststellung etwa so tiefsinnig anhört wie: „Es ist besser, reich und gesund zu sein, als arm und krank." Dennoch ist sie wahr.

In einem der vorausgegangenen Kapitel habe ich das Profil eines Unternehmens mit chronischen Qualitätsstörungen dargestellt. Bevor ein Betrieb diese festgefahrenen Muster nicht radikal durchbricht, ändert sich nichts.

Qualitätsverbesserung hat auch ein Profil. Die Unternehmen, in denen sich wenig bessert, obwohl sie nach außen hin zu einer Umorientierung entschlossen zu sein scheinen, haben einige gemeinsame Merkmale:

1. Die Bemühungen um mehr Qualität werden als Programm und nicht als Prozeß bezeichnet

Das spiegelt den Gedanken wider, den das Management insgeheim nährt — daß es bei dieser ganzen Qualitätsgeschichte lediglich darum geht, das richtige Sortiment von Techniken für die richtigen Leute zu schaffen. Wenn man jemandem ein „Programm" vorsetzt, bedeutet das für ihn, daß es, wenn er ein Weilchen abwartet und derweil die Dinge mechanisch absolviert, rasch durch ein neues Programm ersetzt werden wird. Regierungen bezeichnen alles gern als „Programm". Ein „Prozeß" ist dagegen nie beendet und erfordert unablässige Aufmerksamkeit.

2. Sämtliche Bemühungen um mehr Qualität zielen auf die untere Unternehmensebene ab

Das läßt sich leicht überprüfen. Nehmen Sie irgendeinen Punkt, der eine Umorientierung des Spitzenmanagements erfordert: die entsprechende Fortbildung wird den anderen verordnet. Sämtliche Anstrengungen zur Steigerung der Produktivität sollen von den unteren Betriebsebenen geleistet werden. Qualitätsarbeitskreise gehen nie von den Vorstandsetagen aus. Statistische Qualitätskontrolle wird in den höheren Regionen nicht praktiziert.

3. Die für die Qualitätskontrolle Verantwortlichen haben eine zynische Grundeinstellung

„Ein Null-Fehler-Standard ist stures Preußentum." „Wir müssen uns den Qualitätsvorstellungen des Kunden beugen." „Es ist unmöglich, von den Leuten zu verlangen, daß sie alles von vornherein richtig machen sollen." „Angewandtes Qualitätsmanagement bringt zwangsläufig Irrtümer mit sich; man muß Vorteile und Nachteile sehen." Alle diese Haltungen sind Ausdruck der herkömmlichen und zynischen Qualitätsbegriffe, welche die Nichterfüllung der Anforderungen zum festen Bestandteil des Wirtschaftslebens gemacht haben. Glücklicherweise setzt sich in der Zunft der Qualitätsexperten langsam das Realitätsbewußtsein durch, dem die absoluten Gebote des Qualitätsmanagements entspringen.

4. Das Lehrmaterial wird von Ausbildern erstellt, die selbst noch den alten Denkschablonen verhaftet sind

Qualitätsverbesserungskonzepte und die dazu erforderlichen Maßnahmen sind sehr kompliziert und erfordern eine durch Erfahrung gereifte Sachkenntnis. Sie hören sich jedoch so simpel an, daß viele einfach mit der Schulung anfangen, ohne sich darüber im klaren zu sein, daß sie genau die Vorstellungen weitervermitteln, die die Probleme herbeigeführt haben.

5. Das Management will sofort sichtbare Erfolge

Sobald die Geschäftsführung erfährt, was Qualität kostet, läßt sie jedermann wissen, daß sie eine sofortige Senkung wünscht. Das hat eine Unzahl kurzsichtiger Maßnahmen zur Folge, wie zum Beispiel das „Gesundschrumpfen" der Qualitätsabteilung.

Wir haben die Erfahrung gemacht, daß im ersten Jahr eine 25-prozentige Senkung der Kosten für normwidrige Arbeit möglich ist, wenn der Verbesserungsprozeß richtig eingeleitet wird. Falsch verstanden und angewendet führt er gewöhnlich zu einer Kostenerhöhung.

Fehlende Geduld führt auch zu einer Zentralisierung der Maßnahmen. Das bedeutet, daß die zuständigen Manager eine passive Haltung einnehmen und auf Anweisungen von oben warten. Das verzögert alles enorm, da diese Einstellung die Scherereien nur vermehrt.

Diese typischen Merkmale und noch einige mehr sind kennzeichnend für schlecht geleitete Qualitätsverbesserungsverfahren. Sie treten auf, weil die ganze Angelegenheit nicht genügend durchdacht und ernst genommen wurde.

Bei seiner Entschlußfassung hat das Management, möglicherweise unbewußt, bestimmt, daß alle anderen etwas an ihrem Arbeitsverhalten ändern müssen. Erst wenn das Management bereit ist, den eigenen Stall auszumisten, setzt echter Besserungswille ein.

Fußballfans kennen vielleicht die Anekdote mit dem berühmten Trainer, der sich bei einem Spiel aufregte, weil ein Stürmer der gegnerischen Mannschaft seinem Mittelfeldverteidiger immer wieder davonlief. An die Ersatzbank gewendet rief er: „Meier, jetzt spielst du. Du mußt den Kerl bremsen!"

Meier sprang sich warm und sagte: „Ich will's versuchen, Berti."

„Bleib wo du bist", sagte der Trainer, „der Verteidiger, den ich auf dem Spielfeld habe, versucht's auch schon die ganze Zeit."

Diese Art von Geschichten bilden den Kern von motivationsorientierten Kursen. Es steckt eine Menge Lebenswahrheit darin. „Es versuchen wollen" ist nicht genug. „Wir brauchen jemand, der die Sache durchzieht." Engagement, Entschlossenheit, Schwung sind vonnöten, wenn etwas geschehen soll.

Aber hier steht nicht Motivation zur Debatte. Nach meiner Erfahrung kann man niemand für mehr als ein paar Tage „motivieren". Hier geht es um das, was Qualität in einem Unternehmen oder einem Betrieb möglich oder unmöglich macht.

Ich arbeitete einmal in der Qualitätsabteilung eines Unternehmens mit einem miserablen Qualitätsniveau. Die Qualitätsabteilung bestand zwar jede Prüfung, die von Kunden beantragt wurde, und die von ihr verfaßten Handbücher und Vorschriften galten als mustergültig. Es war wirklich ein guter Betrieb mit lauter guten Leuten. Verantwortung und Können wurden großgeschrieben.

Die größte Stärke des Unternehmens lag jedoch darin, mangelhafte Erzeugnisse ausfindig zu machen, bevor sie zum Versand kamen. Sie füllten ganze Räume. Ebenso rasch wie wir das schadhafte Material herausfischten und beschlagnahmten, ersann die Betriebsführung neue Mittel und Wege, die Mängel durchgehen zu lassen. Das Unternehmen hatte keine schlechten Absichten; man war einfach der Auffassung, daß man einige der Anforderungen nicht so furchtbar ernst zu nehmen brauchte.

Das Ende vom Lied war, daß das Produkt nicht gut funktionierte, daß der Kunde aufgebracht war und wir einen neuen Generaldirektor bekamen. Bis dahin hatten wir allerdings bereits vier Qualitätsleiter verschlissen. Das war die Art unseres Ex-Chefs gewesen, mit dem Problem umzugehen.

Der neue Generaldirektor machte unmißverständlich deutlich, daß wir in strenger Übereinstimmung mit den Konstruktionsvorschriften produzieren und ein Stück erst, wenn es in allen Einzelheiten diesen Anweisungen entsprach, ausliefern würden. Bis dahin würden wir jedwedes besserungsbedürftige Problem feststellen und beheben.

„Beheben" hieß auch, sich überlegen, wie zu vermeiden war, daß ein Mangel künftig wieder auftrat.

Zwei leitende Angestellte nahmen den neuen Generaldirektor nicht ernst und wurstelten in ihren Betrieben nach dem alten Muster weiter. Der neue Chef setzte sie an die Luft. Von nun an arbeiteten alle nach seiner Methode. Bei der Umstellung hatte ich eine Problemliste mit 56 kritischen Punkten, und nach sechs Monaten waren alle aus der Welt geschafft. Unterdessen kamen weitere 24 Posten dazu und wurden ebenfalls angegangen.

Nach den sechs Monaten hatten wir die Rückstände aufgeholt, der Bestand der Materialprüfstände waren auf ein Minimum geschrumpft, und der Kunde beantragte Test auf Test, um uns irgendwelche Defekte nachzuweisen, aber nichts war defekt. Es war kaum zu glauben, aber das Produkt bewährte sich tatsächlich in der Praxis; es war betriebssicher, kostete nicht mehr als geplant und wurde rechtzeitig ausgeliefert.

Ein Beispiel aus der Praxis, in welchem ein und derselbe Betrieb zwei entgegengesetzte Ergebnisse erzielte. Das einzige, was sich zwischen beiden Ergebnissen verändert hatte, war — abgesehen vom Ausscheiden der beiden dickköpfigen Manager — die Unternehmensführung.

Der Generaldirektor gab Tag für Tag glasklar zu erkennen, daß er entschlossen war, Qualität im wahrsten Sinne des Wortes zu produzieren. Er war hinter allen Mitarbeitern her, die am Arbeitsplatz schlampten; er veranstaltete Betriebsfeste für die Lohnempfänger mit ihren Familien; er ging regelmäßig an der Sammelstelle der Materialprüfung vorbei und nahm fehlerhafte Stücke mit zum Konstruktionschef; er lud den Betriebsratsvorsitzenden zum Mittagessen ein; er trieb die Direktoren aus ihren Chefsesseln und konfrontierte sie mit der Wirklichkeit; er entwickelte sich zur echten Nervensäge; er sorgte dafür, daß niemand ihn vergaß, und der neue Qualitätsleiter gab jedermann gutgelaunt Nachhilfe, wie man normwidrige Arbeit gar nicht erst einreißen läßt.

Westliche Manager pilgern in Scharen nach Japan, um das Geheimnis japanischer Qualität zu ergründen. „Warum funktioniert das Zeug, das die herstellen, und bei uns nicht?" „Warum können die Autohändler der Japaner in ihren Auslandsfilialen ihre Zeit mit Autoverkaufen verbringen anstatt mit Mängelbeheben?" „Warum werden bei den Japanern Maßnahmen der Unternehmensverwaltung korrekt abgewickelt und bei uns nicht?"

Also reisen unsere Führungskräfte nach Japan und wollen ihren Unternehmen nach der Rückkehr Patentrezepte verordnen, die das Qualitätsproblem bereinigen sollen. Sie sind bestärkt in der Auffassung, daß die Wurzel des Übels in der Arbeiterschaft zu suchen ist und daß es lediglich gilt, die Arbeiter bei uns dazu zu bewegen, sich wie japanische Arbeiter zu verhalten.

Leider führt das kaum zu dauerhafter Verbesserung. Nicht weil die angewendeten Techniken falsch wären; sie sind alle brauchbar. Aber es wird wenig Wandel zum Besseren geben, solange das eigentliche Problem nicht angepackt wird. Und das eigentliche Problem ist die Tatsache, daß das Management die Produkt- und Dienstleistungsanforderungen nicht ernst nimmt.

Wenn man das Erfolgsgeheimnis der Japaner oder der vielen westlichen Hersteller von Qualitätserzeugnissen lüftet, stellt man immer wieder eines fest: Sie alle nehmen die Anforderungen ernst. Sie konzipieren sie mit Sorgfalt, und sie erfüllen sie mit Sorgfalt. Bei ihnen gibt es keine „Außerhalb der Spezifikationen", keine „Haftungsausschlüsse", kein „Das tut's auch" oder „Dann schicken Sie es eben nächsten Monat ab" und ähnliches mehr.

Wenn die Unternehmensleitung auf der Erfüllung der Anforderungen besteht und aktiv daran mitwirkt, daß Fehlervorbeugung wirklich praktiziert wird, dann entsteht eine vollkommen neue Unternehmenskultur. Alle jemals entwickelten Anleitungen zur Steigerung des Qualitätsbewußtseins zusammengenommen können sie nicht bewirken. Sie wird erst Wirklichkeit, wenn alle Betriebsangehörigen eine gemeinsame Qualitätssprache sprechen und verstehen, was die Unternehmensleitung will.

Wenn man sich in einem Unternehmen umsieht, erkennt man schon innerhalb kürzester Zeit, wie genau die Verwaltungsmaßnahmen die Vorschriften widerspiegeln, und, wenn es sich um einen Fabrikationsbetrieb handelt, wie es um das Qualitätsniveau bestellt ist. Ich liege mit meinem Urteil nie sehr falsch. Manchmal wird alles schon nach wenigen Minuten im Chefzimmer offenkundig. Der Gesamtbetrieb vermittelt exakt den gleichen Eindruck wie die Unternehmensführung.

Es genügt nicht, eine entschlossene Miene aufzusetzen und entschlossen aufzutreten. Das Thema, das wir mit solcher Entschlossenheit angehen wollen, muß in den Köpfen aller Betroffenen klare Konturen haben. Wie es zu dieser Klarheit kommt, wird im Kapitel über Ausbildung behandelt. Aber nichts kann gelingen, solange es nicht in den Überlegungen der „führenden Köpfe" klar ist.

Wir haben bereits gesehen, daß man diese Führungskräfte nicht im Unternehmen selbst schulen kann. Für Ratschläge aus dem Kollegenkreis sind sie meistens nicht empfänglich; diese müssen von einer glaubhaften Instanz von außerhalb kommen. Und sie sollten an einem abgelegenen Ort so ungestört in die Materie eintauchen können, daß wirklich eine geistige Wandlung möglich wird.

Wir haben auch gesehen, daß Anstrengungen im Sinne einer Qualitätsverbesserung nur in Unternehmen Früchte tragen, die sich freiwillig dazu entschließen. Man kann sie nicht dazu prügeln. Diese Taktik resultiert aus der Erfahrung, daß ein Manager seine Wandlung vom Saulus zum Paulus aus eigener Initiative durchmachen muß. Während sie das Lehrgangsprogramm absolvieren, lernen die Spitzenmanager ihre Rolle im ganzen Betriebsgefüge erkennen.

Wenn jedoch Geschäftsführer, leitende Angestellte und Qualitätsbeauftragte in das Ausbildungssystem einsteigen, wollen sie normalerweise einigermaßen sichergehen, daß die Unternehmensspitze wirklich dazu steht. Nicht etwa, daß sie deren Ernsthaftigkeit anzweifelten; sie bezweifeln lediglich, daß die Geschichte von Dauer ist. Sie gehen davon aus, daß „der Alte", kaum daß die aktuellen Probleme gelöst sind, auf irgendeine andere Masche verfällt.

Das größte Problem für das Management ist die eigene Glaubwürdigkeit; es muß sie immer wieder unter Beweis stellen und unablässig zeigen, daß es zum „langen Marsch" entschlossen ist. Es genügt nicht, die richtig klingenden Worte zu sagen; das tun alle. An ihren Taten und an ihrem Führungsstil müssen sie sich messen lassen. (Darin sind die japanischen Unternehmensleiter wahre Meister. Niemals wird man von diesen Leuten ein abfälliges Wort über Qualität hören.)

Es ist unmöglich, wirkliche Erkenntnis auf irgendeinem Gebiet zu verbergen oder vorzutäuschen. Wenn Entschlossenheit glaubhaft sein soll, muß echte Einsicht vorhanden sein.

Das bringt uns zu den Geboten des Qualitätsmanagements.

Als professioneller Qualitätsmanager in einer Welt, in der Qualität von niemand abgelehnt und dennoch nur höchst selten verwirklicht wird, habe ich jahrelang versucht, den Erkenntnisprozeß zu fördern. Aber das hat nichts Entscheidendes bewirkt, weil alle meinten, sie wüßten längst Bescheid. Es ist schwierig, wirklich ein offenes Ohr bei jemand zu bekommen, der einem begeistert zustimmt. Es ist schier unmöglich, einen Kollegen zu mobilisieren, der sich in dem Glauben wiegt, daß Sie und er die einzigen „vernünftigen" Leute seien.

Vier Grundgedanken haben sich schließlich als die absoluten Gebote des Qualitätsverbesserungsprozesses herauskristallisiert. Es gibt noch einen fünften: „Ein ‚Qualitätsproblem' an sich gibt es nicht." Aber das geht die Qualitätsprofis an, und nur sehr wenige von ihnen begreifen, daß man damit den Finger viel genauer auf Probleme legen kann als mit Feststellungen wie: „Die Qualitätsabteilung ist ein Sauhaufen."

Die Gebote sind Antworten auf die Fragen:

1. Was ist Qualität?
2. Mit welchem System läßt sich Qualität verwirklichen?
3. Welcher Leistungsstandard sollte gelten?
4. Welches Meßverfahren ist erforderlich?

6
Erstes Gebot: Qualität muß als Erfüllung von Anforderungen definiert werden

Wie man Qualität verbessert und damit unnötigen Ärger ausschließt

Qualitätsverbesserung setzt voraus, daß in jedermann die Bereitschaft geweckt wird, „es" von vornherein richtig zu machen. Wie man dieses Ziel erreicht, ist Gegenstand des vorliegenden Buches. Der Schlüssel zum Erfolg ist die Bereitschaft, die betrieblichen Anforderungen klar und deutlich darzulegen und den Mitarbeitern keine Hindernisse in den Weg zu legen.

Das Management hat drei Hauptaufgaben: (1) Festlegung der Anforderungen, die die Mitarbeiter erfüllen sollen, (2) Bereitstellung der Rahmenbedingungen, die die Mitarbeiter brauchen, um diese Anforderungen zu erfüllen, und (3) die uneingeschränkte Bereitschaft, die Mitarbeiter moralisch und materiell bei der Erfüllung dieser Aufgabe zu unterstützen.

Wenn deutlich wird, daß das Management selbst nach der Devise handelt, alles von vornherein richtig zu machen, dann werden auch alle anderen alles gleich richtig machen. Alle werden die Anforderungen so ernst nehmen wie das Management.

Scherereien gibt es, sobald die leitenden Angestellten sich gegenüber der Unternehmenspolitik und den Verfahrensregeln wankelmütig zeigen. Wenn niemand sich auf irgend etwas verlassen kann, dann nimmt sich auch niemand vor, alles von vornherein richtig zu machen. Das „es", das man gleich richtig machen soll, sind die Anforderungen. Ohne „es" besteht keine Chance, seine Sache von vornherein richtig zu machen.

Eine meiner ersten Stellungen in der Wirtschaft war die eines technischen Redakteurs. Das Unternehmen erstellte technische Beschreibungen von regierungseigenem Material. Meine Aufgabe war es, die Beschreibungen so zu verfassen, daß jeder mit geringem technischem Sachverstand (wie ich) sie verstehen konnte.

Ich recherchierte und schrieb. Meine Arbeiten gingen an die Lektoren. Sie überprüften sie und kamen dann und beschimpften mich. Ich konnte es ihnen nie recht machen.

Nachdem ich das ein paar Monate lang mitgemacht hatte, legte ich schließlich eine Aufstellung all der Dinge an, die meiner Meinung nach zu einer technischen Beschreibung gehörten. Die Lektoren sahen sich die Aufstellung an, fügten hier einiges hinzu, änderten dort etwas. Wir gaben einander die Hände und waren hinfort die besten Arbeitskollegen.

Wir hatten uns über die Anforderungen geeinigt und hatten die Dinge in der Hand.

Dieser Schritt hört sich vielleicht nicht gerade nach einer so gewaltigen Errungenschaft an wie etwa die Erfindung des Telefons oder wie ein Spaziergang auf dem Mond. Aber er machte aus einer von Feindseligkeit und Ärger geprägten Situation ein angenehmes, produktives Arbeitsklima.

Wir einigten uns über die Anforderungen. Zuvor hatte jeder vor sich hingewurstelt, und je höher die Position war, die man im Unternehmen innehatte, desto mehr zählte die Meinung, die man vertrat. Kein Bericht glich dem anderen. Die Energie der Firma wurde verschlissen bei der wiederholten Lösung der gleichen Probleme. Man gewann den Eindruck, daß die Dinge einfach nicht genau genug benannt wurden, um vorschriftsmäßig abgewickelt zu werden.

In Dienstleistungsunternehmen verschlingen derlei Tätigkeiten üblicherweise 40 Prozent der Betriebskosten. Halten Sie sich das immer vor Augen, während wir uns der Frage zuwenden, warum das so ist und was dagegen zu tun ist.

Es liegt nicht an den Arbeits- oder Verfahrenstechniken; es liegt nicht an der ungenügenden Fertigkeit der Mitarbeiter; und ebensowenig liegt es daran, daß den Arbeitern der Sinn für ordentliche Arbeit fehlt. Die Ursache ist der Qualitätsbegriff der leitenden Angestellten, die Qualität als „Güte" definieren. Niemand, abgesehen vom jeweiligen Sprecher, weiß, was darunter zu verstehen ist.

Qualität muß als *Erfüllung von Anforderungen* definiert werden. Diese Definition versetzt ein Unternehmen in die Lage, nach anderen Kriterien als persönlicher Meinung und Erfahrung zu funktionieren. Sie setzt voraus, daß die besten Köpfe ihr Wissen zunächst einmal in die Festlegung der Anforderungen investieren. Sie sind nicht dazu da, festzulegen, was getan werden soll, um Unebenheiten auszubügeln.

Wer sich für Qualitätsverbesserung entschieden hat, muß sich einer Art Gehirntransplantation unterziehen. Wenn jemand mit irgendeiner Sache, die aufgrund einer kleinen Unvollkommenheit von der Fertigungskontrolle abgelehnt wurde, zur Direktion gerannt kommt, muß der entschlossene Manager ihm mit einer Bemerkung von der Art begegnen: „Wieso sollten wir unseren Kunden etwas anderes liefern als das, was sie bestellt haben?"

Eine entschlossene Führungskraft hat keine andere Wahl, als einen bestimmten Punkt solange immer wieder anzusprechen, bis alle überzeugt sind. Sobald die geringfügigste Abweichung zugelassen wird, wird es sich herumsprechen wie ein Lauffeuer. „Aha", werden die Leute sagen, „bestimmte Dinge brauchen nicht hundertprozentig zu sein."

Ein Produktgruppenleiter in einem Computerunternehmen erkannte eines Tages, daß ein neu entwickeltes Produkt für die Fertigung freigegeben werden sollte. Auf einer der letzten Produktbesprechungen hatte sich jedoch gezeigt, daß das neue Produkt nicht alle erforderlichen Prüfphasen durchlaufen hatte. Die Fertigungsfreigabe würde bedeuten, daß wieder einmal der Entwicklungsprozeß während der Herstellungsphase beendet werden sollte. Die Herstellung wiederum würde ihre Aufgabe nicht vollständig zu Ende führen können, und die Kundendienstmonteure würden das Produkt im Büro des Kunden einsatzbereit machen müssen. Die Kinderkrankheiten würden erst nach ein paar Jahren ausgestanden sein.

Diese Verfahrensweise wurde stillschweigend hingenommen, da sie schon seit Jahren gang und gäbe war. Dem Gruppenchef war bekannt, was dieses System den Betrieb kostete, und er wußte auch, wie oft sich die Kunden schon von der mangelhaften Leistung der Produkte enttäuscht gezeigt hatten.

Daher wurde nun entschieden, den vereinbarten Liefertermin, der noch einige Monate entfernt war, nicht einzuhalten. Die Entwicklung eines Produkts würde nicht als abgeschlossen erklärt werden, wenn sie nicht abgeschlossen war. Die Entscheidung würde für den Vertrieb einiges Jonglieren zur Folge haben, einige Kundenanzahlungen mußten (samt Zinsen) zurücküberwiesen werden, und das Unternehmensimage würde ein bißchen leiden.

Aber man stand dennoch zu dem Beschluß. Die Folgen waren nicht so schlimm wie befürchtet. Das Produkt wurde nur mit leichter Verspätung ausgeliefert, da der Entwicklungsprozeß nicht so viel Zeit in Anspruch nahm, wenn ausnahmsweise einmal nach einwandfreien Plänen gearbeitet werden konnte. Die Instandsetzungsvorschriften für den Kundendienst entfielen praktisch. Die Betriebszuverlässigkeit des Produkts war so hoch wie noch nie bei einer neuen Fertigungsserie.

In der Folgezeit wurde die Entwicklung neuer Produkte immer fristgerecht abgeschlossen. Es fielen keine Mehrkosten an, und die Betriebssicherheit draußen beim Kunden war sogar noch höher. Dieser Ablauf wurde zur Norm, sobald alle erkannt hatten, daß die Geschäftsleitung am neuen Qualitätsstandard festhielt.

Es ist nicht notwendig, einen schlecht funktionierenden Betrieb stillzulegen, um zu beweisen, daß man ein entscheidungsfreudiger Manager ist. Genausogut kann man sagen: „Ich gebe Ihnen sechs Wochen, um die Situation zu bereinigen. Bis dahin lasse ich die Nacharbeiterei, die hier eingerissen ist, weiterlaufen. Aber wenn die sechs Wochen herum sind und die Mißstände nicht für immer behoben sind, können Sie sich das Produkt an den Hut stecken."

Qualitäts-Tennis

Arthur Bergmann stellte seinen Wagen auf dem Clubparkplatz ab, drückte im Handschuhfach auf den Knopf für die automatische Kofferraumentriegelung, öffnete die Wagentür und lief um den Wagen herum. Dann zog er die Füße hastig aus den Straßenschuhen, kämpfte sich in die Tennisschuhe und bückte sich dann nach seiner Tennistasche.

Vor dem Umkleideraum kam ihm sein Doppelpartner, Ernst Morath, schon entgegen.

„Du kommst wieder mal in letzter Sekunde, alter Junge", sagte Morath. „Jetzt aber schnell in die Tennisklamotten. Wir müssen sofort mit dem Spiel anfangen, weil der

Platz nachher für ein Turnierspiel gebraucht wird. Die anderen zwei spielen sich schon warm. Heute geht's um die Wurst. Das Spiel müssen wir ihnen diesmal unbedingt abnehmen."

Während Arthur sich fertig umzog, ging Ernst auf den Platz, wo ihre beiden Freunde in Erwartung ihres Samstagvormittags-Matchs Netzbälle übten.

Arthur kam auf den Platz gerannt und drosch, obwohl er sich innerlich ständig ermahnte, ruhig zu bleiben, gleich den ersten Aufschlagball weit ins Aus. Voll Zorn jagte er einen zweiten hinterher ins Gebüsch.

„Wen wolltest du denn damit erschlagen?" fragte Morath.

„Na ja, wir wollen mal gnädig sein, wo du so abgehetzt bist."

Nachdem er seinen zweiten Aufschlag derart weich übers Netz gelöffelt hatte, daß sein Gegenüber ihm mit einer scharfen Rückhand gleich seinen ersten Aufschlagpunkt abnahm, wechselte Arthur auf die andere Seite, und die Mitspieler bezogen abwartend ihre Stellungen. Da kamen ihm vom Nachbarplatz zwei Bälle direkt vor die Füße gerollt.

„Gute Gelegenheit, meinen ersten Aufschlag ein bißchen zu üben", sagte er halblaut und schlug beide Bälle probehalber übers Netz zu seinem Doppelgegner, der sie verunsichert zurückschlug und dann Bergmanns eigentlichen Aufschlag nicht erwischte und zu schimpfen anfing.

Dann, während er sich auf den nächsten Aufschlag konzentrierte, stellte Arthur fest, daß das weiße Band an der Grundlinie vor seinem Fuß eingerissen war und einen Buckel bildete.

„Wenn ich daran hängenbleibe, ist der Aufschlag im Eimer", sagte er sich und riß das abstehende Streifenstück kurzerhand ab. Dann trat er die Stelle mit dem Fuß fest.

Sein Ball traf knallhart auf der Linie des gegnerischen Aufschlagfeldes auf, und der Spielpartner, irritiert von den langen Vorbereitungen, schlug ihn ins Netz.

Die nächsten drei Aufschläge verschlug Arthur, so daß er und sein Partner ihr erstes Aufschlagspiel verloren.

„Hör mal, Georg", rief Arthur dem einen, noch wenig erfahrenen Spielgegner zu, „warum kommst du nicht vor ans Netz, wenn du nicht aufschlägst? Dann können wir uns ein flottes Schmetterballduell liefern."

„Na, meinetwegen", sagte Georg und kam ein paar Schritte vor. Aber gleich der erste Ball, den er aus der Luft retournieren wollte, ging ins Netz.

Beim nächsten Netzball, der zufällig fast direkt auf seinem Schläger landete, versuchte Arthur, sein Gegenüber durch einen tödlichen Schmetterball auszumanövrieren, aber er schlug mit solcher Wucht zu, daß der Ball ins Aus flog. Er hob einen Ball am Netz auf und murmelte vor sich hin, wie schwer es doch sei, Entfernungen abzuschätzen.

Als es beim Spielstand von 5:4 für Arthur und seinen Partner zum Satzball kam, rannte Arthur, obwohl er wieder Aufschlag hatte und Ernst am Netz spielte, nach vorn, holte einen für seinen Partner gedachten Ball aus der Luft, erwischte ihn aber so ungünstig, daß er seinem Gegenüber direkt vor den Schläger hüpfte und dieser ihn mühelos über Ernst lobben konnte. Da Ernst keinen Versuch unternahm, ihn noch zu erlaufen, angelte Arthur danach. Aber der Ball prallte vom Schlägerrand ab ins Aus.

Arthur machte seinen Fehler durch zwei knallharte Asse wett, so daß sie das Match mit Mühe und Not gewannen.

Den knappen Sieg würde Arthur mit der Bemerkung kommentieren, daß sie viel höher gewonnen hätten, wenn sein Partner am Netz entschlossener gekämpft und besser gelaufen wäre. Nach den geltenden Regeln im Tennissport gewannen Arthur und Ernst das Match. Aber nach den Regeln der Fairneß, die für alle zwischenmenschlichen Beziehungen gelten sollten, hätte das Ergebnis viel schlechter ausfallen und Arthur eigentlich disqualifiziert werden müssen.

Verstoß	Fehlerpunkte im Spiel	Strafpunkte wegen Unsportlichkeit
a) Zu spät gekommen		15
b) Nicht aufgewärmt		15
c) Aufschlag nicht geübt		15
d) 8 Aufschlagfehler	120	
e) Im Zorn Bälle über den Zaun geschlagen		15
f) Partner durch regelwidrige „Probeaufschläge" irritiert		45
g) Spiel durch unsachgemäße „Platzreparaturen" verzögert		45
h) Am Netz dem Partner Flugbälle weggeschnappt		45
i) Ersten Satzball verloren	15	
j) Netzbälle nicht geübt		15
k) 2 Netzballfehler	30	
l) Gegner zu einem seinem Können nicht angemessenen Spiel animiert		15
m) Partner für Spielverlust verantwortlich gemacht		90
Minuspunkte insgesamt	165	315

Arthur spielte nach eigenen Regeln, die sich von den allgemein anerkannten Anforderungen des Tennissports deutlich unterschieden. Der Sieg war eigentlich kein Sieg.

Wenn wir die Anforderungen, gleich in welchem Bereich, nicht ernst nehmen, werden wir die gestellte Aufgabe nie gut erfüllen. Wüßte Arthur, daß er die Konsequenzen jeder seiner Handlungen persönlich ausbaden müßte, anstatt die Dinge immer wieder zurechtbügeln zu können, würde er anders spielen.

Die Tennisprofis tun das. Sie üben die schwierigen Schläge genauso gründlich wie die leichteren. Sie wärmen sich auf, bevor sie auf den Platz gehen. Sie arbeiten an sich, damit sie selbst in einer kritischen Situation (beispielsweise wenn ein hoher Lob sie am Netz passiert) das Problem bewältigen können, anstatt es noch zu verschlimmern.

Der Unterschied zwischen dem Profi und dem Amateur ist nicht nur der Schlag. Ausschlaggebend ist auch, daß man wirklich etwas vom Spiel versteht. Das fängt bei den Spielregeln an. Sie machen Disziplin möglich. Wenn alle Spieler während des Spiels ihre eigenen Regeln aufstellen, braucht man sich nicht zu wundern, wenn ihr Können trotz jahrelanger Spielpraxis nicht zunimmt. Die Beachtung der Anforderungen ist der erste Schritt in jedem Verbesserungsprozeß.

Das erste Gebot des Qualitätsmanagements ist:

QUALITÄT MUSS ALS ERFÜLLUNG VON ANFORDERUNGEN DEFINIERT WERDEN UND NICHT ALS „GÜTE".

Manager reagieren meistens sehr skeptisch, wenn das Gespräch auf das verbindliche Formulieren von Anforderungen kommt. Sie sehen sofort Tausende detaillierter „Tu dies" und „Tu das" auf sich zukommen.

Aber bei Licht besehen sind Leistungsanforderungen eigentlich nichts anderes als Antworten auf Fragen. Es fängt damit an, daß Mitarbeiter, wenn man sie dazu auffordert, „es" von vornherein richtig zu machen, sich nach dem „es" erkundigen.

Um wieviel Uhr soll ich zur Arbeit kommen?

Morgens, um 8.30 Uhr.

Um wieviel Uhr gehe ich nach Hause?

Abends, um 5 Uhr.

Wo ist mein Arbeitsplatz?

Da drüben.

Für welche Arbeit werde ich eingesetzt?

Verbindlichkeiten.

Damit kenne ich mich von meiner früheren Arbeitsstelle aus. Soll ich so weitermachen wie bisher?

Nein. Hier sind unsere Arbeitsrichtlinien für Ihre Abteilung. Bitte sehen Sie sie durch, und prüfen Sie, ob sie Ihrer Meinung nach vollständig sind. Wir legen Wert darauf, alle unsere Rechnungen termingerecht zu bezahlen, um den Skontoabzug und unsere Kreditwürdigkeit nicht aufs Spiel zu setzen.

Was für Arbeit bekomme ich auf den Schreibtisch?

Die Buchhaltung wird Ihnen alle abgezeichneten Rechnungen zur Bearbeitung schicken.

Woher erfahre ich, wieviel Geld verfügbar ist zur Zahlung?

Hier haben Sie das Computer-Handbuch für diesen Arbeitsbereich. Frau Schmieder kommt morgen früh um 8.45 Uhr und wird Ihnen zeigen, wie Terminal und Drucker funktionieren. Sie wird Ihnen so lange zur Verfügung stehen, wie Sie wollen.

Gehen jeden Tag Überweisungen raus?

Wir veranlassen unsere Zahlungen immer mittwochs, aber Sie können aus besonderem Grund auch außer der Reihe Schecks ausstellen.

Was gilt als besonderer Grund?

Hier haben Sie eine Aufstellung über besondere Anlässe. Ein möglicher Grund wäre z. B. das Risiko, durch Zuwarten einen Preisnachlaß zu verscherzen.

An wen richte ich die Überweisungen?

Auf jeder Rechnung sind die Bankverbindungen vermerkt.

Und so weiter, bis alle Fragen beantwortet sind.

In einem anderen Funktionsbereich könnte jemand fragen: „Welche Tiefe soll diese Bohrung haben, welche Weite? Wie groß ist der Toleranzbereich? Wie soll die Oberfläche bearbeitet werden, welches Material ...?" Die Antworten auf diese Fragen stellen die Anforderungen dar.

Anforderungen sind eine Form der Kommunikation, genau wie Prüfungen.

7

Zweites Gebot: Das Grundprinzip der Qualität ist Vorbeugung

Die augenfälligsten Kosten herkömmlicher Qualitätspolitik liegen im Prüfbereich. In Industrieunternehmen heißen die Prüfsachverständigen Inspektoren, Qualitätsprüfer oder ähnlich. Dienstleistungsunternehmen führen die gleichen Tätigkeiten unter anderem Namen durch. Der große Unterschied besteht darin, daß die Prüfer in Produktionsbetrieben als solche ausgewiesen, ausgebildet und angeleitet werden. Sie werden zu einer wirkungsvollen Instanz beim Aufspüren von Problemen und bei der Veranlassung von Korrekturmaßnahmen. Ihre Tätigkeit wirkt sich unternehmensweit aus.

In Dienstleistungsbetrieben finden solche Tätigkeiten nur sporadisch statt und werden für gewöhnlich nicht zentral ausgewertet. Das erschwert es enorm, allgemeine Probleme zu erkennen bzw. korrigierende Maßnahmen zu veranlassen oder auch nur Gehör dafür zu finden. Die Schwierigkeit liegt nicht darin, solche Gegenmaßnahmen in die Wege zu leiten; das Problem ist schlicht, daß sie im Dienstleistungsgewerbe nicht üblich sind.

Ob sie sich nun Aufsicht, Inspektion, Kontrolle oder anders nennt, Qualitätsprüfung vollzieht sich immer im Nachhinein. Bei der Abnahmeprüfung gefertigter Güter wird im Endeffekt die Spreu vom Weizen getrennt. Nach jedem Prüfvorgang sind eine Handvoll Waren oder Papiere übrig, die weiterer Begutachtung bedürfen.

Um sich das zu veranschaulichen, brauchen Sie nur eine Maschinenbaufirma oder einen ähnlichen Produzenten zu besuchen. Jeder Teilesatz macht gewöhnlich in einem Kasten die Runde. Jedem Kasten ist eine Akte mit Zeichnungen und Beschreibungen der jeweiligen Teile beigefügt.

Außen auf der Akte sind sämtliche Stellen aufgeführt, die der Kasten passieren muß. Jeder Schritt wird im einzelnen aufgezählt: schneiden, drehen, prüfen, polieren, biegen, prüfen und so weiter. All diese Vorgänge werden von der Arbeitsvorbereitung angeordnet.

Der Laufzettel enthält eine Rubrik für die Eintragung der Stückzahl, die den jeweiligen Prüfvorgang ohne Beanstandung durchlaufen hat. Wenn der Kasten seine Rundreise mit 100 Stück anfing, könnte man meinen, daß er am Ende noch immer 100 Stück enthalten sollte. Mitnichten. Nach jedem Schritt trägt der betreffende Prüfer ein, wie viele noch übrig sind.

Sobald die Fehlerquote bekannt ist, wissen die Lagerverwalter, wie viele Teile in die Kiste gepackt werden müssen, beispielsweise 110, um am Ende auf 100 zu kommen.

Die Mentalität, die diesem Verfahren zugrunde liegt, ist einer der Hauptgründe dafür, daß so viele amerikanische Unternehmen der Schlüsselbranchen tief in der Krise stecken. Multipliziert man jede kleine 100-Stück-Kiste mit mehreren Zehntausend, kommt man leicht auf eine unglaubliche Menge Ausschuß.

Im Dienstleistungsbereich geschieht das gleiche, indem Arbeitsplätze überbesetzt werden. Da gibt es beispielsweise für jedes Schlagloch in der Straßendecke einen Bearbeiter. Für jede Datei in der Datenverarbeitung gibt es eine Reservedatei. Für jedes neue Formular gibt es ein noch neueres. Zu jeder Lagebesprechung kommen weitere Besprechungen.

Qualitätsprüfung ist eine teure und wenig zuverlässige Methode, Qualität zu erzeugen. Prüfen, aussortieren und bewerten sind lediglich Ausleseverfahren für getane Arbeit. Was wir in Wirklichkeit brauchen, ist *Vorbeugung*. Fehler, die es gar nicht gibt, können auch nicht übersehen werden.

Sobald wir über den Ablauf unserer Tätigkeit genau Bescheid wissen, sind wir auch zu Fehlervorbeugung imstande. Wenn ein Geschäftsreisender von einem ihm unbekannten Flughafen in eine ihm fremde Stadt fährt, erkundigt er sich sinnvollerweise nach dem Weg, bevor er Richtung Zubringer losfährt.

Wenn ein Anstreicher einen bestimmten Farbton braucht, nimmt er am besten ein Farbmuster ins Farbengeschäft mit.

Wenn ein Gaststättenbesitzer allmorgendlich frische Eier braucht, muß er einen Händler ausfindig machen, der frische Eier verkauft und pünktliche Lieferung zusagen kann.

Wünscht ein Einzelhändler Waren in Konfektionsgrößen, die dem Kundenbedarf entsprechen, gibt es nur eine Möglichkeit: Der Hersteller muß eine Bestellung bekommen, in der die gewünschten Größen übersichtlich aufgeführt sind und die so abgefaßt ist, daß keine Mißverständnisse möglich sind.

Es dürfte schwerfallen, mit derlei vernünftigen Maßnahmen nicht einverstanden zu sein. Es ist wenig sinnvoll, sich über Größen erst dann den Kopf zu zerbrechen, wenn die Ware eintrifft, oder Eier nach der Lieferung eines nach dem anderen zum Frischetest aufzuschlagen, ebenso wie es unrationell ist, zwischen Kunde und Farbenladen hin- und herzurennen und zu versuchen, sich die Farben einzuprägen, oder erst auf der Schnellstraße einen Blick auf den Stadtplan zu werfen, wenn dazu noch ein 18-rädriger Brummi von hinten auffährt.

Wie kommt es, daß diese Denkart nicht selbstverständlicher Bestandteil des Betriebsalltags ist? Warum rennen wir kopflos von A nach B und wieder zurück, anstatt unsere Arbeitsgänge jedesmal von vornherein sachgerecht und rationell auszuführen?

Vorbeugung gehört zu den Tabus, über die Geschäftsleute einfach nicht sprechen. Immer wieder hört man: „Diesmal wollen wir es richtig machen." Oder: „Man sollte das vorher gründlich durchdenken." Aber niemand nimmt die Vorsätze wirklich ernst.

Als ich zum ersten Mal zum Abteilungsleiter befördert wurde, bemühte ich mich sehr, einen exakten Voranschlag für meinen Etat auszuarbeiten. Ich mußte knapp kalkulieren, aber ich war überzeugt, wir würden es schaffen. Während des Geschäftsjahres hielten wir uns immer an das Budget, allerdings mußte ich meine Mitarbeiter oft sehr kurz halten. Um die Jahresmitte traten wir mit Reisen etwas kürzer, was einige Projekte verzögerte. Aber ich freute mich darauf, vom Chef am Jahresende zu hören, ich hätte meine Sache gut gemacht.

Mein Freund, der die Fertigungsprüfung leitete, hielt sich überhaupt nicht an seinen Etat. Er machte, was er für richtig hielt und verfaßte großartige Rechtfertigungsschreiben. Bei Jahresende hatte er seinen Etat um 20 Prozent überschritten. Bei mir stimmte die Kasse.

In den Etats fürs neue Jahr mußte meine Abteilung eine Kürzung von 10 Prozent hinnehmen, während seine 20 Prozent dazubekam. Danach nahm ich solche Etats nie mehr so ernst. Die Glaubhaftigkeit der Unternehmensführung war für mich für alle Zeit dahin. Im zweiten Jahr überzog ich mein Budget um 20 Prozent, und niemand sagte ein Wort. Derlei Erfahrungen lehren uns, daß das Management nicht ernstlich an Vorbeugung interessiert ist.

Dennoch wissen wir, die wir heute die leitenden Managementpositionen bekleiden, daß die alten Zeiten vorbei sind. Niemand kann es sich mehr leisten, sich einfach irgendwie durchzuwursteln.

Fehlervorbeugung setzt die genaue Kenntnis des Prozesses voraus, der vorbeugender Maßnahmen bedarf. Ob man gedruckte Schaltungen herstellt oder Versicherungspolicen ausfertigt, es geht immer um dasselbe. „Kleine Ursache, große Wirkung", wie es im Volksmund heißt.

Das Geheimnis der Vorbeugung besteht darin, sich Arbeitsabläufe gründlich anzusehen und mögliche Fehlerquellen festzustellen. Diese kann man unter Kontrolle bringen. Jedes Produkt, jede Dienstleistung setzt sich aus mehreren Arbeitsgängen zusammen, deren potentielle Fehlerquellen untersucht und ausgeräumt werden müssen.

Eine Versicherungspolice beispielsweise birgt eine Unzahl von Fehlermöglichkeiten, nehmen wir einmal an, es seien 25. Der Versicherungsrepräsentant braucht Unterlagen, die dem künftigen Kunden Versicherungsleistungen und Prämien deutlich machen. Allein Entwicklung und Vorbereitung dieser Unterlagen sind eine außerordentlich wichtige Aufgabe. Die versicherungs- und vertriebstechnischen Daten sind ebenfalls sehr umfangreich, und jeder Irrtum oder jede Unvollständigkeit wird irgendjemand sehr teuer zu stehen kommen.

Der Versicherungsagent muß die Kundendaten der Dienststelle übermitteln, bei der das Versicherungsgeschäft zustande kommt. Eine einzige kleine verstellte Zahl wird den Computer in die Irre leiten. Die verwendeten Formulare und Arbeitsmethoden müssen so angelegt sein, daß Gelegenheiten für Flüchtigkeitsfehler ausgeschlossen sind.

In einem Fall wurde der Vorsitzende einer Unfallversicherung von mehreren wichtigen, unabhängigen Agenten belagert. Sie waren aufgebracht über die vielen Fehler, die den Büroangestellten in der Hauptgeschäftstelle unterliefen. Briefe wurden an die falschen Adressen geschickt, Kundennamen falsch geschrieben, Fahrgestellnummern verdreht. Irgend etwas war immer falsch.

Zunächst beschloß die Generaldirektion, einen Raum einzurichten, in dem 200 Mitarbeiter sämtliche Unterlagen überprüften, bevor sie abgeschickt wurden. In Anbetracht der Tatsache, daß diese Methode rund zehn Millionen kosten und nur sehr wenig Vertrauensgewinn einbringen würde, lag es nahe, sich nach anderen Lösungsmöglichkeiten umzusehen.

Eine Alternative zeichnete sich nach mehreren Gesprächen mit den unabhängigen Agenten ab, die immerhin einen Stamm von 150 wichtigen Repräsentanten darstellten und einen großen Teil der Versicherungsgeschäfte abwickelten. Es wurde festgestellt, daß die meisten Policen, wie im Fall der Kfz-Haftpflicht, ziemlich einheitlich waren. Und gerade diese Routinepolicen wiesen regelmäßig Fehler auf. Wollte dagegen jemand einen Elefanten versichern oder hatte sonstige ausgefallene Wünsche, wurde alles anstandslos korrekt abgewickelt.

Die Versicherungsgesellschaft stellte in den Büros der einzelnen Agenten Computerterminals auf. Nun konnten die Angestellten der Agenten die Angaben für die Auftragsformulare selbst am Bildschirm eintippen und dann an den zentralen Rechner der Gesellschaft weitergeben. Nach wenigen Minuten übermittelte der Rechner sie zurück, die Police wurde automatisch ausgedruckt, und alle waren zufrieden. Sämtliche etwaigen Buchstaben- oder Zahlenfehler lagen nun in der Verantwortung des Agenten, und der Vorstandsvorsitzende war sein Problem los.

Die Lösung begeisterte vor allem die Marketing-Abteilung, weil die Agenten nun einen größeren Anteil ihrer Versicherungsgeschäfte mit diesem Unternehmen abwickelten. Die Gesellschaft stellt nun Terminals auf, wo sie kann.

In diesem Beispiel wurden massive Fehlerquellen beseitigt, und genau das ist aktive Vorbeugung. Die Terminals kosteten die Gesellschaft einen Bruchteil dessen, was nachträgliche Überprüfungen verschlungen hätte. Allein schon die entfallenden Portokosten trugen einen Teil der Investitionen.

Für Fertigungsprozesse, besonders für Fließbandmontage oder Massenproduktion, gibt es eine Technik, die der Fehlervorbeugung dient: die statistische Qualitätskontrolle.

Bei dieser Methode werden sämtliche Variablen des Fertigungsvorgangs bestimmt und dann während des Herstellungsprozesses regelmäßig gemessen. Sobald eine Variable abzuweichen anfängt, wird gegengesteuert. Wenn alle Variablen im Normbereich liegen, dann müssen die Ergebnisse genau den Plänen entsprechen.

Statistische Qualitätskontrolle gilt als hochkompliziert und schwierig zu praktizieren, aber eigentlich gehört gar nicht so viel dazu. Sie ist ein sehr effektives, leicht verständliches Instrument. Die Fachleute, die die Tabellen für die Messung der Variablen aufstellen und die Meßverfahren unterrichten, müssen über eine besondere Qualifikation verfügen, aber bei den übrigen Beteiligten genügt es, wenn sie sich mit einigen wenigen Dingen vertraut machen.

In den Tabellen werden Ober- und Untergrenzen angelegt, die den jeweiligen Toleranzbereich des Fertigungsprozesses darstellen. Jede Messung wird durch einen Punkt auf der Tabelle festgehalten. Liegt ein Punkt zwischen den Grenzlinien, heißt das: weitermachen. Bewegen sich die Punkte auf eine der Grenzlinien zu, dann bedeutet das: es muß etwas geschehen. Liegt ein Punkt jenseits der Unter- oder Obergrenze, heißt es: Fertigung unterbrechen. Das ist alles.

Allerdings können sich nur wenige Verantwortliche damit anfreunden. Sie sträuben sich dagegen, in den Fertigungsprozeß einzugreifen. Aus diesem Grund ist die statistische Qualitätskontrolle in den USA nie als Bestandteil des normalen Betriebsablaufs angenommen worden; sie wurde immer als Sondermaßnahme betrachtet. In einigen Unternehmen wird sie gegenwärtig korrekt angewendet. Aber nach Ansicht von vielen bremst sie die Eigeninitiative.

Führungskräften ist oft nicht bewußt, welche Auswirkungen ihre persönlichen Beiträge auf die Vorgänge in ihrem Unternehmen haben, im Industrie- wie im Dienstleistungsbereich. (Der einzige Unterschied zwischen beiden ist die Tatsache, daß Ausschuß in Dienstleistungsunternehmen papierkörbeweise und in Industrieunternehmen tonnenweise die Betriebe verläßt.) Man muß bedenken, daß die Mehrzahl der Arbeitnehmer in Industriebetrieben die gefertigten Produkte nie in die Hand bekommen. Sie sind alle mit administrativen und anderen bürokratischen Funktionen beschäftigt. Das beste Vorbeugungskonzept kann durch gedankenlose Managementstrategie durchkreuzt werden. Ich kenne ein besonders krasses Beispiel.

Ich gehe immer gern vor Ort, sei es ins Hinterzimmer eines Börsengeschäfts oder in ein Eisenhüttenwerk. Dann sehe ich die Leute bei der Arbeit und habe Gelegenheit, von ihnen zu lernen. Auf diesen Reisen bekomme ich viel Information aus erster Hand, aus der sich später neue Erkenntnisse herausdestillieren lassen.

Einmal besuchte ich ein Unternehmen, das zu meinen neuen Klienten zählte. Zur Orientierung sollte mir ein Produktionsverfahren für ein neues Bauelement vorgeführt werden. Der staubfreie Raum war soeben erst gebaut und das komplizierte Verfahren mit einem Aufwand von mehreren Millionen entwickelt worden. Es war außerordentlich eindrucksvoll.

Mein Gastgeber stattete mich mit einem weißen Schutzanzug, Mütze, Handschuhen und Überzügen für die Schuhe aus. Wir gingen am Fließband entlang und plauderten mit den Arbeitern. Ich fragte einige, welche Probleme ihnen am meisten zu schaffen machten und erhielt sehr unterschiedliche Antworten. Die Arbeitsmoral war sichtlich gut, und die Leute waren stolz auf ihre Arbeit.

„Das Verfahren hat 21 verschiedene Phasen", sagte mein Gastgeber. „Jede wird elektronisch überwacht, und der jeweilige Stand wird kontinuierlich angezeigt. Dieses Tauchbad hier muß beispielsweise ständig eine bestimmte Temperatur haben. Sie kann jederzeit auf der Digitalanzeige abgelesen werden, wenn man auf diesen Knopf hier drückt. Man kann sie sogar ausgedruckt bekommen."

Echtzeitdaten interessieren mich immer, da sie zu den konkreten Möglichkeiten gehören, einen Arbeitsprozeß genau zu verfolgen. Die Anlage machte auf mich einen sehr guten Eindruck.

Am Ende des Fließbands angekommen, führte mich mein Gastgeber an einen Tisch, an dem die Informationen der Fertigungssteuerung ausgewertet wurden. Er zeigte mir die Protokolle, die periodisch angefertigt wurden.

„Die Fertigungsphasen werden regelmäßig überwacht, und sobald irgendeine vorge-schriebene Größe die Toleranzgrenzen über- oder unterschreitet, wird eine Karte ange-legt. Dann besieht sich der Fertigungsingenieur die Lage und beschließt, ob am Kon-trollpunkt etwas unternommen werden muß und wenn ja, wann das zu sein hat.

Nach unseren Erfahrungen lassen sich die meisten Instandsetzungs- und Wartungs-arbeiten am besten am Ende der Nachtschicht durchführen.

Ich sah die Karten durch und bemerkte, daß jede den Vermerk „Fertigungsprozeß fortsetzen" und die Unterschrift L. Merker trug.

„Merker ist der Leiter der Fertigungsssteuerung", sagte er.

„Der Fertigungsprozeß wird also fortgesetzt und dann notfalls am Ende der Nacht-schicht korrigiert?" fragte ich.

„Genau. Auf die Art beeinträchtigen die Wartungsarbeiten nicht die Produktionslei-stung. Die Nachfrage nach dem Gerät ist groß, und wir sind mit den Terminen in Verzug."

Am Abend desselben Tages ging ich mit dem Vorstandsvorsitzenden, dem General-direktor, dem Entwicklungsleiter, dem Produktionsleiter, dem Qualitätsbeauftragten und dem Personalchef essen. Sie luden mich in ein sehr nettes Restaurant ein, und wir kamen in ein lebhaftes Gespräch. Der Vorsitzende und ich kannten einander noch nicht, und er interessierte sich sehr für meine Gedanken über Qualitätsverbesserung in Industriebetrieben. Seiner Ansicht nach waren die Probleme seines Unternehmens größtenteils auf die Kostenvorteile in Fernost zurückzuführen. Er sah keine wirklichen Unterschiede, was die Zuverlässigkeit der Produkte betraf.

Ich gab ihm zu verstehen, daß meine Klienten aus der Elektronikbranche mir gesagt hätten, sie könnten die Halbleiter mancher Lieferanten aus dem Karton nehmen und sofort verwenden. Andere müßten eingehend geprüft werden. Das Unternehmen des Vorsitzenden hatte hinsichtlich der Qualität einen schlechten Ruf, und er wußte das.

Beim Kaffee forderte mich der Vorsitzende auf, freimütig meine Meinung zu sagen. Besonders gespannt war er auf meinen Eindruck von der neuen Fertigungsanlage.

Ich spürte, daß das Führungsteam dieses Unternehmens sich ernstlich mit Qualitäts-verbesserung befaßte und sich über deren Notwendigkeit im klaren war. Aber es wurde auch deutlich, daß sie die Arbeitsmoral der Mitarbeiter in der Fertigung, die Konstruk-tionspläne des Produkts und staatlich geförderte Darlehen ausländischer Konkurren-ten als Hauptursachen des Problems ansahen. Sie mußten erkennen lernen, daß sie als Individuen, als die geistigen Vorbilder des Unternehmens für den Großteil der Pro-bleme verantwortlich waren.

„Ich freue mich sehr, daß wir alle Gelegenheit haben, hier beim Abendessen beiein-ander zu sitzen", sagte ich. „Für mich ist es sehr hilfreich, Sie alle kennenzulernen und einige ihrer Fertigungsabläufe mit eigenen Augen gesehen zu haben.

Allerdings erstaunt es mich, daß Sie Herrn Merker nicht mit eingeladen haben."

Der Vorsitzende sah den Generaldirektor fragend an. „Wer ist Herr Merker?"

Bevor dieser antworten konnte, warf ich ein: „Das ist der Mann, der das Unterneh-men führt."

„Ich führe das Unternehmen", sagte der Vorsitzende. „Wir alle hier und noch ein paar andere."

„Merker ist ein Ingenieur in der Fertigungssteuerung", sagte der Qualitätsbeauftragte. „Er ist im neuen Produktbereich beschäftigt. Ein sehr guter Mann."

„Warum führt er Ihrer Meinung nach das Unternehmen?" fragte der Fertigungsleiter.

„Na ja, er entscheidet Tag für Tag, wie gut Ihre Produkte sein sollen. Sein vorrangiges Ziel ist es, Bauteile herzustellen, deshalb läßt er die Dinge weiterlaufen, wenn Fehler auftreten, die nicht gerade katastrophal sind. Und er tut das, weil Sie, die verantwortlichen Unternehmensführer, ihn entsprechend angewiesen haben."

„Alle neuen Fertigungsprozesse haben Anlaufschwierigkeiten", sagte der Vorsitzende. „Wenn wir abwarten würden, bis alles perfekt ist, würden wir nie irgend etwas produzieren. Wir müssen schließlich Erträge erwirtschaften."

„Ihr Unternehmen hat Millionen für die Prozeßkontrolle ausgegeben, um diese Bauelemente herstellen zu können. Aber jedesmal, wenn eine der Prüfstellen ein technisches Problem anzeigt, setzt man sich darüber hinweg. Es würde mich überraschen, wenn der Ertrag dieser Produktgruppe auch nur 35 Prozent betrüge."

„Er beträgt 16 Prozent", sagte der Qualitätschef.

„Aber wir müssen die Erträge doch erst langsam aufbauen", sagte der Konstruktionschef. „Wir können am Anfang noch nicht über alle Verfahrensaspekte Bescheid wissen."

„Und Sie werden das Verfahren nie ganz in den Griff bekommen, wenn Sie nicht ein wenig daran arbeiten. Ich bezweifle ernstlich, daß die Fertigungsserien von zwei aufeinanderfolgenden Tagen viel Ähnlichkeit miteinander aufweisen."

„Was sollen wir Ihrer Meinung nach unternehmen?" fragte der Vorsitzende.

„Erstens: Vergessen Sie nie, daß das Management für Probleme verantwortlich ist. Zweitens: Sorgen Sie dafür, daß die Montage entsprechend den bereits erstellten technischen Vorschriften abläuft. Unterbrechen Sie den Vorgang, sobald irgendein Wert über den Toleranzbereich hinausgeht, und lassen Sie das Problem beheben. In kürzester Zeit wird alles reibungslos funktionieren."

Allgemeines Schweigen.

„Ich nehme an, daß wir das alles erst richtig begreifen, wenn wir Ihre Akademie für Qualität besucht haben?" fragte der Personalchef.

„Das wäre auf jeden Fall von Vorteil", entgegnete ich.

„Ich schlage vor, daß wir uns morgen vormittag alle mit Herrn Merker zusammensetzen", sagte der Vorsitzende. „Ich muß mehr darüber wissen."

Am nächsten Tag zogen wir alle weiße Schutzkleidung über und machten gemeinsam einen Gang durch die neue Fertigungsabteilung. Der Vorsitzende sprach zum ersten Mal persönlich mit Herrn Merker, welcher ihm die Richtigkeit meiner Vermutungen bestätigte. Nach der Informationsrunde setzten wir uns kurze Zeit im Konferenzraum zusammen.

„Ich denke, die Sache ist einen Versuch wert", sagte der Vorsitzende. „Die Zusammenhänge scheinen auf der Hand zu liegen und leuchten mir wirklich ein. Ich schlage vor, daß wir die Maschinen nur laufen lassen, wenn die Ergebnisse sämtlicher Meßstationen in Ordnung sind.Wir sollten auch lernen, wie man sie unter Kontrolle halten kann, damit wir ununterbrochen arbeiten können."

Die Vorschläge wurden in die Tat umgesetzt, und innerhalb eines Monats wurde ein Ertrag von über 85 Prozent erzielt. Je besser sich alle Beteiligten mit dem Fertigungsverfahren auskannten, desto weiter stieg diese Ziffer und desto besser wurden auch die Konstruktionspläne.

Die Ertragsverbesserung von 16 auf 85 Prozent machte weder Neueinstellungen noch Beschaffung von Maschinen oder Kapital, noch sonst irgend etwas erforderlich, lediglich Entschlossenheit. Die Terminschwierigkeiten waren bald überwunden und aufgrund besserer Nutzung der Kapazität konnten neue Produkte in den Fertigungsprozeß aufgenommen werden.

Das zweite absolute Gebot des Qualitätsmanagements lautet:

DAS GRUNDPRINZIP DER QUALITÄT IST VORBEUGUNG, NICHT NACHTRÄGLICHE PRÜFUNG.

8

Drittes Gebot: Null Fehler müssen Leistungsstandard werden

Das Festlegen von Leistungsanforderungen ist ein Vorgang, der bereitwillig eingesehen wird. Die Notwendigkeit, diese Anforderungen immer und allezeit zu erfüllen, wird nicht so ohne weiteres begriffen.

Ein Unternehmen ist ein Organismus, zu dessen Funktionieren Millionen kleiner, scheinbar unbedeutender Tätigkeiten beitragen. Jede, aber auch jede dieser Tätigkeiten muß genau nach Plan erfolgen, damit alles einwandfrei klappt.

Erst ein bestimmter Leistungsstandard macht ein Unternehmen funktionsfähig, weil er jedem einzelnen die Wichtigkeit jeder einzelnen dieser Millionen Tätigkeiten vor Augen führt. Wenn ein Unternehmen seine Mitarbeiter darin bestärkt, nicht alles richtig zu machen, dann erreicht es damit, daß einige dieser Tätigkeiten gar nicht stattfinden. Dann weiß niemand so recht, was getan werden wird und was nicht.

Im *New York Times Magazine* vom 29. August 1982 stand ein Artikel von Jeremy Cherfas und John Gribbin, der neue Ansätze in der Erforschung der Stammesgeschichte des Menschen aufzeigte. Die Autoren berichteten über die Ergebnisse ihrer Geschichtsforschung, ausgehend von Untersuchungen der Moleküle der verschiedenen Lebewesen. Anstatt Knochen und Gerätschaften vergangener Zivilisationen zu untersuchen, beschäftigten sie sich mit den Molekülen lebender Organismen. Unter anderem stellten sie fest, daß Mensch, Gorilla und Schimpanse biochemisch gesehen Verwandte sind. Die Zusammensetzung der DNS weist bei allen drei Arten lediglich einen Unterschied von einem Prozent auf.

Die DNS (Desoxyribonukleinsäure) ist der Bestandteil jeder Körperzelle, welcher sämtliche zur Reproduktion des gesamten Körpers notwendigen Informationen enthält. Wenn wir das Klonen beherrschten, könnten wir lebenden Zellen DNS entnehmen und ein Fließband einrichten, an dem bestimmte Personen in Serie hergestellt würden. Wimpern, Fingerabdrücke, Herz usw. — alles wäre identisch.

Wenn wir bei alledem jedoch einen Leistungsmaßstab anlegten, der eine gewisse Fehlerquote zuließe, dann käme unter Umständen dabei etwas heraus, das teilweise einem Gorilla und teilweise dem Fertigungsmodell gliche. Auf keinen Fall entstünde jedes Mal die gleiche Person.

Ein Unternehmen, dessen Betrieb aus Millionen einzelner Tätigkeiten besteht (überlegen Sie, wie viele verschiedene Tätigkeiten Sie persönlich jeden Tag ausführen), kann es sich nicht leisten, ein oder zwei Prozent davon fehlgehen zu lassen. Die nicht hundertprozentige Erfüllung von Anforderungen eines vorgegebenen Leistungsstandards könnte das bereits bewirken.

Unternehmen verfallen auf alle erdenklichen Methoden, ihren Mitarbeitern die Abweichung von den Anforderungen zu erleichtern. Zum Beispiel:

— Abnahmetoleranz. Dieser Begriff besagt, daß von vornherein eine gewisse Fehlerquote eingeplant ist, bei Kühlschränken beispielsweise drei oder vier pro Stück, bei Computern acht oder mehr, bei Fernsehapparaten drei oder mehr. Die Festsetzung einer Durchschlupfgröße für Versandware gibt der Unternehmensführung eine Handhabe, die Anzahl der benötigten Kundendienstmonteure zu bestimmen.
— Annehmbarer Qualitätslevel (AQL). Eine zulässige Fehlerquote (1 Prozent, 2,5 Prozent oder ähnlich), die üblicherweise für gelieferte Ware gilt und den Annahmerahmen für Inspekteure oder Prüfer festlegt. Eigentlich bestimmt sie jedoch die Anzahl nicht einwandfreier Teile, die pro Lieferung akzeptiert werden.

Diese und andere Variationen zum Thema liefern den Mitarbeitern den Beweis, daß es an dem Willen fehlt, Arbeiten richtig ausführen zu lassen. Ich mußte jahrelang mitanhören, wie normalerweise sehr vernünftige Leute wieder und wieder erklärten, ein Null-Fehler-Standard sei unerreichbar. Aber dennoch gab es in ihren eigenen Unternehmen Bereiche, in denen gleichbleibend fehlerfrei gearbeitet wurde.

Überprüfen Sie einmal, wie oft in der Lohn- oder Gehaltsabrechnung Fehler vorkommen. Wenn in den Zahlungsanweisungen tatsächlich einmal irgend etwas nicht stimmt, liegt es in aller Regel daran, daß der Betreffende selbst oder ein Vorgesetzter oder jemand in der Personalabteilung in irgendeiner Form eingegriffen haben.

Bei der Lohn- und Gehaltsabrechnung werden keine Fehler gemacht.

Liegt das daran, daß die Leute dort mit besonderer Hingabe arbeiten? Das tun sie bestimmt, aber die Wichtigkeit einer Arbeit hebt nicht unbedingt den Leistungsstandard. Wenn dem so wäre, sollte man annehmen, daß Leute, die mit Raumfahrtausrüstung zu tun haben, nie Fehler machen. Man gewöhnt sich jedoch an alles, und über kurz oder lang schleichen sich Unzulänglichkeiten ein.

Nein, die Lohn- und Gehaltsbüros schneiden so gut ab, weil die Leute sich auf diesem Gebiet einfach keine Irrtümer gefallen lassen. Sie nehmen es sehr persönlich, wenn irgend etwas an ihrer Abrechnung nicht stimmt. Nicht weil sie meinen, die Firma wolle sie übers Ohr hauen — sie wissen, daß bei Gelegenheit alles wieder berichtigt wird. Sie sind aufgebracht, weil sie den Eindruck bekommen, daß der Firma nicht viel an ihnen gelegen sein kann, wenn sie ihnen nicht einmal die richtige Summe überweist.

Nach herkömmlichen Qualitätsbegriffen sind Fehler unvermeidlich. Solange das der gültige Leistungsmaßstab ist, wird diese Prophezeiung sich zwangsläufig immer bewahrheiten.

Stellen Sie sich 100 Scheiben vor, nebeneinander auf einer Stange angebracht, so daß sie durch Berührung in Drehung versetzt werden können. Man müßte sich das Ganze etwa wie einen runden, in dünne Scheiben geschnittenen Brotlaib oder eine Reihe Single-Schallplatten auf einem Querstab denken. Quer zu den Scheiben müssen Sie sich einen Draht vorstellen und auf jeder der Scheiben eine rote Markierung, deren Länge ein Prozent des Scheibenumfangs ausmacht. Das bedeutet, daß jede Scheibe zu 99 Prozent funktionssicher bzw., je nach Standpunkt, zu einem Prozent fehlerhaft ist. Die hundert Scheiben stellen 100 Bauelemente in einem Gerätesystem dar oder 100 Arbeitsschritte in einem Verwaltungsvorgang oder 100 Musiker in einem Orchester oder was auch immer.

Sobald die Scheiben in Bewegung versetzt werden, ist das System in Betrieb. Wenn eine der kleinen roten Markierungen an dem Draht zum Stillstand kommt, dann liegt ein Fehler vor. Wie steht es mit der Funktionswahrscheinlichkeit eines Systems aus hundert Schritten, von denen jeder nur zu 99 Prozent funktionssicher ist? Multiplizieren Sie 99 Prozent 100mal mit sich selbst. Dabei kommen 36,4 Prozent heraus. Die Wahrscheinlichkeit eines ungestörten Betriebs wird also sehr niedrig sein.

Zweck der Qualitätsverbesserung ist es, diese kleinen roten Punkte kleiner und kleiner werden zu lassen, bis sie ganz verschwunden sind. Dann muß man nicht mehr alles zweimal machen.

Nur wer je die Aufgabe hatte, in einem Unternehmen für Qualität zu sorgen, kann die Bedeutung eines fest umrissenen Leistungsstandards ermessen. Geht man die Situation von einer rein intellektuellen oder akademischen Warte an, wird man nur schwer einsehen, daß Mitarbeiter sämtlicher Unternehmensebenen sich in ihrer Leistung nach dem Vorbild der Vorgesetzten richten — und nicht nach den Erfordernissen eines Verfahrens oder Prozesses.

1961 formulierte ich das Null-Fehler-Konzept. Es besagt, daß eindeutig erklärt werden muß, was vom einzelnen erwartet wird. Es sollen weder Benotungssysteme gelten wie in der Schule noch Qualitätsstufen wie in der Statistik.

Erklärtes Ziel ist es vielmehr, jede Arbeit von vornherein richtig zu machen. Um für jedermann glaubhaft zu beweisen, daß die Forderung ernst gemeint war, mußten meine Mitarbeiter und ich zu unablässiger Kommunikation bereit sein. Im Laufe der Jahre ist uns das immer besser gelungen. Leider wurde das Null-Fehler-Konzept von der Industrie als „Motivations"-Programm aufgefaßt.

Ich mußte immer wieder erklären, daß es sich um einen Managementstandard handelt, der Mitarbeitern zeigt, was von ihnen erwartet wird. Nichts weiter. Die geistigen Väter des herkömmlichen Qualitätswesens verwarfen den Gedanken als undurchführbar. Infolgedessen stieß er allgemein auf Geringschätzung und Desinteresse.

Die Japaner begrüßten das Konzept begeistert und wenden es seit Jahren an. Auch bei uns hätte man während dieser Zeit lernen können, wie man die Dinge richtig macht, anstatt dem Phantom der „Qualitätswirtschaft" nachzujagen.

Viele Unternehmen verfügen über ausgeklügelteRechenschaftssysteme, die beweisen sollen, daß Fortschritte gemacht werden, und sie betreiben Werbekampagnen, die aller Welt vor Augen führen, wie engagiert ihre Mitarbeiter sich für Qualität einsetzen. Das einzige, was sie nicht vorzuweisen haben, sind fehlerfreie Produkte.

Die Fliegenfängerfirma

Die Firma Ziemann-Qualitätspapier ist weltweit für ihr Fliegenpapier bekannt. In jüngster Zeit hat sie ihr Sortiment um ähnlich geartete Verbraucherartikel wie Mottenpapier, Ameisenpapier und sogar Mäusepapier erweitert. Harald Döring ist Vorstandsmitglied, zuständig für das Ressort Varianzanalyse.

„Der entscheidende Faktor bei der Herstellung von Klebepapier ist das Verhältnis zwischen dem zu bekämpfenden Insekt bzw. im Fall unseres neuen Produkts zwischen dem Nagetier und der Haftfestigkeit der Klebemasse. Wir investieren eine Menge Geld und Zeit in die Tauglichkeitsprüfung der klebrigen Beschichtungsmasse, die wir herstellen. Meine Abteilung ist speziell zuständig für die Vertriebssteuerung der unterschiedlichen Sorten."

Ich interessierte mich für die bei der Variablenbestimmung in Herrn Dörings Abteilung angewendeten Methoden. Aber zuvor erkundigte ich mich, wozu diese Bestimmungen überhaupt ausgeführt werden mußten.

„Wir haben die Erfahrung gemacht", sagte er, „daß nicht jeder Kunde Bedarf für die gleiche Klebkraft hat. Das trifft sich gut, da unser Herstellungsverfahren nicht zwangsläufig bei jedem Durchlauf die gleiche Haftfähigkeit erzeugt."

Ich fragte, ob das bedeutete, daß man nicht immer genau vorhersagen könne, was beim Herstellungsprozeß herauskomme.

Döring wies mich darauf hin, daß die Herstellung von Klebern nicht gerade eine exakte Wissenschaft sei. „Die Kollegen, die Klebstoff oder Klebeband für den Bürobedarf oder ähnliches produzieren, können es sich leisten, immer dieselbe Beschaffenheit herzustellen. Das können wir nicht. Daher ordnen wir das Produkt dem jeweiligen Markt zu."

Als er meinen verblüfften Gesichtsausdruck sah, langte er in seine Jackentasche und holte einen kleinen goldenen, an einer Kette befestigten Schlüssel daraus hervor. Er zog das unterste Schubfach seines Schreibtisches auf und öffnete, nachdem er sich rasch umgesehen hatte, mit diesem Schlüssel ein kleines Geheimfach. Diesem entnahm er ein ledergebundenes Notizbuch und schlug eine offensichtlich häufig aufgeblätterte Stelle auf. Er drehte das Notizbuch um und hielt es mir rasch vor die Augen. Ich konnte nur flüchtig Zahlentabellen wahrnehmen, als er das Büchlein auch schon wieder in die Schublade zurücksteckte und sicher verwahrte.

„Aus naheliegenden Gründen kann ich Ihnen nicht näheren Einblick in diese Daten gewähren. Ich wollte Ihnen nur vorführen, daß sie existieren. Was ich Ihnen soeben gezeigt habe, ist eines unserer bestgehüteten Geschäftsgeheimnisse. Hier liegt der Schlüssel zu unserer hohen Rentabilität."

„Aber Sie haben nur einen Reingewinn von einem Prozent nach Abzug der Steuern", wandte ich spontan ein.

Er überging meine Bemerkung. „Was Sie soeben gesehen haben, sind die Ergebnisse unserer weltweiten Untersuchung der Zugkraft von Fliegenbeinen. Sehen Sie, der Laie meint, Fliegen seien alle gleich. Aber das sind sie eben nicht. Ihre Fähigkeit, sich von unserem Fliegenband zu befreien, variiert von Land zu Land, ja sogar innerhalb der einzelnen Länder.

Die bayerische Fliege ist beispielsweise im Hochsommer ein wahrer Kraftprotz unter den Fliegen. Aber im Herbst ist sie ein Lämmchen. Zu der Jahreszeit wären die Fliegen von Rio de Janeiro dagegen imstande, Sie aus dem Bett zu zerren. Das ist eine ganz komplizierte Angelegenheit."

Ich kam noch immer nicht mit.

Harald Döring beugte sich ungeduldig vor. „Wir können das Fliegenfängerband oder jedes andere Klebepapier aus unserer Fertigung testen und sofort sagen, wo es verwendet werden kann und wo nicht. Fällt die Klebkraft eher schwach aus, liefern wir das Band dahin, wo die Fliegen schwach sind. Entspricht sie der Norm, dann können wir das Produkt überallhin liefern.

Unsere Laboranten können innerhalb von sechs Stunden nach Beendigung eines Produktionsdurchgangs genau angeben, für welchen Anwendungsbereich sich ein Produkt am besten eignet. Das ist ein Trumpf, über den keiner unserer Mitbewerber verfügt."

Ich war leicht verwirrt und fragte, ob die Laborleute nachträglich exakt bestimmen konnten, was in der Firma hergestellt worden war, dazu aber während des Fertigungsprozesses nicht in der Lage seien. Untersuchten sie nur die fertigen Erzeugnisse?

„Wir haben die Leute nie angewiesen, kontrollierend in den Herstellungsablauf einzugreifen. Wir wissen von vornherein, daß es nicht möglich ist. Nein, wir konzentrieren uns vielmehr auf die möglichen Anwendungsbereiche des Produkts. Unser neues Mäusepapier ist nur in einigen Gebieten Westafrikas anwendbar, wo seit einigen Jahren Dürre herrscht. Dort sind die Mäuse ziemlich entkräftet. Bisher haben wir noch keine anderen Anwendungsgebiete ausfindig gemacht, aber unsere Marktforschungsteams sind ständig unterwegs."

Ich fragte ihn, wie viele solcher Teams die Firma unterhielt. Mein Gesprächspartner lehnte sich behaglich zurück und fing an, laut aufzuzählen. „Zur Zeit stellen neun Teams Nachforschungen über die Zugkraft von Insekten an, und vier Teams sind mit Nagetieren beschäftigt. Bei Schaben gibt es keine großen Schwankungen, so daß der Markt nicht sehr interessant für uns ist. Deshalb ziehen wir uns aus dem Geschäft auch langsam zurück, sobald alle laufenden Garantieansprüche geregelt sind. Jedes Team kostet uns rund 100.000 pro Jahr. Wir betrachten das als gut angelegtes Kapital."

Ich überlegte laut, ob der Betrag sich nicht sinnvoller für die Überprüfung des Herstellungsprozesses verwenden ließe, so daß die Firma Fliegenfänger herstellen konnte, die jederzeit überall auf der Welt einsetzbar waren. Der Gedanke schien Döring nicht besonders zu imponieren, und er erklärte mir geduldig: „Qualität wird zu teuer, wenn man die Dinge unbedingt besser machen will, als sie sein müssen."

Dann beugte er sich vertraulich näher. „Das Fliegenfängergeschäft ist anders als die Branchen, mit denen Sie sonst zu tun haben", sagte er. „Wir müssen unterschiedliche Märkte beliefern. Die Leute haben unterschiedliche Bedürfnisse in unterschiedlichen Kulturen. Bayern, Afrika, Brasilien, Nordfriesland — das sind völlig verschiedene Welten. Deshalb unterhalten wir unsere Varianzanalyseabteilung."

Mir war höchst unbehaglich zumute. Ich fragte ihn, ob es nicht denkbar sei, daß die Kunden nichts anderes wollten als Fliegenfänger, die nicht unappetitlich waren, die sich einfach handhaben ließen und Fliegen garantiert festhielten, wenn sie erst einmal darauf gelandet waren? Waren die Ansprüche wirklich so unterschiedlich in den genannten Gebieten?

„Ach, mit den Kunden gibt es keine Probleme", sagte der Varianzchef. „Es geht um die Fliegen. Warum sollten wir mit erhöhtem Kostenaufwand 26-Pfund-Klebstoff herstellen, wenn 24-Pfund-Ware ausreicht? Wenn wir diese Nachforschungen nicht anstellten, müßten wir einen qualitativ gleichbleibenden Klebstoff herstellen, eine Art ‚Weltkleber', der überall einsetzbar wäre."

Ich bemerkte, daß die meisten Unternehmen dieses Ziel verfolgten und daß ich noch nie von einem Kammerjäger gehört hätte, der sich mehr um den Schädling als um den Kunden bemühte. Aber in Anbetracht der außergewöhnlichen Forschungskapazität des Unternehmens regte ich an, diese qualifizierten Kräfte für die Prozeßkontrolle einzusetzen. Möglicherweise ließen sich die Kosten für die Varianzanalyse einsparen, wenn das Produktionsverfahren von vornherein korrekt ablief.

Döring wies mich darauf hin, daß die Labors eigens seiner Abteilung angegliedert worden seien, weil einige Qualitätskontrolleure das alles schon vor Jahren versucht und lediglich eine Menge Probleme verursacht hätten. Die Varianzabteilung beschäftigte rund die Hälfte der Firmenbelegschaft. Niemand wollte ihnen zu nahe treten.

„Ich bedaure, daß Ihr Unternehmen gegenwärtig nicht viel für uns tun kann", sagte er. „Aber wenn Sie ihr Betätigungsfeld auf Insektenbevölkerungsstatistik ausdehnen sollten, dann würde ich gern auf Sie zurückkommen."

Mit diesen Worten begleitete er mich zur Tür und komplimentierte mich hinaus. Diese Erfahrung machte ich nicht zum ersten Mal.

Als Anwendungstechniker hatte ich mich einmal intensiv mit der Fehlerhäufigkeit eines kleinen Relais beschäftigt. Das Relais hatte Ausfälle von etwa 10 Prozent, für gewöhnlich nachdem es auf die Trägerplatte einer gedruckten Schaltung aufgebracht worden war. Entfernung und Erneuerung des Bauelements machten einen kostspieligen Nachbesserungsvorgang erforderlich. Es war eines der Hauptprobleme im Fertigungsbereich.

Ich nahm eine der Schaltungen mit in die Einkaufsabteilung, um mit den Kollegen Abhilfemöglichkeiten zu besprechen. Nach einigem Hin und Her fand ich schließlich den für das Teil zuständigen Einkäufer.

„Dies Relais hat einen AQL von 2,5 Prozent", sagte er. „Also schneidet es mit 10 Prozent Ausschuß bei der Endprüfung gar nicht so schlecht ab. Aber ich will mich trotzdem mit der Lieferfirma in Verbindung setzen und zusehen, ob sie nicht etwas unternehmen können."

„Der AQL-Wert bedeutet doch nicht automatisch, daß wir uns mit einer bestimmten Ausschußmenge abfinden müssen?" fragte ich. „Dieser Wert legt ja nur fest, wieviel wir akzeptieren, wenn die Ware bei uns eintrifft. Warum fordern wir die Leute nicht einfach auf, uns Relais zu liefern, die funktionieren?"

„Das würde ein Vermögen kosten", sagte er. „Die verdoppeln den Preis, wenn wir das von ihnen verlangen."

„Ja, aber es kostet uns eine Menge Geld, diese Fehler zu finden und zu beheben. Wenn der Lieferant es ehrlich mit uns meinte, würde er uns nicht so unzulängliche Bauelemente liefern."

Er sah zu mir auf und sagte etwas, das ich seither immer wieder zu hören bekam: „Haben Sie nichts anderes zu tun?"

Dies ist der typische Fall eines Einkäufers, der durch die Art, wie er eine Prüfmethode handhabt, dem Lieferanten zu verstehen gibt, daß es nicht erforderlich ist, einwandfreie Produkte zu liefern.

Dagegen habe ich mich wie gesagt jahrelang gewehrt. Wer solche Methoden empfiehlt, hat gewöhnlich nicht viel praktische Erfahrung. Die Realität spricht gegen die Verwendung von AQL-Werten.

Lassen Sie mich einen kurzen Überblick über die Entwicklung des Null-Fehler-Konzepts geben. Das wird Ihnen einen viel klareren Begriff davon vermitteln, was Qualität bedeutet.

Während meiner Zeit als Fertigungs-Qualitätsbeauftragter hatten wir in meiner damaligen Firma ein Qualitätsmanagementsystem, das sowohl bei unseren Kunden als auch im Kollegenkreis Bewunderung genoß. Ich erzähle das nicht, um damit zu prahlen, sondern damit Sie wissen, daß wir nicht als Problemunternehmen galten. Alles lief reibungslos.

Als wir daran gingen, Raketen (und die begleitenden Unterlagen) für Testflüge nach Cape Canaveral zu liefern, erhielten wir ein Telex nach dem andern.

„Die Rakete hat elf Fehler", hieß es in dem einen. Unter den aufgeführten Mängeln rangierten einige schwerwiegende wie ein falsch gelagerter Kreiselkompaß neben größtenteils unerheblichen Mängeln wie losen Kleinteilen oder Kratzern.

Nachdem die ersten sechs Raketen eingetroffen, beanstandet und instand gesetzt worden waren (zwischen neun und zwölf Mängel pro Rakete), wurden alle erfolgreich getestet. Alle Beteiligten waren zufrieden mit den Testflügen, aber nicht gerade erbaut über die Mängel.

„Wir müssen die Probleme mit den Raketen für Cape Canaveral in den Griff bekommen", sagte der Generaldirektor.

„Aber es sind nur sehr wenige", bemerkte ich. „In so einem Vogel müssen an die 50.000 Teile sein. Wenn jedes Teil sechs Fehlermöglichkeiten hat, kommen wir auf ein Fehlerpotential von 300.000. Aber wir haben nur etwa zehn."

Ich ließ mich über die Wahrscheinlichkeitsgesetze aus. „Die Normalverteilungskurve zeigt, daß 99,73 Prozent aller gleichgearteten Dinge nicht weit vom Mittelwert liegen. Ganz wenige Erwachsene sind unter ein Meter oder über zwei Meter groß. Alle übrigen liegen innerhalb der Grenzen."

Der Generaldirektor lächelte und sagte, er sei sehr zufrieden mit meiner Arbeit; seiner Meinung nach hätte ich auf den Gebieten, auf denen wir uns bereits auskannten, Besseres geleistet, als er je erlebt habe. Aber er nahm die Situation sehr ernst.

„Irgendwo auf der Welt", sagte er, „muß es einen Qualitätsexperten geben, der mir absolut fehlerfreie Produkte und Dienstleistungen gewährleisten kann. Es wäre schön, wenn Sie das wären."

Mit einem Schlag wurde mir bewußt, daß es hier um Überlebensfragen ging, nicht um die Annehmlichkeiten von Qualität. (Die meisten Unternehmen nehmen Qualität erst ernst, wenn es ums Überleben geht.)

Ziemlich betreten trottete ich zu meinem Büro zurück und machte dabei einen kleinen Rundgang übers Fabrikgelände. Mir dämmerte langsam, daß ich die Ursache des Problems war. Trotz all meiner Qualitätspredigten hatte ich zugelassen, daß sich Mängel ins System einschlichen. Wir hatten an den Vögeln, die nach Cape Canaveral gingen, effektiv einen 15-Fehler-Durchschlupf.

Am Pförtnerhäuschen blieb ich stehen und rief in meinem Büro an. Ich ließ alle Leiter der Qualitätsabteilungen zu einer Besprechung bitten. Eine Stunde später fanden sich alle 65 im Sitzungssaal ein.

„Meine Damen und Herren", hob ich an, „ich habe einen großen Fehler gemacht. Wir gehen noch immer von dem Gedanken aus, daß Irrtümer unvermeidlich sind und daß es unsere Aufgabe ist, diese so gut wie irgend möglich unter Kontrolle zu halten.

Das ist ein falscher Ansatz. Unsere Bemühungen müssen künftig darauf abzielen, daß alle Arbeiten gleich von Anfang an richtig ausgeführt werden. Wir werden uns einen neuen Leistungsstandard setzen: Null Fehler. Wir dürfen nichts anderes durchgehen lassen."

Einen Augenblick lang herrschte Schweigen und allgemeines Schulterzucken. Der Leiter der Fertigungsprüfung stand auf und sagte: „Phil, das ist keine gute Idee. Wir werden uns vor der übrigen Firma lächerlich machen. Was ist denn, wenn wir einen Fehler machen?"

Ich lächelte ihn an. „Irgendwo auf der Welt", sagte ich, „muß es einen Prüfungsleiter geben, der mir fehlerfreie Geräte gewährleistet."

Er setzte sich wieder, und wir gingen an die Arbeit.

Nachdem zwei weitere Raketen ausgeliefert worden waren, kam ein Anruf aus Cape Canaveral. Die Leute vom Prüfdienst konnten keinen Fehler an den Raketen entdecken. Ich bat sie, das in einem Telegramm zu bestätigen. Ich habe es bis heute aufbewahrt.

Danach hatten wir in dem Bereich nicht mehr viel Ärger.

Aber wir hatten wirklich den Beweis erbracht, daß eine Gruppe engagierter Leute mit der notwendigen Zeit und den notwendigen technischen Voraussetzungen alles herausfinden kann, was an einem komplizierten Geräteteil schiefgehen kann. Das war löblich, aber wir mußten verhindern, daß die Probleme überhaupt auftauchten.

Es genügte nicht, „Superprüfungen" durchzuführen. Das war teuer und unpraktisch. Es erforderte einen Prüfaufwand, der nicht permanent aufrechtzuerhalten war. Wir mußten lernen vorzubeugen.

Daher verfaßte ich das Null-Fehler-Konzept. Der ursprüngliche Text von 1961 lautet folgendermaßen:

Während ihres gesamten Privatlebens wird den Menschen beigebracht, die Tatsache hinzunehmen, daß Menschen nicht vollkommen sind und daher Fehler machen werden. Wenn sie eines Tages ins Arbeitsleben eintreten, ist diese Überzeugung fest in ihnen verwurzelt. Es wird Mode zu sagen: „Wir sind alle Menschen, und Menschen machen Fehler. Nichts kann jemals vollkommen sein, solange Menschen daran teilhaben." Und so ist es dann auch.

Und die Menschen machen Fehler, insbesondere diejenigen, die davon ausgehen, daß sie täglich mehrere Fehler machen werden, und denen es nichts ausmacht, wenn sie geschehen. Man könnte fast sagen, ihr Leistungsstandard verlangt von ihnen ein paar Fehler als Bescheinigung ihrer Menschlichkeit.

Man muß sich die Frage stellen, ob Menschen eine angeborene Fehlerhäufigkeit in all ihrem Tun haben. Machen sie immer den gleichen Prozentsatz von Fehlern bei allem, was sie anfassen? Beispielsweise beim Einlösen eines Schecks. Müssen wir davon ausgehen, daß Personen, die in fünf Prozent ihrer beruflichen Tätigkeiten etwas falsch machen, sich alljährlich in fünf Prozent der Fälle beim Einlösen von Schecks zu wenig auszahlen lassen? Werden sie auch in fünf Prozent der Fälle vergessen, ihre Einkommenssteuer zu zahlen? Werden sie sich mehrmals im Monat auf dem Nachhauseweg verfahren?

Wenn diese Annahmen falsch sind, dann müssen Irrtümer umgekehrt proportional zur Bedeutung sein, die der Betreffende bestimmten Tätigkeiten beimißt. Menschen gehen mit der einen Tätigkeit sorgfältiger um als mit einer anderen. Sie haben gelernt, die Tatsache, daß sie am Arbeitsplatz Fehler machen, in Ordnung zu finden, aber nicht den Versuch, Vater Staat übers Ohr zu hauen. Das heißt, daß sich eine zwiespältige Haltung eingespielt hat. In manchen Dingen sind die Menschen bereit, Unzulänglichkeiten hinzunehmen; in anderen wird kein Fehler toleriert.

Zwei Faktoren verursachen Fehler: fehlende Kenntnisse und ungenügende Aufmerksamkeit. Kenntnisse sind meßbar, und Mängel können auf bewährten Wegen behoben werden. Fehlende Aufmerksamkeit muß der Betreffende selbst durch eine resolute Neubewertung seiner jeweiligen ethischen Maßstäbe korrigieren. Mangelnde Aufmerksamkeit ist eine Frage der inneren Einstellung. Wer sich fest vornimmt, jedes Detail zu beachten und sorgfältig Fehler zu vermeiden, macht einen Riesenschritt auf dem Weg zu fehlerfreiem Handeln in allen Dingen.

Das alles trugen wir dem Management und den Mitarbeitern vor. Alle waren einverstanden, einen Versuch zu machen, und wir fingen an. Im Laufe der Zeit erwies es sich als notwendig, ein gut funktionierendes Kommunikationssystem einzurichten, damit jeder immer über alles, was vor sich ging, auf dem laufenden war. Die Mitarbeiter fingen an, Verbesserungsvorschläge einzuschicken, aus denen sich ein Programm zur Abschaffung von Fehlerursachen entwickelte.

Die Fehlerquoten in Fertigung, Konstruktion, Einkauf und anderen Ressorts, in denen Leistungsmessungen vorgenommen wurden, gingen fast von heute auf morgen um 40 Prozent zurück. Die Qualitätsabteilung fand immer weniger Mängel bei den Routineprüfungen.

In zwei oder drei Zeitschriften erschienen Artikel über unser Unternehmen. *Time* brachte eine Zeitlang eine Kolumne über das Null-Fehler-Konzept, und schlagartig wurden wir überschwemmt mit Briefen von Firmen, die mehr über dieses „Motivationsprogramm" zu wissen wünschten.

Immer wieder erklärte ich, daß der Anspruch, ohne jeden Fehler zu arbeiten, in erster Linie ein Leistungsmaßstab für das Management sei. Aber meine Bemühungen führten nirgends zu einem Umdenken. Alle wollten leichte Methoden. Einer fragte mich wieder einmal, ob ich nichts anderes zu tun hätte.

Die einzigen, die das Konzept unverfälscht anwendeten, waren die Mitglieder des Japanischen Managementverbands. In Zusammenarbeit mit der Elektrogesellschaft Nippon führten sie das System in Japan ein. (Als ich 1980 nach Tokio reiste, veranstalteten sie einen Empfang für mich, um das sechzehnjährige Bestehens des Null-Fehler-Standards in Japan zu feiern.)

Zwei Jahre lang herrschte überall in den Vereinigten Staaten, besonders in der Rüstungsindustrie, das Null-Fehler-Fieber. Dann ließ die „Motivation" nach, und alle jagten wieder hinter etwas anderem her. Es ist bis heute eine große Enttäuschung für mich, daß sich ausgerechnet die amerikanischen Qualitätsfachleute nie die Mühe machten, sich ernstlich mit dem Null-Fehler-Konzept auseinanderzusetzen. Nach meinen Erfahrungen kostet es keine fünf Minuten, einem aufgeschlossenen Menschen den Gedanken zu erklären.

Bei ITT führten wir das Konzept von 1965 an weltweit in sämtlichen Niederlassungen als Leistungsstandard ein. Es bewährte sich ausgezeichnet, sogar in mehreren Sprachen. Die Menschen halten sich an Leistungsmaßstäbe unter der Voraussetzung, daß sie verständlich sind. Sobald verschwommene Begriffe wie „hervorragende Leistung", „Gutzahlen", „Stolz" oder ähnliches mehr den Maßstab bilden, schwankt die Leistung von einem Tag zum anderen. Ist der Standard eindeutig wie „null Fehler", „fehlerfrei" oder „mach deine Arbeit von vornherein richtig", dann lernen die Menschen, Problemen vorzubeugen.

Warum ist ein genau definierter Leistungsstandard erfolgreich?

Sämtliche Arbeitsergebnisse in einem Unternehmen werden von Menschen bewirkt. Jede Dienstleistung, jedes Erzeugnis ist das Produkt aus Tausenden von betriebsinternen Abläufen und Transaktionen mit den Lieferanten. Jede dieser Tätigkeiten muß korrekt ausgeführt werden, wenn das Endresultat den Anforderungen entsprechen soll. Die Leute müssen wissen, daß sie sich aufeinander verlassen können. Ein Mittelstürmer muß immer wissen, wo sein Rechtsaußen ist. Was eine Abteilung der anderen schickt, sollte den Verabredungen entsprechen. Wenn das geschieht, können die Mitarbeiter ein realistisches Verhältnis zu den Anforderungen entwickeln, die sie einander stellen. Niemand braucht mehr irgendetwas in doppelter Größe oder Menge oder doppelt so schnell anzufordern wie nötig, nur um sicherzugehen, daß er wirklich bekommt, was er will.

Aus diesem Grund ist ein unmißverständlicher Leistungsstandard notwendig.

Das dritte absolute Gebot des Qualitätsmanagements lautet:

DER LEISTUNGSSTANDARD MUSS „NULL FEHLER" HEISSEN UND NICHT „DAS TUT'S AUCH".

9

Viertes Gebot: Maßstab für Qualität sind die Kosten für die Abweichung von den Anforderungen

Die Hauptschwierigkeit, Qualität als Managementaufgabe durchzusetzen, liegt darin, daß dies auf Management-Schulen nicht gelehrt wird. Qualität wird nicht als Funktion der Unternehmensführung angesehen, sondern eher als technische Aufgabe. Das rührt daher, daß Qualität nie kaufmännisch gesehen wird wie alles andere sonst. Wie schon gesagt, wird sie immer relativ gewertet und in Gütegraden oder ähnlichem ausgedrückt. Aber angesichts der stürmischen Entwicklung des Qualitätsbedarfs, die sich weltweit manifestiert, und angesichts der Schwierigkeit, das obere Management zu einem entsprechenden Engagement zu bewegen, wird offenkundig, daß ein neuer Qualitätsmaßstab gebraucht wird. Das beste Maß ist hier wie anderswo — das Geld.

Über die Kosten für Qualität wird seit 25 Jahren diskutiert. Sie wurden jedoch immer nur als Meßlatte für Produktionsfehler verwendet. Nie wurden sie als unternehmerisches Instrument eingesetzt, und zwar aus dem einfachen Grund, weil sie den Führungskräften in der Wirtschaft nie in ihrer Sprache dargestellt wurden.

Qualitätskosten setzen sich aus zwei Komponenten zusammen — den Kosten für die Abweichung von den Anforderungen und den Kosten für deren Erfüllung. Zu den Kosten für die Abweichung gehören all die Ausgaben für die Korrektur von Fehlern, also Kosten, die anfallen, wenn beispielsweise Bestellungen der Außendienstmitarbeiter berichtigt oder Verfahrensvorschriften für die Ausführung von Anweisungen und die Steuerung von Fertigungs- oder Dienstleistungsvorgängen abgeändert werden müssen oder wenn Nachbesserungsarbeiten anfallen oder Garantie- oder andere Gewährleistungsansprüche erfüllt werden müssen. Wenn man all das zusammenrechnet, kommt eine immense Summe zusammen, die 20 Prozent oder mehr vom Umsatz in Fabrikationsbetrieben und 35 Prozent der Betriebskosten in Dienstleistungsunternehmen ausmachen.

Die Kosten für die Erfüllung von Anforderungen sind die Ausgaben, die notwendig sind, um einwandfreie Arbeit zu liefern. Dazu gehören die Aufwendungen für die meisten Qualitätsfachleute, für sämtliche Vorbeugungsbemühungen und die Qualitätsausbildung. Auch Posten wie Eignungsprüfungen für Verfahren oder Produkte fallen darunter. In gut geführten Unternehmen machen sie in der Regel zwischen drei und vier Prozent des Umsatzes aus.

Wenn der Finanzchef des Unternehmens die Kosten der Abweichung von den Leistungsanforderungen kalkuliert — und ein bißchen Nachhilfe ist dabei fast immer vonnöten, weil alle anderen daran interessiert sind, die Zahlen sehr niedrig anzusetzen —, kommt er unter Umständen auf ein Verfahren, das danach immer wieder angewendet werden kann. Dann können die Kosten für die Abweichung 1. als absolute Größe eingesetzt werden, um mitzuverfolgen, ob das Unternehmen Fortschritte macht, und 2. als Anhaltspunkt für die Suche nach den lukrativsten Korrekturmöglichkeiten im Unternehmen dienen.

Es stellt sich rasch heraus, welche Produkte, Dienstleistungen und Abteilungen in dieser Beziehung am kostenintensivsten sind. In den meisten Fällen ist dies den Beteiligten gar nicht bewußt.

Die Ergebnisse der meisten Qualitätsverbesserungsprogramme lassen sich mit Hilfe von Indextabellen oder ähnlichen Methoden ermitteln. Wenn man den Angehörigen der oberen Managementebenen Indextabellen über das allgemeine Qualitätsniveau vorführt, können sie nicht viel damit anfangen, weil die Zahlen ihnen nichts sagen. Sie können keine Schritte daraus ableiten. Deshalb wurden Qualitätsexperten jahrelang nicht zur Teilnahme an wichtigen Sitzungen eingeladen.

Die Zusammenstellung der Qualitätskosten ist nicht schwierig, und dennoch wird sie in den wenigsten Unternehmen durchgeführt. Das liegt in erster Linie daran, daß diejenigen, die mit der Aufstellung beauftragt sind, sich dabei verzetteln und noch dem letzten Pfennig nachspüren. Und dann wollen sie das Ganze immer ohne kritischen Ansatz präsentieren. Das Ende vom Lied ist, daß viele Unternehmen schon seit gut einem Jahrzehnt mit der Zusammenstellung ihrer Qualitätskosten beschäftigt sind.

Dabei läßt sich alles innerhalb weniger Tage erfassen. Die erste Analyse kommt vielleicht nur auf 70 oder 85 Prozent der Gesamtsumme, aber schon diese Zahl wird so erschreckend wirken, daß man auf den Rest verzichten kann. Im Laufe der Jahre wird es immer deutlicher, wie man die Kosten am besten kalkuliert und bewertet. Die Ermittlungsmethoden können später nach Bedarf erweitert und verfeinert werden.

Ich will an dieser Stelle nicht in Einzelheiten gehen. Das habe ich früher bereits getan, vor allem in meinem Buch *Qualität bringt Gewinn*. Als Faustregel gilt: Rechnen Sie alles zusammen, das nicht getan werden müßte, wenn jede Verrichtung von Anfang an korrekt ausgeführt würde, und betrachten Sie das als die Kosten für die Abweichung von den Anforderungen.

Das vierte Gebot des Qualitätsmanagements lautet:

MASSSTAB FÜR QUALITÄT SIND NICHT INDEXZIFFERN, SONDERN DIE KOSTEN FÜR DIE ABWEICHUNG VON DEN ANFORDERUNGEN.

10
Ausbildung

Unterrichtsmethoden, die gewährleisten sollen, daß der Auszubildende spezifische Informationen mitbekommt, müssen im Bewußtsein der menschlichen Individualität verwurzelt sein. Es gibt einfach keinen Standardweg zur Erkenntnis. Zu viel hängt vom Lernenden ab und von dem, was er oder sie als Individuum zu lernen bereit ist.

Wenn man als Ausbilder eine Situation aus dem Geschäftsleben durchnimmt, muß man nicht nur dafür sorgen, daß das Lehrmaterial interessant ist und auf anregende Weise dargeboten wird, sondern es muß vor allem praxisbezogene Informationen enthalten. Sonst gibt es keinen Lernfortschritt. Es genügt nicht, eine Art Rezeptbuch für Streßbeseitigung zu verfassen, weil das nur neuen Ärger auf einer anderen Ebene mit sich bringt. Dann werden nämlich Vorschriften zur Durchführung der einzelnen Schritte des Rezepts aufgestellt, und ehe man sich's versieht, wird die Einhaltung der Verfahrensweisen bzw. deren ungenügende Einhaltung zu einem noch größeren Streß als das ursprüngliche Problem.

Ein störungsfreies Betriebsklima setzt den ständigen, ungehinderten Informationsfluß zwischen sämtlichen Beteiligten voraus. Ausbildung und Fortbildung in der einen oder anderen Form müssen selbstverständlicher Bestandteil des Betriebsalltags werden. Jeder einzelne muß das Vokabular der gemeinsamen Qualitätssprache beherrschen lernen, das für die jeweilige Aufgabe erforderliche Können mitbringen und die Funktion jedes einzelnen im erfolgreichen Ablauf des Ganzen verstehen.

Alle reden von der Notwendigkeit, die Dinge von Anfang an richtig zu machen, und niemand will die Dinge tatsächlich erst beim zweiten Anlauf richtig machen. Dennoch kommt es in der Realität oft genug vor, daß irgendeine Tätigkeit erst beim dritten Mal sachgerecht ausgeführt wird. Die Grundbegriffe und Methoden, die notwendig sind, um unnötigen Ärger zu vermeiden, müssen sämtlichen Mitarbeitern nach einem wohlüberlegten Plan vermittelt werden.

Solide Kenntnis einer Sache bedeutet Kompetenz. Ich bin immer wieder erstaunt, wenn ich mit professionellen Tennistrainern ins Gespräch komme, wieviel diese Leute von ihrem Sport verstehen. Sie wissen bestens Bescheid über die Herstellung der Bälle, über die personellen und wirtschaftlichen Zusammenhänge des jeweiligen Clubs oder über das physikalische Zusammenwirken zwischen Spieler, Schläger und Ball. Diese Kenntnisse sind Indiz für handfestes Fachwissen. In puncto Qualität kann man sich, wie beim Tennis auch, jahrelang mit oberflächlich Angelerntem durchmogeln. Aber ein reibungslos funktionierendes, vorbeugungsorientiertes Unternehmen setzt voraus, daß jeder wirklich weiß, worum es geht.

Die absoluten Gebote des Qualitätsmanagements müssen von jedem Mitarbeiter begriffen werden. Erst das ermöglicht eine gemeinsame Qualitätssprache.

Das Führungsteam eines Unternehmens muß den Stufenplan zur Qualitätsverbesserung bejahen, denn seine Mitglieder sind für dessen Verwirklichung verantwortlich. Die 14 Schritte werden in Kapitel 11 noch einmal grob skizziert; sie wurden bereits ausführlich in *Qualität bringt Gewinn* behandelt.

Der Beitrag jedes einzelnen zur Verwirklichung von Qualitätsarbeit muß von jedem Betriebsangehörigen begriffen werden. Mitarbeiter in spezifischen Funktionen müssen eine spezielle Qualitätsausbildung bekommen, um ihre Rollen sachgerecht ausfüllen zu können. Dazu gehören Unterrichtsfächer wie Qualitätsmanagement für Zulieferer, Bestimmung der Qualitätskosten und andere mehr.

Förderung von Qualitätsbewußtsein setzt Lehrgänge für leitende Manager voraus, in denen Vorgesetzte ihre Verantwortung erkennen lernen; weiterhin Lehrgänge für das mittlere Management, in denen die Angestellten, die den Qualitätsverbesserungsprozeß in die Praxis umsetzen müssen, lernen, wie das machbar ist; und schließlich Lehrgänge für alle Mitarbeiter, in denen sich die Betriebsangehörigen ihrer Rolle bewußt werden. Nicht zuletzt bedarf es praktischer Kurse, in denen die Vertreter spezieller Ressorts wie Einkauf, Buchführung, Qualität, Marketing usw. die für ihren Arbeitsbereich wichtigen Tätigkeiten besser kennenlernen.

Bevor wir zum Inhalt der verschiedenen Lehrgänge übergehen, muß angemerkt werden, daß Fallgeschichten zu den geeignetsten pädagogischen Hilfsmitteln gehören. Da jedoch die wenigsten Lehrgangteilnehmer eine Fallgeschichte ganz durchlesen und deshalb imstande sind, sich dazu zu äußern, sind wir dazu übergegangen, die betreffenden Fälle mit Schauspielern zu inszenieren und als Videofilm vorzuführen. Die Lehrgangteilnehmer haben Unterlagen mit sämtlichen konkreten Angaben, so daß sich alle an der anschließenden Diskussion beteiligen können. (Es ist auch notwendig, die leitenden Unternehmensangestellten in Speziallehrgängen auf die Rolle als Ausbilder für sämtliche Phasen des Schulungsprozesses vorzubereiten. Ausbilder ohne fachliche Qualifikation und Anleitung von Sachverständigen verfahren bald nach eigenem Gutdünken und unterrichten am Ende alles mögliche, was mit dem eigentlichen Ziel nichts mehr zu tun hat.)

Ausbildung für das obere Management

Zweck einer Ausbildung für leitende Manager ist es, Vorgesetzten ihre Rolle bei der Entstehung von Problemen und später bei der Verwirklichung von Verbesserungen im Qualitätsprozeß begreiflich zu machen. Führungskräfte müssen selbst beherrschen,

was alle anderen gelehrt werden, sie müssen wissen, wie sie reagieren sollen, wenn
irgendwo Mängel auftreten, und sie müssen wissen, was sie tun können, um die Durchführung des Verbesserungsprogramms zu fördern. Weil sie die für alle Bereiche zuständigen Manager des Unternehmens sind, ist alles, was sie tun, von großer Tragweite.
Aus diesem Grund brauchen sie eine gründliche Kenntnis der Zusammenhänge. Für
die Schulung der Unternehmensleiter sollten mindestens zweieinhalb Tage veranschlagt
werden. Die Lehrgänge müssen außerhalb des Unternehmens stattfinden und die Teilnehmer Gelegenheit haben, sich innerlich darauf einzustellen, damit sie nicht in jeder
Pause im Büro anrufen, um sich zu vergewissern, ob die Firma noch existiert. Der
Lehrgang konzentriert sich inhaltlich auf die absoluten Gebote des Qualitätsmanagements, die Qualitätsverbesserungsstrategie, den 14-Schritte-Prozeß, das Ausbildungssystem, die Korrekturmaßnahmen und einige praktische Übungen, in denen das Verständnis all dieser Themen und anderer Dinge vertieft wird. Die Gruppen sollten nicht
mehr als 22 Lehrgangsteilnehmer umfassen.

Ausbildung für das mittlere Management

Die Ausbildung für Manager der mittleren Führungsebene dauert viereinhalb Tage,
und keine Gruppe sollte über 22 Teilnehmer haben. Dieser Lehrgang vermittelt neben
dem Lehrstoff für die oberste Managementebene noch einige zusätzliche Dinge. Der
14-Schritte-Prozeß wird in aller Ausführlichkeit behandelt, damit die Teilnehmer
genau wissen, was bei den einzelnen Schritten geschieht, weil jede Maßnahme wieder
eine Maßnahme nach sich zieht.

Darüber hinaus sollten die Teilnehmer dieser Gruppe sich intensiv mit Vermittlungs-
techniken befassen und sich bewußt machen, daß es ihre Aufgabe ist, das Anliegen der
Qualitätsverbesserung permanent weiterzuvermitteln. Also müssen sie lernen, wie man
für eine Sache eintritt und sie anderen glaubhaft macht. Da in der Ausbildung für das
mittlere Management der Lehrstoff mit Workshops und Rollenspiel verbunden wird,
entsteht eine sehr solide Grundlage für die praktische Arbeit.

Mitarbeiterausbildung

Die übrigen 95 Prozent der Belegschaft erhalten den Großteil ihrer Qualitätsausbil-
dung aus Seminarhandbüchern. Für ein derartiges System braucht man spezielles
Schulungsmaterial. Wir haben die Erfahrung gemacht, daß es sinnvoll ist, alle Lektio-
nen einheitlich aufzubauen. Zunächst erhält jeder Teilnehmer Lesestoff, der zu Hause
vor der betreffenden Unterrichtsstunde durchgearbeitet wird. Zweitens wird eine in der
Regel fünfzehnminütige Videoaufzeichnung verwendet zur Veranschaulichung der
Begriffe, die während des jeweiligen Schulungsabschnitts zur Sprache kommen. Der
Videofilm wird anhand von Originaldrehbüchern und mit Schauspielern hergestellt.
Als drittes folgt eine praktische Übung, in welcher das neue Konzept auf eine dem
Kursteilnehmer vertraute Praxissituation angewendet wird. Der vierte Schritt besteht

aus der anschließenden Diskussion, in welcher der Trainer die Teilnehmer bei dem Versuch anleitet, das Konzept auf die innerbetriebliche Situation in ihrer Firma anzuwenden. Als fünftes und letztes bekommt jeder eine Aufgabe gestellt. Der Teilnehmer soll versuchen, einen Aspekt der jeweiligen Lektion am Arbeitsplatz anzuwenden, um sich an Ort und Stelle persönlich vom Wirklichkeitsgehalt des Konzepts zu überzeugen.

Diese Lernabschnitte geben der Mitarbeiterschulung eine überschaubare Struktur. In unserer Praxis haben sich Lehrgänge mit 15 Sitzungen bewährt, von denen jede etwa zwei Stunden dauert und sich jeweils aus den obengenannten fünf Abschnitten zusammensetzt. Der Unterricht wird immer von leitenden Angestellten des Unternehmens abgehalten, die als Trainer entsprechend geschult sein müssen. Das wiederum erfordert in der Regel eine zweiwöchige Schulung.

Die Unterrichtssitzungen

Im folgenden sind die Themen der einzelnen Lektionen und kurze Inhaltsangaben aufgeführt.

1. *Die Notwendigkeit der Qualitätsverbesserung.* Diese Lektion macht den Teilnehmern bewußt, daß viele Kunden von der Unzulänglichkeit gelieferter Produkte oder Dienstleistungen enttäuscht sind. Eine kurze Videoszene mit dem Firmenchef dokumentiert das Engagement des Unternehmens für eine Verbesserung.

2. *Die Grundgedanken der Qualitätsverbesserung.* In dieser Lektion werden die absoluten Gebote des Qualitätsmanagements in allgemeinverständlicher Weise dargestellt.

3. *Wie man Arbeitsanforderungen bestimmt.* Anhand einer Input/Output-Analyse lernt der Kursteilnehmer, daß es möglich ist, die einzelnen Anforderungskriterien zu bestimmen.

4. *Wie man die Erfüllung von Anforderungen mißt.* Anhand einiger der in Lektion 3 untersuchten Arbeitsanforderungen lernen die Teilnehmer Methoden, das Maß der Erfüllung dieser Anforderungen festzustellen. Eines der Lernziele dieser Lektion ist der Beweis, daß Qualitätsmessung lediglich eine Form der Kommunikation ist und nicht irgendeine Schikane.

5. *Wie man der Abweichung von den Anforderungen vorbeugt.* Nachdem wir eine Arbeitsanforderung bestimmt und dann ihre Erfüllung bzw. die Abweichung davon gemessen haben, diskutieren wir mögliche Maßnahmen, der Abweichung im betreffenden Bereich vorzubeugen.

6. *Die Notwendigkeit eines Leistungsstandards.* In dieser Lektion steht die Notwendigkeit eines unmißverständlichen Leistungsstandards im Vordergrund. In der praktischen Übung in diesem Unterrichtsabschnitt lernen die Teilnehmer, anderen das Konzept des Null-Fehler-Standards zu erklären.

7. *Die Kosten für die Abweichung von den Anforderungen.* Alles, was an Zeit und Geld für die Abweichung von den Anforderungen und für die Erfüllung von Anforderungen investiert wird, soll so dargelegt werden, daß der Teilnehmer lernt, anhand dieser Methode nachzurechnen, was es kostet, wenn in seinem Arbeitsbereich nicht nach den in Lektion 3 bestimmten Anforderungen gearbeitet wird.

Diese ersten sieben Lektionen dienen der Vermittlung des erforderlichen Grundwissens, das dem Kursteilnehmer hilft, die Voraussetzungen für Qualitätsverbesserung zu erkennen.

Die zweite Serie von sieben Lektionen soll vor Augen führen, wie das alles in der Unternehmenspraxis aussieht, und aufzeigen, wo einige der Wurzeln des Übels sitzen. Es werden zwei fiktive Betriebe als Beispiel verwendet — die Firma Qualitätskoffer und die Universal Versicherung GmbH —, weil viele der Ansicht sind, Fertigungs- und Dienstleistungsunternehmen seien zweierlei. Einer der wesentlichen Inhalte der Lektionen ist der Nachweis, daß zwischen beiden Branchen kaum Unterschiede bestehen.

8. *Die Firma Qualitätskoffer.* Die leitenden Manager der Firma werden gefragt, was ihrer Meinung nach die Ursache der vorhandenen Qualitätsprobleme ist und welche Gegenmaßnahmen machbar sind.

9. und 10. *Überwindung der Abweichung (Teil I und Teil II).* In dieser Lektion wird vorgeführt, wie die Firma Qualitätskoffer, nachdem die Unternehmensziele geklärt wurden, das Problem der Nichterfüllung und dessen Bewältigung angeht. Der Kursleiter demonstriert am Beispiel des eigenen Fehlverhaltens beim Tennisspielen, wie man die Probleme analysieren und klären kann.

11. *Teamarbeit bei der Problembewältigung.* Am Beispiel der Kundendienstabteilung der Firma Qualitätskoffer wird vorgeführt, daß die gemeinschaftliche Untersuchung der Probleme mehr brauchbare Lösungen hervorbringt.

12. *Beitrag der Unternehmensführung zur Qualitätsverbesserung.* Die Chefs der beiden Unternehmen erörtern die Unterschiede ihrer Firmen und die Probleme, die sie bei der Verwirklichung von Qualität haben. Das ist für die meisten Teilnehmer höchst aufschlußreich.

13. *Beitrag des mittleren Managements zur Qualitätsverbesserung.* In dieser Lektion findet unter anderem eine Diskussion mit einem Werksleiter statt, der Probleme mit der Materialwirtschaft in seinem Bereich hat, das heißt, dem es nicht gelingt, Material rechtzeitig zu beschaffen und an den Mann zu bringen. Anschließend findet eine Selbstüberprüfung statt, bei der sich die Teilnehmer darüber klar werden können, ob sie einen positiven Einfluß auf ihren jeweiligen Arbeitsbereich haben.

14. *Beitrag der Zulieferer zur Qualitätsverbesserung.* In dieser Lektion geht es nicht nur um die Anbieter, die Material von draußen anliefern, sondern auch um die betriebsinternen Zulieferer. Die meisten von uns empfangen das Material, das sie bearbeiten, von irgendwelchen Abteilungen des Unternehmens. Am Ende findet ein Gespräch mit einigen der Teilnehmer der bisherigen Lektionen statt, und anschließend gibt jeder Kursteilnehmer eine kurze Erklärung ab über das, was er nach diesem Kurs in Zukunft anders zu machen gedenkt.

15. *Zusammenfassung.*

Der gesamte Schulungsprozeß läßt sich in sechs Schlüsselbegriffen zusammenfassen: Problembewußtsein, Engagement, Sachverstand, Kommunikationsfähigkeit, Änderungsbereitschaft und Kontinuität.

Problembewußtsein bedeutet die Fähigkeit, Notwendiges zu erkennen und herkömmliche Denkschemata über Bord zu werfen. Dies ist der Schlüssel zur Veränderung der Unternehmenskultur, wenn man zur Verbesserung entschlossen ist.

Engagement bezeichnet die Einsatzbereitschaft zunächst seitens der Unternehmensführung und dann seitens aller Mitarbeiter. Es ist die felsenfeste Entschlossenheit, den Wandel in der Unternehmenskultur herbeizuführen. Im Falle des Managements dokumentiert sich diese in beispielhaftem Verhalten und überzeugtem Eintreten für Qualitätsverbesserung.

Sachverstand bezeichnet die Fähigkeit, den Verbesserungsprozeß methodisch in die Praxis umzusetzen. Alles muß so in die Wege geleitet und durchgeführt werden, daß der Kulturwandel eintreten kann. Hier ist kein Raum für Manipulationen oder Motivationskampagnen.

Änderungswille ist die Bereitschaft, Fehlermöglichkeiten durch die Analyse laufender Probleme und ihrer Ursachen schon an der Quelle auszuräumen. Es ist leicht, Mängel zu beheben, insbesondere alte. Aber es erfordert alle genannten Fähigkeiten, sie tatsächlich zu überwinden.

Kommunikationsbereitschaft bezeichnet den Willen, alles zu tun, um wirkliches Verständnis und aktive Teilnahme bei sämtlichen am Unternehmen beteiligten Personen zu wecken, einschließlich Zulieferern und Kunden. Das wird nur möglich, wenn die Unternehmensführung auf sie alle zugeht und dafür sorgt, daß jeder seinen persönlichen Beitrag zur Verwirklichung von zuverlässiger Qualität erkennt.

Kontinuität ist das ständig wache Bewußtsein dessen, was früher war und was werden soll. Systematische Anstrengung wird immer erforderlich sein, unabhängig davon, wie positiv sich alles entwickelt.

Schlußbemerkung

Im Rahmen dieses Kapitels hätte ich den gesamten Lehrstoff der Kurse darlegen können, die wir in unserer Akademie für Qualität abhalten. Aber das könnte den Eindruck erwecken, als wollten wir für unser Unternehmen werben — was jedoch völlig abwegig ist, da das Zentrum nur mit Unternehmen zu tun hat und nicht mit Einzelpersonen.

Aber die systematische Gestaltung der Ausbildung ist wichtig und muß hier kurz zur Sprache kommen — sie hat einen eigenen Stellenwert. Der Lehrinhalt der Kurse ist wichtig, aber er stellt nur einen Bruchteil der Lernerfahrung dar. Auch die Atmosphäre des Schulungsorts, die Glaubwürdigkeit der Ausbilder und die Aufmachung des Lehrmaterials — alles trägt dazu bei. Insbesondere der lernende Topmanager muß in die Lage versetzt werden, aufgeschlossen zu reagieren.

Das Gesagte gilt für fast alle Formen der Managerausbildung, aber es gilt ganz besonders, wenn es um Qualität geht. Der Lehrinhalt kann völlig entstellt werden, wenn nicht alles wie am Schnürchen klappt. Jedes Verhalten, jeder Schritt seitens des Lehrkörpers muß in jeder Hinsicht einwandfrei — „Null Fehler" — sein. Die Kursteilnehmer reagieren überempfindlich auf alles, was vor sich geht, sind voll des Lobes für alles Gelungene und kommentieren jede Fehlleistung voller Sarkasmus.

Ich will einige nicht-pädagogische Punkte nennen, die zum Alltag der Kursteilnehmer gehören, und die Vorkehrungen, die dazu erforderlich sind.

1. Ein Brief mit Informationen und Hinweisen geht so rechtzeitig an jeden Teilnehmer ab, daß er zwei Wochen vor Beginn des Lehrgangs bei ihm ankommt.
2. Der Lehrgangsteilnehmer bekommt in der Firma so viele Vorinformationen, daß er weiß, was auf ihn zukommt. Wieder eine Gelegenheit, Engagement und Ernsthaftigkeit des Unternehmens unter Beweis zu stellen.
3. Bei der Ankunft im Hotel erhält jeder Teilnehmer Unterlagen, in denen genau erläutert wird, was ihn in den folgenden Tagen erwartet.
4. Der Kursleiter begrüßt die Teilnehmer und stellt ihnen die Referenten vor, mit denen sie im Laufe ihres Aufenthalts zu tun haben werden.
5. Die Lehrgänge werden in Lerneinheiten von je einer Stunde unterteilt. Am Ende jeder Stunde haben die Teilnehmer zehn Minuten Pause zur Entspannung und zum gegenseitigen Kennenlernen.
6. In sämtlichen Unterrichtsstunden und praktischen Übungen sollten Fallstudien verwendet werden, um ein Maximum an Lernerfahrung zu vermitteln. Die Fallgeschichten können mit Schauspielern in lebensnahen Situationen verfilmt werden. Dadurch wird das Problem aus der Welt geschafft, daß einige Kursteilnehmer die Fallgeschichten gelesen haben und einige nicht. Jeder kann den Videofilm mitverfolgen und sich in die Situation hineinversetzen.Die Fallgeschichten sollten echt sein und keine konkreten Firmen darstellen. Dann kommen die Lerninhalte auch an.
7. Am Ende jedes Tages wird eine Hausaufgabe gestellt, damit die Teilnehmer in Gedanken beim Thema bleiben. Es ist wichtig, daß sie ganz darin aufgehen. Es geht darum, einen Führungsstil zu ändern, nicht eine Handvoll Techniken zu lehren.
8. Die Abschlußübung verlangt vom Lehrgangsteilnehmer, mit einem persönlichen Lösungsvorschlag auf eine Fallstudie einzugehen. Wenn alle Teilnehmner Angehörige desselben Unternehmens sind, kann die Aufgabe in Gruppen gelöst werden.
9. Jeder Teilnehmer erhält nach Abschluß des Lehrgangs eine Plakette, eine Anstecknadel und sonstige kleine Souvenirs als ständige Erinnerung an den Aufenthalt im Seminar.

Die Bemühung um diese organisatorischen Details sind wesentlicher Bestandteil der Ausbildung. Der Ausbilder kann die Lehrgangsvorbereitung als praktisches Beispiel dafür verwenden, daß der „Null-Fehler"-Maßstab realisierbar ist. Wenn etwas schiefgeht, können die Teilnehmer konkrete Beispiele für Korrekturmaßnahmen miterleben.

Ein paar wesentliche Prinzipien gehören zu den Grundpfeilern des Schulungsprogramms.

Zunächst muß klar sein, daß es nicht darum geht, dem Lehrgangsteilnehmer Gehorsam beizubringen, also ihm beispielsweise Anweisungen zu erteilen, wie man sich korrekt in einem Hotel anmeldet. Wir wollen den Teilnehmern nicht auf die Nerven gehen. Zweitens müssen alle Angehörigen des Schulungszentrums erkannt haben, wie wichtig der persönliche Beitrag jedes einzelnen zum guten Gelingen der Lehrgänge ist.

Drittens müssen eine Reihe klarer Anforderungen einschließlich unmißverständlicher Arbeitsplatzbeschreibungen formuliert und von allen bejaht werden und permanente Überprüfungen der Ergebnisse stattfinden. Es darf keine geheimnisvollen, unbekannten Größen geben.

Viertens: Alle Beteiligten außerhalb des Schulungszentrums müssen unsere Einstellung teilen. Restaurants, Hotels, Drucker — alle müssen ihre Aufgabe und ihren jeweiligen Stellenwert im Gesamtvorhaben genau kennen.

Sehen wir uns nach all diesen Feststellungen einige der konkreten Schritte an, die zum Gelingen des Ganzen beitragen:

1. Der Brief an die Teilnehmer sollte so abgefaßt sein, daß er keine verwirrenden Mitteilungen enthält. Er kann für jeden Lehrgang anders lauten und gegebenenfalls in einem Textverarbeitungsgerät gespeichert werden.

2. Wir haben bereits gesehen, daß die Auszubildenden keine klare Vorstellung vom Sinn ihrer Teilnahme haben, wenn er ihnen nicht von irgend jemand erläutert wird. Und diese Person muß zur eigenen Firma gehören. Die wichtigste Information ist die Bestätigung der Ernsthaftigkeit, mit der das Management hinter der Sache steht, sowie der Hinweis, daß die Leute zu den Lehrgängen geschickt werden, um zu lernen und nicht um auf Tricks zu verfallen, wie man Dinge nicht tut.

3. Die Lektionen müssen so aufgebaut sein, daß sie den Einstieg in einen Denkprozeß ermöglichen. Wir haben die Erfahrung gemacht, daß eine Stunde die richtige Zeit für eine Unterrichtseinheit ist; einige Sitzungen können sich gelegentlich auch über mehrere Einheiten hinziehen. Das Lernmaterial für jede Lektion muß vor Beginn in den Räumen ausliegen.

4. Der Unterricht muß pünktlich anfangen. Der Kursleiter beginnt, auch wenn noch nicht alle da sind. Sie werden rasch kapieren.

5. Fallgeschichten können als Diskussionsgrundlage dienen, aber die Teilnehmer müssen den Inhalt kennen. Wir haben alles mögliche versucht, um die Leute dazu zu bewegen, sie vorher zu lesen und sich damit zu beschäftigen. Statt dessen empfehlen wir lieber die Erstellung von Spielszenen und Filmen.

6. Hausaufgaben sollen lediglich zum nächsten Lehrgangstag überleiten und nicht die Teilnehmer nachts mit zusätzlichen Informationen vollstopfen. Wir wollen den Lernprozeß so unterstützen, daß sich klare Begriffe entwickeln.

7. Die Vorbereitung auf die Umsetzung des Gelernten in die Praxis besteht darin, daß die leitenden Mitarbeiter sich auf den Lehrgängen vor die anderen, die im selben Boot sitzen, hinstellen und ihnen erklären, „wie der Hase läuft". Ihre Darstellungen sollten mit den Referenten diskutiert werden.

Es sollte für jeden Kurs eine Übersicht geben, worin im einzelnen aufgeführt wird, welches Lehrmaterial wann ausgegeben wird, welche Artikel bereitgestellt werden und welcher Ausbilder wie lange und worüber spricht. Dies sind die Anforderungen an das Schulungspersonal, und jede Stelle muß so angelegt sein, daß sie auch erfüllt werden können.

Die Ausbilder sollten täglich vom Chef einen Erinnerungszettel bekommen: Gestalte deinen Unterricht interessant.

11

Durchführung

Konzepte sind von grundlegender Wichtigkeit, und sie begreifen zu lernen, ist ein Muß; dennoch geschieht nichts, solange nicht jemand aktiv etwas unternimmt. Im Falle der Qualitätsverbesserung bedeutet „etwas unternehmen", daß Maßnahmen getroffen werden, die einen Wandel der Unternehmenskultur und des Führungsstils herbeiführen.

Ziel dieses Wandels ist die *Loslösung* von der güte-, bewertungs- und indexorientierten Betriebsführung und die *Hinwendung* zu einer kostenbewußten Unternehmensphilosophie der Erfüllung von Anforderungen, der Fehlervorbeugung und der Fehlerlosigkeit.

Ungefähr einmal im Jahr schlägt ein Buch in der Wirtschaftswelt ein, das jedermann begeistert. Fast immer wird darin ein System der persönlichen oder unternehmerischen Leistungsverbesserung beschrieben, das plakativ die Vorteile des jeweiligen Managementstils erläutert. Und dennoch ändert sich in der Praxis herzlich wenig, obwohl viele Topmanager es lesen und obwohl sie aufrichtig wünschen, das Beschriebene in die Tat umzusetzen. Nicht etwa weil die Konzepte oder Techniken unbrauchbar oder unsinnig wären. Und auch nicht weil niemand die angestrebten Verbesserungen ernstlich will.

Daß sich so wenig ändert, liegt daran, daß die Umsetzung in die Praxis nicht methodisch als eines der vorrangigen Unternehmensziele angegangen wird. Die Spitzenmanager scheinen sich in der Hoffnung zu wiegen, daß alles sich zum Guten wendet, wenn sie jedem Mitglied des Managementteams ein Exemplar des Buches in die Hand drücken und wenn das Thema überhaupt zur Sprache gebracht wird. Ich habe noch selten Empfänge erlebt, auf denen mir nicht eine der Führungspersönlichkeiten mitgeteilt hätte, daß das betreffende Unternehmen 4.000 Exemplare von *Qualität bringt Gewinn* gekauft und unter die Leute gebracht hätte. Aber es passierte nichts.

Wenn ein Bankunternehmen beschließt, Filialen zu gründen, schickt es nicht irgend jemand los, die nächstbesten leerstehenden Grundstücke zu erwerben. Wenn eine Einzelhandelskette sich in Einkaufszentren etablieren will, sucht sie sich nicht gerade das dem Haus des Marketingvorstands am nächsten gelegene Objekt aus. Wenn das Informationssystem eines Unternehmens zu versagen droht, bestellt die Firmenleitung nicht einfach einen Rechner, der eine Nummer größer ist. Bei solchen Entscheidungen folgt man einem allgemeingültigen Konzept: das Ziel wird genau umrissen, ein eigens dafür zusammengestelltes Team entwirft den Ausführungsplan, und dann macht das Unternehmen planmäßig einen Schritt nach dem anderen zu diesem Ziel. Während des gesamten Prozesses werden Kontrollen und gegebenenfalls Kurskorrekturen vorgenommen. Alle Mitarbeiter, die Bescheid wissen müssen, werden so lange weitergebildet, bis sie die Materie beherrschen. Dann werden Mitarbeiter, die anfänglich nicht betroffen waren, inzwischen aber auch zu den Betroffenen gehören, eingewiesen. Ein Weiterbildungssystem wird eingerichtet, so daß sämtliche neuen Mitarbeiter, ungeachtet ihres Ranges, den gleichen Informationsstand erlangen wie alle anderen. So wird erreicht, daß jeder mitreden kann.

Die Verwirklichung von Qualitätsverbesserung ist ein Prozeß, der nie endet. Die dauerhafte Veränderung der Unternehmenskultur ist keine kurzfristige Angelegenheit. Nie geschieht etwas allein aufgrund der Tatsache, daß es das einzig Richtige ist, oder weil sich der Versuch lohnt.

Nicht jeder Mitarbeiter ist automatisch Feuer und Flamme für ein neues Kommunikationssystem. Nicht jede Führungskraft will einen Computerbildschirm auf dem Schreibtisch vor sich haben. Manche ziehen es noch immer vor, eine Briefmarke mit der Zunge anzufeuchten und sie eigenhändig auf einen Brief zu kleben, anstatt die Frankiermaschine zu benützen, oder sie bringen lieber den guten alten Henkelmann anstelle eines Lunchpakets in der Aktentasche mit ins Büro.

Wenn man menschliche Verhaltensweisen ändern will, ist es nicht damit getan, den Leuten ein paar neue Techniken beizubringen oder ihre gewohnten Verhaltensmuster durch neue zu ersetzen. Es geht darum, neue Wertmaßstäbe zu schaffen und neue Rollenvorbilder anzubieten. Das kann nur geschehen, wenn ein Wandel der inneren Einstellungen bewirkt wird.

Fernsehwerbespots, in denen Menschen verschiedener Rassen gezeigt werden, die zwanglos miteinander umgehen, haben mehr zur Abschaffung von Vorurteilen beigetragen als alle Gesetze und Moralpredigten zusammengenommen. Es ist außerordentlich wirkungsvoll, mit eigenen Augen zu sehen, wie Angehörige unterschiedlicher Rassen einander als gleichwertige Menschen mit vergleichbaren Problemen und Gefühlen behandeln. Filme und Fernsehsendungen, in denen Frauen in der Ausübung leitender Funktionen und als fachkundige Akademikerinnen auftreten, haben effektiver für die Emanzipation der Frau geworben als alle Reden und Artikel der Welt. Der Wirklichkeitsgehalt solcher Situationen leuchtet vielen Menschen erst ein, wenn sie sie mit eigenen Augen nachvollziehen können und das positive Echo der anderen miterleben.

Qualitätsverbesserung zum festen Bestandteil des Unternehmensalltags zu machen erfordert ein ganz ähnliches Vorgehen. All die schrecklichen Sünden, die Menschen am Arbeitsplatz begehen, die vielen Ärgernisse, die Fehler verursachen, geschehen meistens in der besten Absicht. Wir alle tun das, was unserer Meinung nach die Firmenleitung von uns erwartet. Wir tun das, wozu sie uns durch ihr Verhalten, durch das Schauspiel, das sie vor unseren Augen gibt, indirekt auffordert.

Die gegenwärtige Unternehmenskultur ist von Menschen geschaffen. Wir brauchen nicht einmal zu wissen, wie es dazu kam, und es ist müßig, sie zu verurteilen. Es ist gar nicht notwendig, den Unterschied zwischen dem, was ist, und dem, was wir gern hätten, herauszuarbeiten. Wir müssen lediglich die Zukunft beschreiben, wie wir sie uns wünschen und dann geradewegs auf dem Königsweg ans Ziel marschieren.

Das ist der Weg, den wir planen müssen — unsere Reiseroute. Sie hat 14 Etappen, die wir in einer bestimmten Reihenfolge erreichen müssen. Danach nehmen wir uns die 14 Etappen noch einmal vor und arbeiten weiter an unserem Ziel. Die Schritte dahin werden immer vertrauter und scheinen durch die Wiederholung immer leichter erreichbar, aber sie geben für immer die Grundbausteine ab.

Obwohl ich seit zwanzig Jahren mit diesen Bausteinen gearbeitet habe, lerne ich jeden Tag wieder dazu. Sie erscheinen gar nicht kompliziert, aber sie sind es doch. Manche erwecken den Eindruck, als seien sie nicht der Rede wert, aber das ist falsch. Wir wollen uns einmal ansehen, worum es im einzelnen geht. (Der Inhalt der Schritte ist in *Qualität bringt Gewinn* genau beschrieben. Hier will ich lediglich die Erfahrungen zur Sprache bringen, die wir gemacht haben, indem wir Dutzenden von Unternehmen dabei halfen, diese Schritte zu verwirklichen.)

Die 14 Schritte der Qualitätsverbesserung sind:

1. Engagement des Managements	8. Mitarbeiterschulung
2. Planungsgruppe Qualität	9. Tag der Verpflichtung
3. Qualitätsmessung	10. Zielsetzung
4. Qualitätskosten	11. Der kurze Weg
5. Qualitätsbewußtsein	12. Anerkennung
6. Korrekturmaßnahmen	13. Qualitätsbeiräte
7. Planung des Tags der Verpflichtung	14. Ständige Wiederholung

Wie finden Unternehmen den Weg zur Qualitätsverbesserung?

Was wir immer wieder erleben, ist das folgende Schema: Die Unternehmensleitung bittet einen Manager, er solle doch einmal ergründen, „was es mit dieser Qualitätsgeschichte auf sich hat". Zu dem Auftrag gehört es, sich umzusehen, wie es in anderen Unternehmen aussieht, zu überlegen, was getan werden sollte, und dann alles in die Wege zu leiten.

Es ist immer ein außerordentlich positiver, bemerkenswert vorurteilsfreier Schritt. Diese Aufgeschlossenheit ist ein neuer Trend, der sich seit 1980 bemerkbar macht. Vor dieser Zeit hatten die meisten Topmanager, die ich kennenlernte, vorgefaßte Meinungen über die Faktoren, die Qualität möglich oder unmöglich machen. Auch heute noch lassen sich Topleute gelegentlich in Vorträgen über technikorientierte Lösungen aus, ohne zu erkennen, daß sich in ihren Unternehmen mit Hilfe dieser Techniken so gut wie nichts geändert hat.

Wenn die Phase des Hineinriechens in die „Geschichte mit der Qualität" beendet ist, steht der Manager meistens vor einem Dilemma: Wie soll er der Katze die Schelle umhängen? Denn ausgerechnet seine Auftraggeber sind diejenigen, die sich als erste ändern müssen. Sie werden an Qualitätslehrgängen teilnehmen und dann öffentlich dazu stehen müssen, daß sie sich geändert haben.

Bei seinen Gesprächen mit Mitarbeitern von Unternehmen, in denen sich Qualitätssteigerungen bemerkbar machen, ist dem Qualitätsbeauftragten bewußt geworden,
daß die leitenden Manager eine Schlüsselfunktion sowohl bei der Schaffung als auch
bei der Lösung der Qualitätsprobleme ausüben. Es braucht ein bißchen mehr als einen
Satz, das zu erklären, aber es läßt sich erklären. Erst wenn die Führungsmannschaft
umgeschult wird und darangeht, die Unternehmenskultur zu ändern, besteht Hoffnung, daß ein derartiger Wandel Früchte trägt.

Oftmals stellt sich jedoch schon bald heraus, daß nicht jedermann der neuen Unternehmenspolitik der Führungsspitze Vertrauen schenkt. Ihre Glaubwürdigkeit steht
nicht sehr hoch im Kurs. Allzu oft schon hat die Belegschaft miterlebt, wie die Firmen-
chefs sich für irgendein neues Programm erwärmten und dann wieder absprangen,
während alle anderen sich fleißig dafür einsetzten. Zunächst hieß das Problem: „Wie
kann man bei der Unternehmensführung genug Interesse an Qualität wecken, damit
sie etwas unternimmt?" Nun steht man vor dem Problem: „Wie sollen wir den Leuten
glaubhaft machen, daß wir tatsächlich etwas unternehmen und bei der Stange bleiben
wollen?"

Die Unternehmenskultur wird sich nur verändern, wenn sämtliche Mitarbeiter einen
gemeinsamen Qualitätsbegriff entwickelt haben und jeder seinen persönlichen Beitrag
zur Verwirklichung der Qualitätsverbesserung erkannt hat. Sobald die Schulung sich
auswirkt, werden die Mitarbeiter erwarten, daß das Management sich für Qualität als
Priorität unter Prioritäten entscheidet. Von da an erwarten sie von der Unternehmensführung, daß sie auf der Erfüllung der Anforderungen besteht, und sie rechnen damit,
daß sie sich daran gewöhnen werden.

Hier fängt der Königsweg zum Erfolg an. Lassen Sie mich kurz auf die 14 Schritte
eingehen, denn wir wissen heute, nachdem wir einige Jahre lang Erfahrungen damit
gesammelt haben, viel mehr darüber.

1. Schritt: Engagement des Managements

Wenn Führungskräfte eines Unternehmens zum ersten Mal in unser Schulungszen-
trum kommen, stellen sie stereotyp die gleiche Frage: „Engagiert sich unsere Unternehmensleitung wirklich verbindlich für diesen Prozeß?"

Wir erinnern sie daran, daß die fraglichen Personen bereits an Lehrgängen bei uns
teilgenommen haben und zeigen ihnen Fotos der Teilnehmergruppen. Wenn diese Antwort sie noch nicht befriedigt, ist es angebracht nachzufragen, was das Topmanagement tun müßte, um die Ernsthaftigkeit seiner Absichten zu beweisen. So wird die
Managementverantwortung ins richtige Verhältnis gerückt. Offenkundig ist ein gewis-
ses Maß an Vertrauen in die Unternehmensführung erforderlich, ebenso einige Maßnahmen, die dieses Vertrauen bestärken. Die Art und Weise, wie sich die Spitzenmanager verhalten, wenn etwas nicht hundertprozentig den Anforderungen entspricht, ist
ausschlaggebend dafür, ob dieses Vertrauen wächst oder nicht.

Dazu sind einige Schritte notwendig. Als erstes muß eine neue Unternehmenspolitik,
basierend auf neuen Qualitätsmaßstäben, formuliert werden. Aus diesen Richtlinien

sollte hervorgehen, daß das Engagement echt und plausibel ist. Es dürfen keine Wischiwaschi-Begriffe darin vorkommen.

Zweitens sollte Qualität zum ersten Punkt — vor den Finanzen — auf der Tagesordnung der routinemäßigen Geschäftssitzungen der Unternehmensleitung erhoben werden und im einzelnen durchgesprochen werden.

Drittens müssen sich der Hauptgeschäftsführer und der Hauptbetriebsleiter im Geist klare Qualitätsargumente zurechtlegen und sie bei ihren Rundgängen durch den Betrieb jedem Mitarbeiter vermitteln, der ihnen über den Weg läuft.

Im folgenden wollen wir uns die Punkte im einzelnen ansehen.

Die Qualitätspolitik des Unternehmens

Die Qualitätspolitik zu formulieren ist der erste Schritt; jeden Mitarbeiter von ihrer Existenz und Glaubwürdigkeit zu informieren ist der zweite Schritt. Als Formulierung empfehlen wir: „Wir werden unseren Kunden termingerecht einwandfreie Erzeugnisse und Dienstleistungen liefern."

Aber jedes Unternehmen hat seinen eigenen Kommunikationsstil. Um das zu demonstrieren, haben wir die Qualitätsrichtlinien zahlreicher Unternehmen eingerahmt und überall im Hause ausgehängt. Einige davon gebe ich im folgenden im Wortlaut wieder, um zu zeigen, auf wie vielerlei Weisen sich ein Gedanke ausdrücken läßt. Die einzige allgemeingültige Regel ist, daß die Unternehmensstrategie vollkommen unmißverständlich abgefaßt sein muß.

3M Commercial Tape Division

Die 3M Commercial Tape Division verpflichtet sich im Interesse der einzelnen Unternehmensbereiche und der Kunden zu einer Politik der Erfüllung der Anforderungen. Andernfalls werden die Anforderungen entsprechend den tatsächlichen Bedürfnissen unserer Unternehmensgruppen und unserer Kunden geändert.

Die Durchführung dieser Ziele macht es erforderlich, daß jeder Mitarbeiter sich zur genauen Einhaltung der Leistungsanforderungen verpflichtet.

Grundstein unserer Betriebsphilosophie ist die Konzentration auf Vorbeugung, um Qualität und die Verpflichtung, alle Arbeiten von vornherein richtig zu machen, zu einer Lebensgewohnheit zu machen.

IBM
Research Triangle Park, Raleigh

Wir werden unseren Kunden stets termingerecht fehlerfreie, wettbewerbsfähige Produkte und Dienstleistungen liefern.

ARMCO, INC.
Midwestern Steel Division

Oberstes Unternehmensziel der Midwestern Steel Division von Armco ist es, Produkte anzubieten, die den Anforderungen unserer Kunden entsprechen, und diese pünktlich und zu wettbewerbsüblichem Preis zu liefern. Unser Name soll für unsere Lieferanten, für uns selbst wie für unsere Kunden gleichbedeutend sein mit Qualität.

Burroughs

Wir werden in allen Unternehmungen stets um ausgezeichnete Leistung bemüht sein. Unser oberstes Ziel soll es sein, die Ansprüche der Kunden restlos zufriedenzustellen und pünktlich einwandfreie Erzeugnisse und einen Spitzenservice zu liefern.

Bechtel
Ann Arbor Power Division

Um den Qualitätsstandard zu verbessern, werden wir klar abgefaßte Arbeitsanforderungen aufstellen, die jeden Mitarbeiter dazu verpflichten, seine Aufgaben von Anfang an richtig zu machen, das heißt, diese Anforderungen zu erfüllen, oder andernfalls die offizielle Änderung der Anforderungen zu veranlassen.

Milliken

Milliken and Company macht es sich zur Aufgabe, Produkte und Dienstleistungen jeweils in der Qualität anzubieten, die den Ansprüchen und dem Gedeihen der Unternehmenskunden voll genügen. Von sämtlichen Betriebsbereichen (Forschung und Entwicklung, Marketing, Fertigung, Verwaltung, Service) wird erwartet, daß sie ihre jeweiligen Funktionen genau entsprechend unseren sorgfältig ausgearbeiteten Richtlinien erfüllen.

Philip Crosby Associates

Wir werden für unsere Kunden und Geschäftspartner einwandfreie Arbeit leisten. Wir werden uns ganz mit den Anforderungen unserer Arbeit und unserer Auftraggeber identifizieren. Wir werden diese Anforderungen jederzeit erfüllen.

Solbald die Unternehmensgrundsätze allen Mitarbeitern klargemacht worden sind, muß bei sämtlichen wichtigen Versammlungen eine praktisch verwertbare Qualitätsbilanz vorgelegt werden. Qualität muß stets als Punkt auf der von der Direktion eingereichten Tagesordnung erscheinen, damit sie immer gleichbleibend ernst genommen wird. Es muß regelmäßig Bestandsaufnahme erfolgen über:

— den Qualitätsverbesserungsprozeß:
  — Wie viele Mitarbeiter wurden geschult?
  — Werden die Expertengruppen ihrer Aufgabe gerecht?
  — Von welchem Erfolgserlebnissen gibt es zu berichten?
  — Wo sind Probleme, die ein Eingreifen erforderlich machen?
— Qualitätskosten:
  — Wird in sämtlichen Betrieben das gleiche Meßverfahren angewendet?
  — Welche Entwicklungstendenzen zeichnen sich ab?
  — Wo liegen die größten Verbesserungschancen?
  — Welche Probleme machen Maßnahmen erforderlich?
— Erfüllung der Anforderungen:
  — Entsprechen wir den Anforderungen?
  — Welche Schritte sind erforderlich, um die Notwendigkeit ihrer Erfüllung zu unterstreichen?

Um unablässig den gleichbleibenden Stellenwert des Qualitätsverbesserungsprozesses zu unterstreichen, muß der Hauptgeschäftsführer sich angewöhnen, regelmäßige
Ansprachen zu halten. Eine mögliche Fassung wäre die folgende:

Ansprache des Firmenchefs

Mir ist bewußt, daß Qualität heutzutage ein sehr aktuelles Thema ist. Es beschäftigt
unsere Kunden, es beschäftigt die Öffentlichkeit, und es geht uns als Unternehmen
und als Individuen an.

Wir haben im Zusammenhang mit Qualität intensive Untersuchungen angestellt
und dabei eine Menge Erfahrungen gemacht. Eines ist dabei vor allem klar geworden:
es gibt keine einfachen, schmerzlosen Behandlungsmethoden, um das Qualitätsproblem in den Griff zu bekommen. Was erforderlich ist, sind entschlossene Zielsetzung,
differenzierte Ausbildung und schließlich ein klar verständliches Durchführungsver-
fahren.

Unsere Untersuchungen zeigen, daß ein Unternehmen rasch Verbesserungerfolge
erzielt, wenn es Qualität ernst nimmt. Sie zeigen ebenso, daß es einige Jahre dauert,
bis alles fester Bestandteil des Betriebsalltags wird, wenn es das je tut.

Außerdem haben wir gelernt, daß Qualität bei der Unternehmensführung beginnt.
Daher nimmt jedes Mitglied der Geschäftsleitung an Speziallehrgängen teil, die uns
dabei helfen, eine gemeinsame Qualitätssprache zu entwickeln und die Rolle jedes einzelnen zu erkennen. Jeder Betriebsangehörige wird an Kursen über das Thema teilnehmen.

Wir werden unseren Kunden einwandfreie Produkte und Dienstleistungen liefern.
Schließlich haben wir ihnen das in der Werbung und bei den Verkaufsverhandlungen
auch zugesagt. Dies ist unsere allerwichtigste Aufgabe.

Das Unternehmen, das die Qualität liefert, die zu liefern es verspricht, wird bran-
chenführend sein.

Wir verfügen über die Mitarbeiter, die Ausrüstung und das Wissen und Können,
um all das in die Tat umzusetzen. Wir sind der Qualität für alle Zeit verpflichtet.

Die leitenden Manager werden solche Gedanken bis ans Ende ihrer Tage verbreiten
müssen. Sie werden sich auch mit der wiederkehrenden Frage „Ist das gut genug?"
beschäftigen müssen. Jeder braucht ständig die Bestätigung, daß niemand seine Meinung geändert hat. Und vertrauensbildende Maßnahmen sind tagtäglich notwendig,
bis die Vertrauensbasis stark genug ist.

Etwa sechs Monate, nachdem wir 1962 bei uns das Null-Fehler-Konzept eingeführt
hatten, kam ein Spitzenmanager mit einem defekten Bauteil zu mir. Es war elektronisch in Ordnung, aber das Gehäuse wies eine Kerbe auf.

„Ich war in der Konstruktionsabteilung deswegen, aber sie behaupten, daß diese
Kerbe weder Form, noch Sitz oder Funktion beeinträchtigt. Die Vertriebsleute behaupten, den Kunden würde es nichts ausmachen, weil sie die Einheit sowieso einbauen.
Wir können die Kerbe nicht nachträglich entfernen, und neue Gehäuse herzustellen
würde uns 70.000 Mark kosten. Wir stellen nur 23 Stück von diesen Einheiten her, und
sie sind alle bereits gefertigt."

„Warum kommen Sie also zu mir?" fragte ich.

„Segnen Sie sie ab, damit wir sie verwenden können. Ihre Leute rühren so etwas
nicht an bei dem ganzen Null-Fehler-Theater."

„Gar kein Problem", sagte ich. „Besorgen Sie sich einfach eine Änderungsbescheinigung, und sagen Sie uns, wo Sie die Kerbe haben wollen. Dann sehen wir zu, daß alle Teile mit dieser Kerbe vom Band kommen."

Von der obersten Hierarchieebene bis zur untersten müssen sich alle an die klare Richtlinie halten: „Wir werden die Anforderungen sehr ernst nehmen. Wenn wir etwas nicht brauchen, dann ändern wir die Anforderungen offiziell. Aber es soll niemand kommen und von mir verlangen, daß ich Abweichungen billige. Wir müssen unsere Zeit darauf verwenden zu lernen, wie man seine Arbeit richtig macht."

Sobald der Chef die erste kleine Ausnahme macht, wird sich das wie ein Lauffeuer im ganzen Unternehmen herumsprechen. Aber es funktioniert auch genau andersherum: alle werden sofort spitzbekommen, daß die Entscheidung, genau das zu tun, was wir nach bestem Wissen tun müssen, nicht beim ersten dringenden Anlaß umgestoßen wurde.

Die Ernsthaftigkeit des Engagements der leitenden Angestellten wird solange immer wieder auf die Probe gestellt, bis sie wie eine zweite Haut ist.

12
Team-Aktionsbereich

2. Schritt: Planungsgruppe Qualität

Die Planungsgruppe Qualität braucht eine klare Zielvorgabe und Führung. Sonst beschäftigen sich ihre Mitglieder so viel mit Strategien und der Zusammensetzung des Teams, daß sie ihren eigentlichen Daseinszweck vergessen. Aus diesem Grund bedarf es einiger fester Regeln für den Tätigkeitsrahmen der Planungsgruppe und für die Wahl ihrer Mitglieder. Dieses Gremium ist einer der wesentlichen Bestandteile des Verbesserungsprozesses.

Aufgabe einer solchen Planungsgruppe ist es, den Verbesserungsprozeß zu steuern und zu fördern. Sie ist nicht dazu da, jeden Schritt im vorhinein abzuklären, noch ist es ihre Aufgabe, als allwissendes Orakel aufzutreten, geschweige denn irgend jemand irgendwelche Informationen vorzuenthalten. Sie dient der Koordination und Unterstützung des Prozesses.

Die Gruppe sollte sich aus Persönlichkeiten zusammensetzen, die imstande sind, den Weg für alle diejenigen zu ebnen, die Qualitätsfortschritte machen wollen. Sie sollte das Unternehmen nach außen repräsentieren, das Schulungsprogramm planen und die unternehmensweiten Veranstaltungen im Zusammenhang mit Qualitätsfragen konzipieren. In der Planungsgruppe sollten auch sämtliche Funktonsbereiche des Unternehmens vertreten sein. Ihre Mitglieder müssen in der Lage sein, diese Bereiche zu verbindlichen Zusagen zu verpflichten, ohne dort jedesmal persönlich Rücksprache halten zu müssen.

Den Vorsitz sollte eine Person innehaben, die mühelos Zugang zu den Vorstandsetagen hat. Sie muß das Gesamtkonzept bejahen und vertreten und eine starke Hand besitzen, um gegebenenfalls Änderungen durchzusetzen.

Für die Abwicklung ist außerdem ein Programmleiter erforderlich, der nur für diese Aufgabe abgestellt ist. Er leitet das Projekt, indem er Dinge in die Praxis umsetzt und immer darauf achtet, daß der Vorsitzende und das Team an einem Strang ziehen.

Die Managementspitze, der Programmleiter und der Vorsitzende der Planungsgruppe Qualität entwerfen die Rahmenstrategie, in der Regel mit Hilfe eines Beraters.
Diese Strategie wird mit der Gruppe abgestimmt und gegebenenfalls entsprechend den
praktischen Bedürfnissen der Mitglieder abgeändert.

Die Mitglieder der Gruppe müssen alle gleichviel Sachkenntnis über den Qualitätsverbesserungsprozeß mitbringen, sonst wird nie etwas daraus. Wer das Konzept nicht
versteht, wird das ganze Projekt in die Sackgasse eines Motivationsprogramms führen.
Dort entsteht dann der Bedarf nach Einrichtungen wie Qualitätsarbeitskreisen.

Die Planungsgruppe Qualität muß begriffen haben, daß es zunächst um eine Veränderung der Einstellungen und Gewohnheiten der Führenden geht, nicht der Ausfüh-
renden. Die kommen später dran.

Aufgabe der Planungsgruppen

Planungsgruppen für Qualitätsverbesserung werden gewöhnlich aus dem Gedanken
heraus ins Leben gerufen, daß es ihre Aufgabe sei, „die Zustände hier zu verbessern".
Der Gedanke ist gar nicht so wirklichkeitsfern.

Dennoch ist die Art und Weise, wie diese Organe Verbesserungen bewirken, unter
Umständen gar nicht so augenfällig. Es geschieht nämlich nicht nur durch methodische
Einführung von Verfahren und Maßnahmen. Einiges davon wird geschehen und muß
geschehen, beispielsweise die Konzeption der Ausbildungsschritte der gesamten Belegschaft. Das ist außerordentlich wichtig.

Dennoch kommt der fruchtbarste Lernansatz aus den Erfahrungen, die die Mitglieder der Planungsgruppen persönlich machen. Nachdem sie eine Zeitlang in vorderster
Reihe um Qualitätsverbesserung gekämpft haben, fangen sie an zu begreifen, worum
es geht. Sie erkennen, daß es ein sehr tiefgehendes und heikles Thema ist. Und sie
bekommen Freude an dem Kampf — und an den Erfolgen.

Je mehr (nicht konkurrierende) Planungsgruppen auf Managementebene geschaffen
werden, desto mehr Personen verfügen letzten Endes über das notwendige Problembewußtsein, um das Unternehmen zu entstören. Das beste Training ist die Praxis.

Denken Sie an Schulsportfeste. Geht es dabei nur um die Ehrenurkunden? Mißt sich
der Erfolg nur am Punktergebnis oder an der Anzahl einwandfreier Weitsprünge ohne
Schrittfehler? Sinn von Schul- und Freizeitsport für die Jugend ist es doch, daß der einzelne lernt, mit anderen auszukommen, und gleichzeitig sich selber besser kennenzulernen. Der eigentliche Sinn ist Lebenserfahrung. Wer von Qualitätsbeauftragten erwartet,
daß sie lediglich als korrigierende Instanzen fungieren, hat die gleich enge Sicht von
Managementaufgaben wie Leute, die im Schulsport nur die Siegestrophäen zählen.

Jeder, der eine Zeit seines Lebens in einem Stab von Qualitätssachverständigen gearbeitet hat, wird an Wert für das Unternehmen gewinnen — und an Selbstwertgefühl.

3. Schritt: Qualitätsmessung

Viele Qualitätssachverständigen und sogar auch viele Unternehmen sind gegenüber
Qualitätsmessungen außerordentlich skeptisch. In ihren Augen sind sie der letzte

Krampf. Aber der Ärger kommt daher, daß sie keine klaren Maßstäbe haben. Wenn niemand ermessen kann, wie gut man etwas macht, ist man frustriert.

Messen ist ein völlig normaler Vorgang: unser Leben lang sind wir von Meßsystemen umgeben. Wir haben Uhren, Kalender, Geschwindigkeitsmesser, Altersgruppen, Größen- und Gewichtsmaße, Blutdruckwerte usw. Es ist sehr schwierig, sich über irgend etwas zu unterhalten, wofür es nicht wenigstens ein paar Maße als Anhaltspunkt gibt. Ohne diese wären wir nicht in der Lage, uns in eindeutigen Begriffen zu verständigen.

Maßnehmen ist einfach die Angewohnheit, alle Lebensvorgängezu überprüfen. In einem Unternehmen gab es einmal Schwierigkeiten mit den leitenden Angestellten, weil diese behaupteten, es existierten keine Bemessungskriterien für ihre Arbeit. Daraufhin gab die Planungsgruppe Qualität jedem Manager eine Meßtabelle von üblichem Format und Farbe, dazu einen Markierstift, und forderte jeden auf, nur einen Arbeitsvorgang einzutragen, der sich messen ließ, und die Tabelle dann an seine Bürotür zu hängen. Mehrere Stunden lang geschah nichts, dann hängte einer der Manager seine Tabelle heraus, auf der stand: „Pünktlich zu Versammlungen erscheinen." Bald erschien eine andere mit der Aufschrift: „Liegengebliebene Post am Ende des Tages." Noch ein anderer schrieb auf die Karte: „Arbeitszeit, die meine Sekretärin darauf verwendet, mich vergeblich zu suchen." Rasch hatte jeder einen Meßwert gefunden.

Die für Qualität zuständigen Planungsgruppen mühen sich oft mit diesem Thema ab, bis ihnen schließlich aufgeht, daß es nicht ihre Aufgabe ist, diese Meßwerte zu bestimmen. Jede Arbeit ist ein definierbarer Vorgang; jeder kann seine Arbeitseingänge beschreiben, ob er Kassierer einer Bank oder Zementlieferant oder Computerprogrammierer ist. Man erhält Inputs von anderen Leuten, aus anderen Arbeitsbereichen, von anderen Zulieferern. Dann wendet man das eigene Arbeitsverfahren darauf an und verändert damit diesen Input in irgendeiner Weise, und dabei entsteht das Arbeitsprodukt. Also haben wir Input, Arbeitsvorgang und Output.

Jede dieser Phasen ist meßbar, und jede Arbeit läßt sich nach diesem einfachen Schema messen. Wir haben festgestellt, daß Mitarbeiter jeder Unternehmensebene, wenn sie das erst einmal verstanden haben, sehr rasch imstande sind, Meßwerte für sich zu erstellen und anderen dabei zu helfen.

Sollten alle Ihre Versuche scheitern, dann gehen Sie zu den Kollegen, die Ihr Arbeitsprodukt erhalten, und fragen Sie diese nach Ihrer Leistung. Die Antwort ist ein Meßwert.

Viele Manager zerbrechen sich den Kopf über die Anwendung des Qualitätsverbesserungsprozesses auf die Entwicklungsressorts. Sie denken dabei an das, was sie als die möglichen Störungen des „kreativen Vorgangs" ansehen. Das ist eine legitime Sorge, da schöpferische Arbeit von vielen als etwas nicht Meßbares angesehen wird. Sie befürchten auch, daß Anforderungen oftmals ungenau definiert und nicht ganz durchdacht sind. Das steht im Widerspruch zum ersten Gebot des Qualitätsmanagements. Was hier verkannt wird, ist die Tatsache, daß sich das Ressort Forschung und Entwicklung in Wirklichkeit gar nicht so sehr von anderen Funktionen unterscheidet. Geistige, schöpferische Arbeit wird überall geleistet; nur ist sie in anderen Bereichen eben standardisiert. Auch Arbeitsplatzanforderungen oder Vorschriften, die nicht vollständig oder definitiv genug sind, gibt es überall.

Alle meinen, für die Arbeit der anderen gäbe es klare Anforderungen, und nur sie tappten im Dunkeln. Das ist bekanntlich eine irrige Ansicht. Der schöpferisch Tätige muß die Produkte seiner Tätigkeit an andere weiterleiten. Dazu sind Prozesse, Verfahren und Bewertungen erforderlich. Nehmen Sie zum Beispiel die Veröffentlichung eines Buches. Wenn Autoren wünschen, daß die Leser ihre Gedanken lesen, verstehen und sogar etwas damit anfangen können, sind sie gezwungen, sich an bestimmte Gesetze und Regeln zu halten: Sie müssen in einer Sprache schreiben, die der Leser versteht; sie müssen korrekte Satzstrukturen anwenden; sie müssen sich in Begriffen ausdrücken, die dem Verständnishorizont des Lesers entsprechen; und sie müssen das Ganze so anlegen, daß ein logischer Zusammenhang entsteht. Das Buch selbst muß in einem handlichen und verkäuflichen Format hergestellt werden. Meist wird ein Stichwortregister gebraucht, das am Ende des Buches erscheint. Vorn findet man das Inhaltsverzeichnis. Alle diese Anforderungen müssen erfüllt werden, wenn der Gedanke die Chance haben soll, wahrgenommen zu werden.

Der Prozeß hat nichts mit der Güte des Gedankens zu tun. Es kostet ebensoviel Mühe, einen schlechten Gedanken publik zu machen, wie einen guten.

4. Schritt: Qualitätskosten

Der Begriff der Qualitätskosten ist im Kapitel über das vierte Gebot des Qualitätsmanagements bereits in aller Ausführlichkeit besprochen worden. Aber wir haben bei der Arbeit mit Qualitätssachverständigenteams gelernt, daß es Widerstände gegen die Berechnung dieser Kosten gibt. Das Qualitätsressort wollte sie regelmäßig niedrig halten, und die nicht produzierenden Ressorts verlangten, daß sie nicht die Herstellungkosten überstiegen.

Das brachte uns auf den Gedanken, den Finanzvorstand und verschiedene zuständige Leute aus anderen Bereichen in einem Spezialkurs zusammenzubringen und ihnen dabei behilflich zu sein, ein Verfahren zu entwerfen, das auf ihr Buchhaltungssystem abgestimmt war. Dadurch wird es möglich, die Zahlen objektiv zu kalkulieren. Nachdem wir diese vorläufigen Berechnungsgrundlagen anderen Geschäftsbereichen geschickt hatten, kristallisierte sich allmählich ein Standardschema heraus, nach welchem jedermann Qualitätskosten kalkulieren konnte, die sich dann wiederum vom Finanzvorstand auf Unternehmensebene zusammenfassen und auf einen Nenner bringen ließen.

Für viele Unternehmenschefs ist die Ermittlung der Qualitätskosten ein gefundenes Fressen, weil sie darin eine zusätzliche Möglichkeit erblicken, die Arbeitsleistung ihrer führenden Manager zu bewerten. In solchen Unternehmen hieß es dann immer wieder: „Ich wünsche, daß die Qualitätskosten in diesem Betrieb innerhalb der nächsten zwei Monate um zehn Prozent gesenkt werden." Dann stellte der Firmenchef fest, daß das ohne weiteres machbar war — es galt lediglich, sämtliche Qualitätsinstanzen in den einzelnen Abteilungen abzuschaffen. Natürlich wirkt sich das leistungsmindernd aus und verursacht viel mehr Probleme, als es Geld spart. Also mußten wir lernen, Geschäftsführern und Vorstandsmitgliedern zu erklären, daß Qualitätskosten eine langfristige Anlage sind. Eines Tages werden sie sie in der Tat als Maßstab für Managementleistung verwenden können, aber in der Anfangsphase müssen Qualitätskosten als positiver und nicht als bedrohlicher Faktor angesehen werden.

Sobald die Qualitätskosten eines Unternehmens bekannt und Bestandteil der normalen Unternehmensführung geworden sind, erweisen sie sich als sehr nützliches Stimulans für den Qualitätsverbesserungsprozeß selbst. Auf nichts reagiert das Management so hellhörig wie auf Geld.

Die Qualitätskosten müssen formal und objektiv unternehmensweit zusammengefaßt werden. Auf diese Weise können sie Tendenzen deutlich machen, weil sie immer wieder dieselben Dinge messen.

5. Schritt: Qualitätsbewußtsein

Das interne Kommunikationssystem in Unternehmen und Verbänden ist nach wie vor eine heikle Angelegenheit. Es gibt so viele Dinge, die mitgeteilt werden müssen, und so viele Dinge, die die Mitarbeiter wissen wollen. Es gibt kaum eine Gewähr dafür, daß die Dinge, die man mitteilen muß, auch wirklich verstanden werden. Viele Unternehmen versuchen, die Bedeutung von Qualität zu erklären und Qualitätsbewußtsein zu wecken, indem sie Sonderveröffentlichungen herausgeben und außerplanmäßige Informationssysteme schaffen. Das ist durchaus nützlich. Jedoch scheinen die wirkungsvollsten Systeme zur Anregung von Qualitätsbewußtsein diejenigen zu sein, die sich bereits eingefahrener innerbetrieblicher Informationskanäle bedienen. Anstatt in einer Qualitäts-Extrapost angesprochen zu werden, wird Qualitätsbewußtsein zur ständigen Rubrik in den regelmäßig erscheinenden Betriebsmitteilungen. Wenn eine Firma noch nicht über ein unternehemensweites Kommunkationssystem verfügt, dann sollte sie eines schaffen; jedes Unternehmen braucht interne Verständigungswege.

Der Qualitätsbegriff muß publik gemacht werden. Die Belegschaft muß beständig daran erinnert werden. Poster sind keineswegs zu naiv oder marktschreierisch oder unseriös. Als eines der effektivsten Mittel, die Aufmerksamkeit der Mitarbeiter wachzuhalten, haben sich Fußmatten mit Qualitätsslogans erwiesen. Die Milliken Company entwirft und produziert Fußmatten, auf denen es zum Beispiel heißt: „Mach alles von Anfang an richtig." Wenn man diese überall auslegt, wirken sie als eine Art Gedächtnisstütze. Untersuchungen zeigen, daß aus irgendeinem Grund solche Fußmatten stärker wirken als Plakate.

Das Qualitätsbewußtsein muß der Unternehmenskultur angepaßt werden. Beides muß aus einem Guß sein. Aber gleichzeitig sollten alle Appelle auch immer eine gewisse Dringlichkeit enthalten und jeden Mitarbeiter persönlich ansprechen. Und die Angesprochenen müssen das Engagement der Unternehmensführung spüren, sie müssen mit der Unternehmenspolitik vertraut sein, ebenso wie sie wissen müssen, was es kostet, wenn man die Dinge falsch macht.

Die Förderung von Qualitätsbewußtsein erschöpft sich nicht in der Verteilung von Broschüren und ähnlichen Werbeaktionen. Es geht um die Vermittlung von Information. Ein Managementteam aus meinem Klientenkreis hatte beispielsweise Schwierigkeiten mit Fehlern bei der Computerprogrammierung. Die Mitglieder des Teams waren der Meinung, daß diese den Zentralrechner zu stark belasteten, weil er dadurch in erster Linie zur Störungsbeseitigung gebraucht wurde, und sie rechneten mit einem sechsstelligen Kostenaufwand, nur weil die Software den Bedarfsbeschreibungen nicht genau genug entsprach und so permanent zu Störungen führte. Anstatt den Mitarbeitern nur diese Fakten mitzuteilen, liehen sie zehn nagelneue Cadillacs aus, die etwa dem Wert der Mehrkosten entsprachen, und reihten sie vor dem Hauptgebäude auf. Dann forderten sie die gesamte Belegschaft auf, herauszukommen und sich anzusehen, „was uns Fehlerbeseitigung kostet". Alle waren tief beeindruckt.

Qualitätsbewußtsein erstreckt sich auf sämtliche Management-Tätigkeiten. Die Art, wie Führungskräfte über Qualität sprechen, ist wichtig. Wenn sich Qualität als Synonym für Erfüllung von Anforderungen im Firmenvokabular eingebürgert hat, dann fängt sie an, Wirkung zu erzielen.

6. Schritt: Korrekturmaßnahmen

Viele Unternehmensleiter verstehen nicht, warum sie trotz aller systematischen Korrekturmaßnahmen noch immer eine Menge Probleme haben, die nicht innerhalb eines vertretbaren Zeitraumes behoben werden. Wenn ich einen Vortrag halte, stelle ich meinen Zuhörern immer gern die Frage: „Wie viele von Ihnen haben ein Problem, mit dem Sie sich schon seit zwei Jahren erfolglos herumschlagen?" Daraufhin gehen immer etliche Hände in die Höhe. Das bedeutet immer, daß das jeweilige Problem bis dahin noch nicht einwandfrei diagnostiziert und den richtigen Leuten zur Behandlung anvertraut wurde.

Oft wird in der falschen Richtung nach einer Lösung gesucht. Fußballmannschaften sind eine unerschöpfliche Quelle für Anschauungsbeispiele. Nehmen wir an, eine fiktive glücklose Mannschaft geht bei Verbesserungsmaßnahmen von einer irrigen Kausalitätsanalyse aus.

Der Trainer analysierte die Situation, nachdem die Mannschaft die ersten drei Spiele der Saison verloren hatte. Die Wurzel des Problems sah er darin, daß die gegnerische Elf im letzten Spiel einen Elfmeter gehalten hatte, während die eigene Mannschaft gleich zwei Elfmetertore kassieren mußte. Hätten seine Spieler beide Bälle gehalten und den eigenen Elfmeter ins gegnerische Tor gebracht, wäre das Spiel mit drei Punkten Vorsprung zu ihren Gunsten ausgegangen.

Der Trainer verordnete der Mannschaft ein Intensivtraining, das ausschließlich dem Schießen und Abwehren von Elfmetern gewidmet war. Die Spieler trainierten eine Woche lang, setzten sich bestimmte Leistungsziele und veranstalteten etliche Vereinsabende, um die Kampfmoral anzuspornen. Im übernächsten Spiel wehrten sie erfolgreich zwei Elfmeter ab und gewannen. Sie feierten den Sieg überschwenglich, das gesteckte Trainingsziel war erreicht. Aber dafür haperte es in der Folgezeit beim

Zusammenspiel, es fehlte an gezielten Pässen, und wenn sie kamen, wurden sie nicht in Torchancen verwandelt. Mannschaft und Trainer hatten vergessen, daß zum Fußball mehr gehört als Elfmeterschießen.

Merkwürdigerweise kranken Korrekturmaßnahmen am meisten an einer Fehlinterpretation des Begriffs. Wir erleben immer wieder, daß Korrektursysteme eingerichtet werden, deren einziger Zweck es ist, Mißstände zu beheben — schlecht funktionierende Computerprogramme werden neu programmiert und ersetzt, Kreditkartenpannen repariert, zu kleine Bohrungen nachgebohrt. Das alles wird mit viel Arbeitsaufwand betrieben. Wir erleben auch, daß Nachbesserungsarbeiten an gelieferter Ware lediglich als Wartung, als Instandsetzung betrachtet werden und daß kaum Interesse an Rückmeldungen oder einem sonstigen Echo besteht.

Der eigentliche Sinn von Korrekturmaßnahmen ist es, Probleme zu erkennen und für immer aus der Welt zu schaffen. Das geschieht in mehreren Phasen. Wenn Sie zum Beispiel in Ihrem Garten plötzlich einem Grizzlybär gegenüberstehen, besteht die erste Sofortmaßnahme darin, daß Sie sich so rasch wie möglich von dem Bär entfernen und dabei tunlichst vermeiden, etwas zu tun, was das Tier reizen könnte. Das entspricht dem Instandsetzen oder Ersetzen fehlerhafter Ware oder Leistungen, worin sich für die meisten Leute Korrekturmaßnahmen erschöpfen. Daß der Bär sich aus dem Wald in Ihren Garten aufmacht, ist ein Verstoß wider die Norm. Eine Diskussion zu diesem Zeitpunkt wäre allerdings wenig erfolgversprechend.

In Wirklichkeit geht es hier jedoch um die Frage: Was hat der Grizzlybär in Ihrem Garten zu suchen? Um diese Frage zu beantworten, müssen wir die Ursache für das Verhalten des Bären ergründen und entscheiden, was zu tun ist, um eine Wiederholung zu verhindern. Vielleicht sind die übrigen Nahrungsquellen des Bären durch irgend etwas gefährdet. Vielleicht wurde der Bär gewaltsam hergetrieben. Eine Analyse der Umstände muß aufzeigen, was für Schritte notwendig sind, um den Bär in die Schranken seines Territoriums zurückzuverweisen.

Die angemessene Antwort wäre nicht, ein bewaffnetes Camp einzurichten, um sich vor dem Bären zu schützen. Auf Unternehmensebene entspräche das Situationen, in denen Teile eines Unternehmens den Freischein zur Jagd auf irgendwen oder irgend etwas bekommen. Alles, was dabei herauskommt, sind ein zerwühlter Garten und etliche tote Bären.

Sinnvolle Korrekturmaßnahmen müssen sich auf Fakten stützen, die die Probleme klar umreißen, und auf Analysen, die die Ursachen klären. Sobald die Wurzel eines Problems gefunden ist, kann sie entfernt werden. Darum geht es bei Korrekturmaßnahmen.

Eine der wichtigsten Korrekturmaßnahmen, die sich als sehr nützlich bewährt hat, ist das Bemühen um Qualitätsbewußtsein der Zulieferer. Indem man sich an diejenigen Anbieter wendet, deren Produkte oder Leistungen sich als Hauptursache von Schwierigkeiten herausgestellt haben, und gut vorbereitete Besprechungen mit ihnen abhält, gibt man den betreffenden Betrieben die Chance, die Produktion unzulänglicher Dienstleistungen und Waren einzuschränken oder völlig einzustellen. Fehlerbeseitigung besteht zur Hälfte in nichts anderem als Gesprächen und Vereinbarungen über die Anforderungen, die das Produkt erfüllen sollte. Abhilfemaßnahmen mit den Zulieferern abzusprechen erweist sich so als nützliches Mittel, Anforderungen exakt zu definieren, sie unmißverständlich zu klären und nach gemeinsamen Lösungen für ihre Erfüllung und Messung zu suchen. Danach tauchen kaum noch neue Störungsmöglichkeitenin der Zulieferer-Käufer-Beziehung auf.

13
Team-Maßnahmen

7. Schritt: Planung des Tags der Verpflichtung

Wenn es an die Planung des Tags der Verpflichtung geht, macht sich bei den Qualitätsbeauftragten in vielen Firmen beim Gedanken an den Tag der Verpflichtung Nervosität breit. Sie sehen viele Unannehmlichkeiten auf sich zukommen, weil sie meinen,
dazu müßten Musik, Lampions, Luftballons und alle möglichen Kinkerlitzchen her.
Das ist aber gar nicht der Fall. Wenn sich ein Unternehmen der Null-Fehler-
Philosophie verschreibt, dann ist das an sich schon ein festlicher Anlaß. Wichtig ist
allein, den Termin festzulegen. Wir erleben oft, daß sich Unternehmen Hals über Kopf
in die Null-Fehler-Ära stürzen wollen in der Annahme, dann besonders viel Anerkennung zu ernten. Es besteht jedoch keine Notwendigkeit, den Tag der Verpflichtung früher als eineinhalb Jahre nach Beginn des Verbesserungsprozesses anzusetzen.

Die Verpflichtung, fehlerfrei zu arbeiten, ist ein gewaltiger Schritt auf dem Weg zu
einem kraftvollen, dauerhaften Qualitätsmanagement. Er sollte besonnen geplant und
würdevoll begangen werden, ohne jeden Rummel. Es ist eine Zeit der offenen Verständigung, einer Verständigung, die sich von allen anderen Formen der Kommunikation
deutlich abheben muß. Wir haben an Dutzenden solcher Anlässe als Gäste teilgenommen und alle als höchst erfreuliche Veranstaltungen erlebt.

Bei der Vorbereitung muß sich die Planungsgruppe Qualität Gedanken über die Redner machen, die zu Wort kommen sollen. Einige sollten die Kunden vertreten, wenn
es wichtige Kunden gibt, einige die Gewerkschaft, und einige sollten Gemeinde oder
Land vertreten, um zu dokumentieren, daß man sich außerhalb des Unternehmens für
ein solches Projekt und seine Ergebnisse interessiert.

8. Schritt: Mitarbeiterschulung

Wenn die Führungskräfte endlich die vier Gebote des Qualitätsmanagements begriffen haben und die Gewinnerstraße einschlagen, stehen sie vor der Notwendigkeit,

sämtliche Mitarbeiter des Unternehmens entsprechend zu schulen. Üblicherweise geschieht das, indem die Fortbildungsabteilung ein paar Informationsunterlagen zusammenstellt und dann mit Hilfe eines Fachberaters ein Schulungsprogramm entwirft. Wir haben jedoch in den vergangenen Jahren unter anderem die Erfahrung gemacht, daß es auf diesem Weg nicht lange dauert, bis der Unterricht nicht mehr viel zu tun hat mit dem, was eigentlich unterrichtet werden sollte. Das liegt an den üblichen Personalfluktuationen und an dem verständlichen Wunsch der Kursleiter, den Unterricht interessanter zu gestalten. Sehr rasch schleichen sich die herkömmlichen Begriffe wieder ein, und es werden ungeprüft überholte Werte vermittelt.

Eine Frau wollte einmal ihrem Sohn beibringen, wie man Schweinebraten zubereitet. Sie nahm den Braten und schnitt ein fingerdickes Stück vom Ende ab. Der Sohn fragte, warum sie das tue, und die Mutter antwortete: „So haben wir es immer gemacht. Frag deine Großmutter." Also fragte der Sohn die Großmutter, und diese erwiderte: „Nun, ich habe immer ein paar Zentimeter vom Ende abgeschnitten, weil unser Schmortopf sehr klein war und der Braten sonst nicht hineingepaßt hätte."

Das meine ich mit blinder Weitergabe überholter Werte. Es werden Rezepte weitervermittelt, ohne daß irgend jemand sie wirklich verstanden hat.

Da wir diese Erfahrung in den verschiedensten Bereichen immer wieder machten, wurde uns klar, daß der Qualitätsverbesserungsprozeß gezielter, fachkundiger Anleitung bedarf. Daher entwickelten wir ein komplettes Qualitätsschulungssystem, das einen fest umrissenen Lehrinhalt vermittelt und von jedermann unterrichtet werden kann, der im Umgang mit der Materie geübt ist. Die eigentliche Schulung umfaßt 30 Unterrichtsstunden, dazu kommen praktische Aufgaben am Arbeitsplatz. Jede Sitzung besteht aus einem Videofilm, in dem die jeweilige Lektion erläutert wird, aus einer praktischen Übung, die den Kursteilnehmer mit dem Thema vertraut macht, und aus einer anschließenden Diskussion, in welcher der Lehrstoff auf konkrete Situationen in seiner Firma bezogen wird. Zusätzlich gibt es noch Lesestoff, der vor und nach dem Unterricht durchzuarbeiten ist. Dann gehen die Teilnehmer mit einer praktischen Aufgabe zurück an ihren jeweiligen Arbeitsplatz. Über das Ergebnis wird zu Beginn der nächsten Sitzung berichtet.

Das erforderte zwar einen bestimmten Aufwand an Zeit und Geld seitens der Unternehmen, die sich der Qualitätsverbesserung verpflichten wollten, aber es zeigte sich, daß er Siebenmeilenschritte in Richtung Qualitätsverbesserung bewirkte. Die Beteiligten verstanden plötzlich alle, was Qualität eigentlich bedeutet, und jeder begriff, daß er oder sie persönlich etwas unternehmen mußte, daß es nicht nur um die Unternehmensführung ging. Alle Firmenangehörigen reagierten außerdem in der Folgezeit viel hellhöriger gegenüber Mißständen auf allen Unternehmensebenen, so daß diese nach und nach abgeschafft werden konnten.

9. Schritt: Tag der Verpflichtung

Es gibt bis zu diesem Tag Leute in der Zunft der Qualitätsverbesserer und bestimmten anderen Bereichen, die meinen, Zweck des Tages der Verpflichtung sei es, sämtliche Betriebsangehörigen zusammenzutrommeln, damit sie sich schriftlich verpflichten,

alles besser zu machen. Das gehört dazu, aber eigentlich hat der Tag einen ganz anderen Sinn. Es ist ein Tag, an dem alle leitenden Angestellten eines Unternehmens sich
vor die Mitarbeiter stellen und sich verbindlich zum Qualitätsmanagement verpflichten. Es ist eine Gelegenheit, in aller Öffentlichkeit zu beweisen, daß sie ihre Verantwortung ernst nehmen. Zahlreiche Unternehmen begehen bereits voller Stolz den dritten,
vierten oder fünften Jahrestag jenes ersten Null-Fehler-Gelöbnisses. Sie erleben ihn als
einen alljährlich wiederkehrenden Tag der feierlichen Bekräftigung jener Vorsätze,
einen Tag, an dem im gesamten Unternehmen nichts Negatives geschieht.

Diejenigen unter uns, die viel reisen und mit Menschen aus den verschiedensten
Tätigkeitsbereichen ins Gespräch kommen, vergessen oft, daß dies nicht die normalen
Arbeitsbedingungen sind. Sehr viele unserer Zeitgenossen erleben höchst selten besonders aufregende Dinge am Arbeitsplatz. Für die überwiegende Mehrheit ist ein gut
geplanter, feierlich begangener Tag der Verpflichtung, an dem die führenden Leute des
Unternehmens sich zu ihren Einsichten bekennen, ein freudiges Ereignis, an das sie
sich immer erinnern werden.

10. Schritt: Zielsetzung

Die Zielsetzung erfolgt automatisch unmittelbar nach dem Schritt der Qualitätsmessung. Manche Qualitätsbeauftragten sind der Ansicht, sie sollten die 14 Schritte
chronologisch einen nach dem anderen absolvieren, aber in der Praxis geschehen fast
alle mehr oder weniger parallel. Mit der Qualitätsausbildung ist man beispielsweise nie
fertig. Die ersten sechs Schritte werden alle von der Unternehmensführung vollzogen
und müssen als erste erfolgen. Aber sobald man mit dem Messen beginnt, denken alle
sofort an die Ziele. Das höchste Ziel ist natürlich der Null-Fehler-Standard, und den
sollte jeder anstreben. Bis dahin bringen einen jedoch Zwischenziele schon in die richtige Richtung.

Ziele sollten so oft wie irgend möglich von der gesamten Gruppe erarbeitet und für
alle Mitarbeiter gut einsehbar auf einer Tabelle aufgeführt werden. Halbherzige Ziele
sollten nicht in Betracht gezogen werden.

11. Schritt: Der kurze Weg

Will man die Ursachen von Mißständen beseitigen, muß man die Betriebsangehörigen auffordern, ihre jeweiligen Probleme so darzulegen, daß etwas dagegen unternommen werden kann. Es ist kein Vorschlagssystem, in dem die Leute selbst auf die Antwort kommen müssen. Allerdings enthalten die meisten Problemdarstellungen bereits
Vorschläge, die wiederum zur Lösung des Problems beitragen.

Qualitätsbeauftragte sind meistens überwältigt von der Anzahl von Hinweisen auf
Fehlerursachen, die bei ihnen eingehen. Die Team-Mitarbeiter müssen sich die Frage
stellen, wie sie auf derartige Hinweise reagieren sollen. Wie bestätigen wir dem oder
der Betreffenden den Empfang? Wie wollen wir das Mitgeteilte untersuchen und wie

darauf eingehen? Wie benachrichtigen wir die Absender gegebenenfalls von unseren Gegenmaßnahmen?

Dies ist ein bedeutsamerer Bestandteil des Qualitätsverbesserungspozesses als allgemein angenommen, denn es geht um eine Form der innerbetrieblichen Kommunikation, die charakteristisch für dieses System ist. Es erfreut sichbei den Mitarbeitern großer Beliebtheit, und das Echo wird mit Sicherheit positiv sein.

12. Schritt: Anerkennung

Die Anerkennung von Mitarbeiterleistungen hat in jedem Unternehmen eine spezifische Form; in *Qualität bringt Gewinn* bin ich ausführlich darauf eingegangen. In unserem Unternehmen, der Philip Crosby Associates (PCA), verleihen wir für wegweisende Leistungen ein sogenanntes „PCA-Leuchtfeuer der Qualität". Ein Leuchtfeuer ist ein Bezugspunkt, ein unverkennbarer Orientierungspunkt, der bei der Navigation von Flugzeugen und Schiffen gezielt genutzt wird. Aber wie ist das bei der Führung von Menschen? Woher beziehen wir unsere Anhaltspunkte, wenn es um Menschen geht?

Jeder von uns richtet sich bewußt oder unbewußt nach einer oder mehreren Personen. Wenn wir Glück haben, finden wir Lehrmeister, die uns als Vorbilder dienen. Die meisten Erkenntnisse darüber, wie man Dinge richtig angeht, erwerben wir durch die Beobachtung von Persönlichkeiten, die wir als „leuchtende Vorbilder" betrachten: Menschen, die ohne viel Aufhebens das Richtige tun.

In unserer Firma fordern wir die Mitarbeiter dazu auf, die Personen zu nennen, die ihrer Meinung nach richtungweisend wirken. „Wen sehen Sie als Maßstab für Qualitätsbewußtsein an?" Die Preisverleihung findet immer anläßlich unseres alljährlichen Betriebsfestes im Citrus Club in Orlando statt. Jeder Firmenangehörige erhält ein Formular mit der Bitte, die Kollegen darin aufzuführen, die seiner Meinung nach den Preis verdient haben. (Ausgeschlossen von der Nominierung ist nur der Vorstandsvorsitzende.) Die ausgefüllten Bögen werden zur Auswertung an unsere Verwaltung geschickt. Wie im Fernsehen überreicht am festgesetzten Abend der Verwaltungschef dem Vorsitzenden einen Umschlag mit den Namen der Gewinner, denen stattliche Messingleuchter mit ihren Namen und der Inschrift „PCA-Leuchtfeuer der Qualität" verliehen werden.

Die Preisgekrönten waren immer tief gerührt über eine derartige Auszeichnung aus dem Kollegenkreis. Weder sie noch die übrigen Mitarbeiter wären so beeindruckt, wenn die Unternehmensleitung die Wahl getroffen hätte. Was für eine Wirkung erzielt der Preis? Zunächst gibt er fleißigen, wertvollen Mitarbeitern die verdiente Anerkennung. Zweitens liefert er eine sehr klare Beschreibung dessen, was Qualität ist. Drittens gibt er der Firma lebende, sichtbare Qualitäts-Leitfiguren, denen wir alle im Arbeitsalltag nacheifern können.

Nur sehr wenige Unternehmen honorieren gute Leistung. Viele Manager sind der einigermaßen zynischen Ansicht, daß die Leute dafür bezahlt werden, ihre Arbeit zu tun, und damit basta. Diese Einstellung spiegelt ein Maß an Gleichgültigkeit gegenüber Menschen wieder, das für viele Manager typisch ist, für die nur Ellenbogen zählen. Sie ist ein Zeichen von Unreife. Schaffung und Pflege eines Anerkennungsprogramms für sämtliche Betriebsangehörigen aller Rangstufen ist ein sehr wichtiger Bestandteil der Qualitätsverbesserung. Sie hat den gleichen Stellenwert wie die Qualitätsabsprache mit den Zulieferern, die Ausbilderschulung, die Kalkulation der Qualitätskosten oder das Qualitätsbewußtsein der Unternehmensleitung.

Die Menschen arbeiten nicht für Unternehmen, sie arbeiten für Menschen. Wer nicht gut oder effektiv arbeitet, braucht ein Leitbild, an dem er sich orientieren kann. Er muß vorgeführt bekommen, was eine brauchbare Arbeitsleistung ist. Allerdings haben wir in den vergangenen Jahren die wichtige Erfahrung gemacht, daß viele Firmen zu rasch mit der Anerkennung bei der Hand sind. Kleine Geschenke und Urkunden auszuteilen bereitet so viel Befriedigung, daß jeder es gern tut. Dennoch muß der Anerkennungsprozeß gut durchdacht und differenziert sein. Ich bin heute überzeugter denn je, daß Geld eine sehr wenig geeignete Form der Anerkennung ist. Es ist zu unpersönlich.

13. Schritt: Qualitätsbeiräte

Zweck von Qualitätsbeiräten ist es, die Qualitätssachverständigen zusammenzubringen und ihnen Gelegenheit zu geben, voneinander zu lernen. Sie können auch anregend auf den Qualitätsverbesserungsprozeß wirken. Es scheint zwei grundsätzlich unterschiedliche Arten zu geben, wie Qualitätsexperten auf das wachsende Interesse an Qualität reagieren. Entweder sie beteiligen sich aktiv daran, unnötigen Reibungsverlust in ihrem Unternehmen zu beseitigen, und sind der festen Überzeugung, daß das Null-Fehler-Konzept durchführbar ist, oder aber sie versuchen, immer mehr Motivations- und Kommunikationsprogramme für die Betriebsangehörigen ins Leben zu rufen und die Unernehmensleitung davon zu überzeugen, daß es illusorisch ist, fehlerfreies Arbeiten verwirklichen zu wollen.

14. Schritt: Ständige Wiederholung

Immer wieder haben wir es erlebt, daß eine Planungsgruppe Qualität nach zweijähriger Tätigkeit oder schon früher ihre ganze Verantwortung einer völlig neuen Gruppe überträgt, in welcher vielleicht noch ein Mitglied aus dem ursprünglichen Team verbleibt. Die ausscheidende Gruppe tritt immer in dem Gefühl ab, daß kaum noch etwas zu tun sei, stellt aber schon bald mit Erstaunen fest, daß die neue Mannschaft viele neue Wege einschlägt, allerlei neue Arbeitsmethoden entwickelt und sogar noch mehr Verbesserungen auslöst als die alte Garde. Das alles sind die Früchte von Lernprozessen, von aufmerksamer Beobachtung und aktiver Mitarbeit. Je mehr bewußte Qualitätsverbesserung zu einer Lebensart, zur Grundlage der Unternehmenskultur wird, desto rascher schreitet der Prozeß voran und desto dauerhafter sind die Ergebnisse.

Das bedeutet, daß beispielsweise das Management einer Hotelkette seinen Angestellten unermüdlich und nachdrücklich einprägen muß, was für Leistungen erwartet werden. Schulung muß ein bestimmender Faktor im Verhältnis zwischen Leitung und Personal sein. Jeder Angestellte muß zu jedem Zeitpunkt in der Lage sein, das Hotel zu vertreten.

Auch die Mitarbeiter in einer Gießerei brauchen Schulung, aber nur wenige von ihnen müssen den Umgang mit der Kundschaft lernen. Diesen Unterschied meinen die Leute, wenn sie die Wirtschaftswelt in „Dienstleistungssektor" und „Fabrikationssektor" unterteilen. Wenn leitende Angestellte in unsere Akademie für Qualität kommen, sagen viele spontan: „Na gut, ihr Burschen seid ja so schlau, jetzt wollen wir mal sehen, wie ihr euren Betrieb führt."

Sie knöpfen sich alle erreichbaren Mitarbeiter vor, stecken die Nase in alle Materialräume und klopfen uns auf Herz und Nieren ab. Das tut uns sehr gut, weil es uns hilft, die Ausbildung sämtlicher Mitarbeiter ernst zu nehmen.

Um einen sinnvollen Lehrplan anbieten zu können, muß man Lehrinhalte haben, und zwar bedarfsspezifische Lehrinhalte. Sie müssen direkten Bezug zu der Arbeit des Mitarbeiters haben, so daß er die Leistungsanforderungen optimal erfüllen kann. Die Schulung muß aber gleichzeitig auch Allgemeingültigkeit haben, damit der Mitarbeiter über das, was andernorts geschieht, informiert ist und ein erweiterungsfähiges Bildungsgerüst mitbekommt.

In unserem Dienstleistungsbetrieb haben die Mitarbeiter der unteren Ebene bei der Erfüllung ihrer Pflichten ständig mit den Lehrgangsteilnehmern zu tun, indem sie die Kursräume herrichten, Mittagessen arrangieren, Teilnehmergruppen im Motel abholen, Kaffee für die Pausen zubereiten oder hier und da mit den Gruppen zu Tisch gehen. Die Lehrkräfte kommen aus den verschiedensten Berufsbranchen.

Die Mitarbeiter unseres Herstellungsbetriebes, also diejenigen, die das Kursmaterial herstellen, die Schulungsräume reinigen, Post bringen, Rechnungen verschicken usw., bekommen die Kursteilnehmer kaum zu Gesicht.

Jeder muß für alle Eventualitäten vorbereitet sein. Die Anforderungen sind klar definiert, die Arbeitsplatzbeschreibungen werden von denjenigen erstellt, die die Arbeit ausführen, und jeder muß eine Fachausbildung für Unternehmensführung absolvieren. Sämtliche Mitarbeiter haben außerdem die Dale-Carnegie-Redeschulung mitgemacht. Sie war für jeden Teilnehmer ein großer Gewinn. Für alle war es eine Offenbarung, daß sie sich tatsächlich hinstellen und vor einem Publikum etwas sagen konnten. Viele haben es bereits zum Toastmaster oder zur Toastmistress gebracht.

Industriebetriebe und Dienstleistungsbetriebe unterscheiden sich letzten Endes nur dadurch, daß in dem einen ein Produkt und in dem anderen eine Person dem Kunden einen Dienst erbringt.

Sobald die Leute in den Qualitätsverbesserungsprozeß eingestiegen sind, fangen sie an, sich für den Unterschied zwischen Dienstleistungs- und Produktionsunternehmen zu interessieren. Die folgende Geschichte mag ihn veranschaulichen.

Dienstleistung contra industrielle Fertigung

„Was wir da lernen, ist ja schön und gut für den Herstellungsbereich. Aber wie steht es mit der Qualität im Dienstleistungssektor? Das ist doch etwas völlig anderes."

„Meinen Sie?"

„Auf jeden Fall. Bei den Dienstleistungen sieht doch alles ganz anders aus. Banken, Versicherungsgesellschaften, Kreditkarteninstitute, Hotels — das alles sind Dienstleistungsunternehmen.

Ich wüßte gern, ob der ganze Lesestoff, den wir bisher durchgenommen haben, für den Dienstleitungsbereich genauso gilt wie für den Industriebereich? Doch wohl kaum. Brauchen wir dafür nicht ganz andere Konzepte und Methoden?"

„Ich weiß nicht so recht. Vielleicht können wir gemeinsam eine kleine Analyse unternehmen. Nennen Sie mir den Namen irgendeines Dienstleistungsunternehmens."

„Na gut. Wir wär's mit der Deutschen Bank? Sie hat 41.000 Angestellte und zahllose Niederlassungen im Ausland. Das ist ein Dienstleistungsunternehmen."

„Gut. Und jetzt nennen Sie mir ein Industrieunternehmen."

„Das Volkswagenwerk ist ein gutes Beispiel. Der Konzern fertigt an verschiedenen Orten Personenwagen, Lieferwagen und andere Nutzfahrzeuge. Das sind zwei typische Beispiele."

„Einverstanden. Nehmen wir zuerst die Bank. Was tun die Leute dort?"

„Sie betreuen die Kundenkonten. Wenn Leute in die Bank kommen und etwas einzahlen oder abheben oder leihen wollen, erledigen die Bankangestellten die ganzen Formalitäten für sie."

„Was geschieht, nachdem der Kunde die Bank verlassen hat?"

„Was meinen Sie damit? Dann kommt der nächste Kunde."

„Ich meine, was geschieht, nachdem die Einzahlung, Auszahlung oder Kreditaufnahme erfolgt ist, als Ergebnis der Transaktion? Es müssen doch irgendwelche Eintragungen gemacht werden, handschriftlich, per Schreibmaschine oder Computer?"

„Ach ja, natürlich. Also, die Unterlagen über das betreffende Bankgeschäft werden an die Buchungsabteilung weitergeleitet, wo das Konto des Kunden entsprechend geändert bzw. im Falle eines Kredits die notwendigen Unterlagen vorbereitet werden. Dann müssen die Geschäftsvorgänge an den zuständigen Stellen für die Bilanz festgehalten werden."

„Und das alles wird doch von Bankmitarbeitern erledigt? Mir ist zwar klar, daß Computer eingesetzt werden, aber Menschen dirigieren doch die Vorgänge?"

„Selbstverständlich, es werden sogar viele Leute für diese Arbeiten eingesetzt."

„Wieviel Prozent des Bankpersonals haben mit diesen Verfahrensschritten zu tun? Würden Sie so etwas als Verfahrensschritte bezeichnen?"

„Ja, ich denke schon. Die Bankangestellten müssen sich an bestimmte Verfahrensregeln halten, um zu gewährleisten, daß die einzelnen Schritte an den richtigen Stellen verbucht werden. Bankgeschäfte sind mit einem unglaublichen Papierkrieg verbunden. Nach Auskunft befreundeter Bankfachleute haben etwa zwei Drittel der Angestellten in einer Bank mit diesem Spezialistenkram zu tun."

„Sie betreuen die Kunden also nicht direkt?"

„Nein, es sei denn, die Kunden haben irgendein Problem. Dann schreiben sie ihnen oder rufen sie an. Aber meistens bekommt der Kunde nur die Kassierer, gelegentlich einmal einen Sachbearbeiter und ein paar Schalterangestellte zu Gesicht."

„Das heißt, daß zwei Drittel der Bankangestellten nie unmittelbaren Kundenkontakt haben, höchstens telefonisch oder brieflich. Und die Bankkaufleute befolgen bei ihrer Arbeit vereinbarte Verfahrensweisen und vorgeschriebene Richtlinien. Sehe ich das richtig?"

„Richtig. So funktionieren Dienstleistungsunternehmen."

„Gut. Kommen wir zum Autohersteller. Warum rechnen Sie den zu den Industrieunternehmen?"

„Na, das liegt doch auf der Hand. VW fertigt Autos für Menschen. Jeden Tag werden Teile gekauft, ins Werk geschafft und zu Automobilen zusammengebaut, welche dann von Kunden gekauft und in Gebrauch genommen werden. Das ist industrielle Fabrikation."

„Haben Sie ein Auto?"

„Wir haben sogar zwei."

„Haben Sie je einen Fließbandarbeiter einer Autofabrik von Angesicht zu Angesicht gesehen?"

„Sie meinen, ob ich effektiv mit jemand zu tun hatte, der Autos montiert? Nein, aber ich habe etliche Autos gekauft."

„Wie ging das vor sich?"

„Ich bin zum Vertragshändler gegangen, habe mich im Ausstellungsraum umgesehen und ihm gesagt, was ich wollte. Dann haben wir einen Preis ausgehandelt, und der Händler hat mir den Wagen ausgehändigt."

„Wie war das mit den dazugehörigen Formalitäten?"

„Ich bin durch den Verkaufsraum in irgendein Büro gegangen. Sie stellen mehrere Millionen Fahrzeuge pro Jahr her, so daß sie bestimmt eine Menge Papierkram bewältigen müssen."

„Sie bieten auch eine Menge Serviceleistungen an. Ich habe mir das Unternehmen gut angesehen. Ein Drittel der Betriebsangehörigen sind in der Fertigung beschäftigt. Die übrigen zwei Drittel arbeiten im Verkauf, im Kundendienst, in den Büros, in der Verwaltung, in der Geschäftsführung oder tun sonst etwas, das mit der eigentlichen Montage nichts zu tun hat."

„Was wollen Sie damit sagen?"

„Nun, ich habe Mühe, Unterschiede zwischen beiden Unternehmensarten festzustellen. Mir scheint es, als handelte es sich in beiden Fällen um Produktionsanlagen, in denen ein Produkt hergestellt wird — im einen Fall ist es das Büro und im anderen das Fließband. Beide haben Mitarbeiter, die die Kunden betreuen, die verkaufen, Verwaltungsgeschäfte erledigen, Reklamationen bearbeiten, leitende Funktionen ausüben und, grob gesagt, so ziemlich dasselbe tun.

In meinen Augen besteht kaum ein Unterschied zwischen jemand, der sechs Zündkerzen in einen Motor einbaut, und jemand, der Kreditanträge auf verschiedenfarbige Akten verteilt. Sie verrichten beide eine Dienstleistung."

„Aber die industrielle Fertigung ist ein technischer Vorgang, bei dem es sich um Maschinen und Systeme dreht, während Dienstleistungen mit Menschen zu tun haben und entsprechend viele Unwägbarkeiten mit sich bringen. Das sind zwei völlig verschiedene Stiefel, völlig verschieden."

„Das Automobilunternehmen hat rund 240.000 Mitarbeiter. Sind das keine Menschen? Sehr wenige von ihnen kommen effektiv mit den Fertigungsanlagen in Berührung, und die, die es tun, erbringen eine Dienstleistung. Sie sind kein Rohstoff, sie bedienen Hebel und drücken auf Knöpfe und führen Messungen durch und dergleichen mehr."

„In den Dienstleistungsbetrieben erbringen die Mitarbeiter Dienstleistungen: sie stellen nichts her."

„Wie viele Mahlzeiten serviert ein großes Hotel pro Tag? Wo kommen diese Mahlzeiten her? Ist eine Küche eine Fabrik?

Wenn Sie allmonatlich Post von der Bank bekommen, ist darin immer ein Päckchen Bankauszüge enthalten, manchmal auch eine gedruckte Aufstellung. Wie kommen diese Unterlagen zustande?"

„Sie werden von einem Mitarbeiter der Bank zusammengestellt, der eine Dienstleistung für mich erbringt."

„Und wie kam Ihr Auto zustande?"

„Ich vermute, es wurde von Mitarbeitern eines Autmobilherstellers zusammengebaut."

„In beiden Fällen erbringen die Mitarbeiter Dienstleistungen. Jeder ist Angehöriger des Dienstleistungsgewerbes. Jeder von uns führt Dienstleistungen aus. Ihrer Meinung nach besteht industrielle Fertigung aus Maschinen und Verwaltung aus Menschen."

„Aber industrielle Fertigung *ist* nun mal ein maschineller Vorgang."

„Selbstverständlich sind Maschinen und Geräte ein Teil davon. Aber wie steht es mit den Büros? Eine Schreibmaschine ist ein technisches Gerät; genauso ein Fotokopiergerät, ein Telefon, ein Bleistift, ein Diktiergerät, ein Computer, eine Frankiermaschine usw.

Das Grundproblem liegt doch darin, daß nach landläufiger Ansicht Büroarbeit oder Funktionen wie Marketing und Personalverwaltung nicht nach Verfahrensnormen und Vorschriften durchgeführt werden können. Deshalb genießen ihre Vertreter das Privileg, schlampig und unwirtschaftlich sein zu dürfen, wenn sie wollen.

Aufgrund dieser Einstellung sind die Kosten für unsachgemäße Arbeit in diesen ‚Dienstleistungsbetrieben' zweimal so hoch wie in der ‚industriellen Fertigung'.

Die einzigen Beschäftigten, die nicht im Dienstleistungsgewerbe arbeiten, sind die professionellen Blutspender; sie sind eine Rohstoffquelle."

Schlußbemerkung

Einen Unterschied gibt es zwischen bestimmten Unternehmenstypen — beispielsweise zwischen einem Hotel und einer Gießerei. Wenn ein Kunde ein Hotel besucht, hat er mit sämtlichen Beschäftigten der unteren Unternehmensebene zu tun: Portier, Page, Empfangsangestellte, Kellner, Zimmermädchen usw. Aber es kann geschehen, daß man ein Leben lang Geschäftsreisen macht und nie einen Hotelmanager zu Gesicht bekommt.

Als Kunde einer Gießerei dagegen hat man mit den obersten Führungebenen des Unternehmens zu tun. Dort sind die Leute in Anzug und Krawatte diejenigen, die die Geschäfte abwickeln.

14
Erich Wellmanns Bekehrung

Erich Wellmann schmunzelte innerlich, während seine führenden Mitarbeiter sich im Sitzungssaal versammelten. Sie ahnten nicht, was ihnen bevorstand. Zweifellos waren sie auf einen seiner üblichen detaillierten Vorträge über Sparmaßnahmen und größtmögliche Gewinnschöpfung gefaßt. Sie wußten nicht, daß er die Absicht hegte, durch einwandfreie Arbeit Geld zu verdienen.

Er führte im Geiste eine Anwesenheitsliste, während sie den Saal betraten:

Jutta Diepholz, jetzt Chefin des Lagerwesens, zuvor Einkäuferin und erst seit wenigen Wochen in der neuen Stellung tätig. Die Abteilung für Personal- und Sozialwesen hatte Wellmann davon überzeugt, daß neben dem Einzelhandel, für den Barbara Wunderlich verantwortlich zeichnete, eine weitere leitende Position mit einer Frau besetzt werden müsse. Zu seiner großen Überraschung machte sich die Kollegin großartig als Logistikchefin. Zunächst hatte er gefunden, daß sie etwas überstürzt vorging, aber jetzt drängte er selber vorwärts.

Produktionsleiter Harald Andresen, der es immer, selbst unter den widrigsten Umständen, irgendwie schaffte, termingerecht zu liefern. Andresen war ein alter Fuchs, der nie um eine Idee verlegen war.

Dann war da Qualitätsleiter Günther Engel, der sich rühmte, schwerwiegende Qualitätsverstöße von vernachlässigbaren Mängeln unterscheiden zu können. Er war überzeugt, der Firma unnötige Ausgaben zu ersparen, indem er voreiliges Ausrangieren von Ausschuß oder überflüssige Nacharbeit verhinderte. Wellmann hatte jedoch begriffen, daß dies nicht der richtige Weg für seine Firma, die Verbraucherbedarfsgesellschaft, war. Besonders im Kreditkartenbereich erwies er sich sogar als höchst kostenaufwendig.

Kundendienstchef Adolf Decker war eine intelligente und dynamische moderne Führungskraft.Er hob gern hervor, seine Leute würden selbst ein Kamel durch ein Nadelöhr befördern, bloß um die Kundschaft zufriedenzustellen. Einmal im Jahr veranstaltete er ein Festessen mit Preisverleihung für die Mitarbeiter, die seiner Meinung nach die VBG-Kriterien für „Elitekräfte" erfüllten.

Einzelhandelsleiterin Barbara Wunderlich war eine der fähigsten und vielseitigsten Führungskräfte, denen Wellman je begegnet war. Sie konnte von den Leuten erreichen, was sie wollte, und war bei den Kunden äußerst beliebt.

Philipp Unglauben, der das Finanz- und Rechnungswesen leitete, war ein hochqualifizierter Fachmann, der praktisch als Buchhalter fungierte. Er war sehr unglücklich über seine Arbeitssituation und hätte lieber heute als morgen gekündigt. Als Wellmann Wind davon bekam, wollte er ihn in derselben Woche noch vor die Tür setzen, aber inzwischen hatte er andere Pläne mit ihm.

„Ich hoffe, daß ich Ihnen allen mit dieser Sondersitzung nicht zu viele Umstände gemacht habe", hob Wellman an, „aber es ist außerordentlich wichtig, daß wir heute hier zusammenkommen.

Der Tod von Jakob Meister hat eine große Lücke in die Unternehmensführung gerissen, die ich übergangsweise füllen muß. Wir wollen, bevor wir langfristige Entscheidungen treffen, zunächst einmal die Unternehmenslage gemeinsam begutachten."

„Meister war ein hervorragender Mann. Er wußte sich immer zu helfen", bemerkte Andresen. „Er fehlt mir wirklich."

Wellmann nickte zustimmend wie alle übrigen Anwesenden.

„Wir werden auch ohne ihn ein paar Entscheidungen treffen müssen. Unser schwerwiegendstes unternehmerisches Problem ist Qualität. Wir haben das Thema ja vor ein paar Tagen schon einmal angeschnitten. Ich sehe manches jedoch inzwischen mit anderen Augen und bin der Meinung, daß wir uns dem Thema künftig mit allem Ernst widmen müssen. Zunächst schlage ich vor, daß wir alle miteinander einen Test machen. Er bezieht sich auf Unternehmen, die ständig Qualitätsprobleme haben."

„Ich hatte den Test schon in der Hand, Herr Wellmann", sagte der Kundendienstleiter. „Ich mußte die Frage, ob wir den Anforderungen meistens nicht nachkämen, bejahen. Aber ich muß auch darauf hinweisen, daß der Kundendienst eine lukrative Abteilung ist."

Der Finanzchef blickte von seinem Notizbuch auf.

„Der Kundendienst ist nur lukrativ, weil wir der Abteilung die Gemeinkosten, die sie verursacht, nicht voll anlasten. Der einzige echte Gewinn, der dort gemacht wird, kommt durch die regulären Wartungsverträge nach Ablauf der Garantiefrist herein."

„Er hat recht, Herr Decker", sagte Wellmann. „Aber bevor wir uns darüber auseinandersetzen, würde ich gern die Punkte hier einen nach dem anderen mit Ihnen durchgehen. Ich denke, dann können wir sachlicher diskutieren.

Wie viele von Ihnen sind der Meinung, daß wir unseren Kunden in der Regel Produkte und Dienstleistungen anbieten, die nicht den Anforderungen entsprechen?"

Alle mit Ausnahme des Produktionsleiters hoben die Hände. Andresen schüttelte den Kopf.

„So etwas tut doch kein Mensch, der irgend etwas herstellt, absichtlich. Und nichts verläßt bei uns das Werk, was nicht durch offizielle Spezifikationen gedeckt ist."

„Auch wenn eine Normabweichung durch Haftungseinschränkungen abgedeckt ist, ist es noch immer eine Normabweichung. Was wir nicht in der Werbung bringen, darf auch nicht Bestandteil des Produkts sein", sagte Jutta Diepholz resolut.

Profil eines qualitätsgestörten Unternehmens

Typische Merkmale	Trifft exakt auf uns zu	Einiges davon trifft zu	Trifft nicht auf uns zu

1. Unsere Dienstleistungen und/ oder Erzeugnisse enthalten normalerweise Haftungsausschlüsse, Abweichungen und andere Anzeichen dafür, daß sie nicht den Erfordernissen entsprechen.

2. Wir haben eine nachbesserungsorientierte Außendienst- und/oder Händlerorganisation.

3. Unsere Mitarbeiter haben keine klaren Vorstellung von den Qualitätsansprüchen der Unternehmensleitung.

4. Die Unternehmensleitung ist sich nicht darüber im klaren, was die Abweichung von den Anforderungen effektiv kostet.

5. Die Unternehmensleitung ist der Auffassung, daß Qualität von anderen Faktoren als von Maßnahmen der Unernehmensleitung abhängt.

	5 Punkte	3 Punkte	1 Punkt

Punktauswertung

21—25	Kritisch:	Braucht sofortige Intensivbehandlung.
16—20	Ernst:	Braucht Beatmung und künstliche Ernährung.
11—15	Stabil:	Braucht medikamentöse und ärztliche Behandlung.
6—10	Rekonvaleszent:	Braucht regelmäßige Kontrolluntersuchungen.
5	Gesund:	Braucht Beratung.

„Na, und unsere Dienstleistungsbetriebe werden meines Wissens herzlich wenigen Anforderungen gerecht. Es ist unglaublich, wie viele Beschwerden über die Kreditkartenunternehmen bei uns eingehen", bemerkte Qualitätschef Engel.

„Wir bekennen uns also in Punkt eins für schuldig, wenn ich das richtig sehe?" fragte Wellmann.

Das allgemeine Nicken als Zeichen des Einverständnisses wertend fuhr er fort: „Das Unternehmen hat ein groß angelegtes nachbesserungsorientiertes Kundendienst- und Händlernetz ...", las er vor. „Das trifft auf jeden Fall auf uns zu. Verstehen Sie das nicht als Angriff, Herr Decker. Wenn Ihre Leute nicht so großartig wären, hätten wir schon längst eine Katastrophe erlebt. Dieser Text macht lediglich deutlich, daß man es manchmal regelrecht darauf anlegt, Arbeit nicht richtig zu machen, und sich dann darauf verläßt, daß die Kundendienstleute bei den Kunden alles wieder in die Reihe bringen."

„Wenn Sie es so sehen, haben Sie wahrscheinlich recht. Wir fühlen uns schon irgendwie unter Druck gesetzt, speziell seit das Softwaregeschäft so rapide gewachsen ist."

„Gut, die ersten beiden Punkte treffen also voll auf uns zu. Unter Nummer drei heißt es, wir hätten keinen allgemeinverständlichen Leistungsstandard."

„Ich weiß nicht recht", sagte der Qualitätsleiter. „Wir haben eigentlich unmißverständlich erklärt, daß wir von jedem Mitarbeiter Qualitätsarbeit verlangen."

„Na schön. Nehmen wir den Test doch einfach beim Wort. Jeder soll spontan seine Definition von Qualität auf ein Blatt Papier schreiben." Mit einer Handbewegung unterband Wellmann jede Diskussion. „Schreiben Sie, was Sie wollen, aber bitte keine laute Unterhaltung."

Nach wenigen Augenblicken sammelte er die Bätter ein und las die Ergebnisse vor:

„Qualität bedeutet, die Bedürfnisse des Kunden befriedigen."

„Qualität ist die Herstellung von etwas, das den Erfordernissen des Verbrauchers entspricht."

„Wenn der Kunde zufrieden ist, dann ist das Qualität."

„Angemessene Dienstleistung zum angemessenen Preis, das verstehe ich unter Qualität."

„Ein ausgewogenes Verhältnis von Kostenaufwand und Produktionsergebnis."

„Auf die Kundenvorstellungen eingehen."

„Unabhängig von der Auswahl der richtigen Definition, ist zunächst einmal festzustellen, daß wir uns nicht darüber einig sind, was Qualität überhaupt ist. Wenn *wir* schon keinen gemeinsamen Nenner finden, haben die Mitarbeiter schon gar keine Chance zu wissen, was Qualität bedeutet."

„Wie würden Sie denn Qualität definieren, Herr Wellmann?" fragte Günther Engel. „Stimmen Sie einer unserer Definitionen zu?"

Wellmann dachte einen Augenblick nach. Er konnte der Versammlung nicht gut den Traum zumuten, den er erlebt hatte. Sie würden ihn für verrückt erklären und hinter Schloß und Riegel bringen.

„Ich verstehe den Begriff heute anders als bei unserer letzten Zusammenkunft. Dies ist nicht der geeignete Moment, näher darauf einzugehen, aber grob gesagt lautet meine Definition: ‚Qualität ist die Erfüllung von Anforderungen.'"

„Aber mit dieser Definition tragen Sie den jeweiligen Umständen nicht Rechnung", meinte der Produktionsleiter.

„Ich kann, wie gesagt, im Moment nicht ausführlich darauf eingehen, aber wir werden das Thema noch erschöpfend behandeln, darauf können Sie sich verlassen."

„Unter Punkt vier heißt es, daß die Unternehmensführung nicht weiß, was all die unsachgemäße Arbeit kostet", bemerkte Finanzchef Unglauben. „Das ist absolut richtig. Ich habe ein bißchen recherchiert und habe einen ziemlich guten Überblick. Ich

wüßte gern einmal, wie hoch die Anwesenden die Kosten der Nichterfüllung ansetzen
— in Prozent vom Umsatz."

Alle überlegten einen Augenlick und nannten dann Zahlen zwischen 3 Prozent (Produktionschef Andresen) und 8 Prozent (Materialchefin Diepholz).Die Schätzung von Qualitätschef Engel lag bei 5,5 Prozent.

„Nun, wir haben die Zahlen noch nicht komplett zusammengestellt, und mir ist noch manches unklar. Aber ich schätze, daß die Kosten rund 25 Prozent vom Umsatz ausmachen."

Allgemeines geräuschvolles Luftholen in der Runde. Qualitätschef Engels erholte sich als erster von seinem Schrecken.

„Ich habe erst im letzten Jahr eine Kostenüberprüfung gemacht und kam auf ganz andere Zahlen. Sind Sie sicher, daß Sie die richtigen Posten berücksichtigt habe?"

„Herr Engel", sagte der Finanzchef geduldig, „allein der Außendienst kostet uns für die Arbeiten innerhalb der Garantiefrist 5 Prozent vom Umsatz ."

„Das habe ich zu den allgemeinen Geschäftskosten gezählt", sagte Engel.

Wellmann fuhr mit dem Test fort. „Hier heißt es unter Punkt 5, daß das Management nicht die volle Verantwortung für Mißstände übernimmt. Und ich erinnere mich, daß wir bei unserer letzten Sitzung einstimmig meinten, wir seien nicht schuld daran. Sind auch heute noch alle dieser Ansicht?"

Der Qualitätschef meldete sich als erster zu Wort.

„Ich habe gründlich über das Ganze nachgedacht, Herr Wellmann. Es ist doch ein Klischee zu sagen, das Management sei an allem schuld. Natürlich sind wir verantwortlich für alles, was bei uns in der Firma vor sich geht. Aber wir sind doch nicht verantwortlich für das staatliche Schulsystem, wir führen nicht die Regierungsgeschäfte, und wir haben in Japan schon gar nichts zu sagen. Wie kann man uns denn für alles, was schiefgeht, verantwortlich machen?"

Alle Gesprächsteilnehmer sahen Engel verblüfft an. Niemand hatte ihn je so unverblümt seine Meinung sagen gehört. Produktionsleiter Andresen nickte zustimmend.

„Ich finde, Herr Engel hat recht. Wir müssen unseren Anteil an den Problemen sehen, aber wir sind doch nicht für alles zuständig."

Barbara Wunderlich schüttelte den Kopf. „Es hieß, die Führungskräfte leugneten die Verantwortung für die Situation. Das bedeutet, daß sie sich nicht bemühen, die eigenen Verhaltensweisen zu ändern; sie wollen die Verhaltensweisen der anderen verändern. Und sobald es Qualitätsprobleme gibt, schicken sie die Mitarbeiter in die Lehrgänge und lasten die ganze Misere der Gesellschaft und dem Staat an."

„Wollen Sie damit sagen, daß das Management die Probleme nicht nur zuläßt, indem es sie geflissentlich übersieht, sondern sie regelrecht verursacht?" fragte Jutta Diepholz.

„Ich gebe nur wieder, was der Test hier unterstellt. Ich bin mir selbst noch nicht im klaren über das Ganze. Aber lassen Sie mich eine kleine Umfrage machen. Herr Decker, was ist das größte Problem, das Sie derzeit mit meinem Ressort haben?"

„Das kann ich Ihnen genau sagen. Wir haben ganze Lastwagenfuhren angeblich nichtschrumpfender Unterwäsche, die bei der Wäsche eingeht. Die Sachen werden von überall her an uns zurückgeschickt. In den letzten zwei Wochen haben wir uns die Hälfte der Zeit damit herumgeschlagen. Aber das haben Sie ja gewußt."

Die Einzelhandelschefin nickte.

„Stimmt. Ich wußte es auch, weil meine Telefonleitung deswegen fast zu rauchen anfing. Wie kommt es eigentlich, Herr Engel, daß wir das Problem nicht in unser neues Güteprüfverfahren aufgenommen haben?"

Der Qualitätsleiter wurde rot. „Na ja, Sie und Herr Meister haben mich zu sich bestellt und mir gesagt, wir würden riskieren, nicht mehr wettbewerbsfähig zu sein, wenn wir abwarten, bis das Produkt das Gütesiegel bekommt. Es stammt von einem Lieferanten, mit dem wir vorher noch nie zu tun hatten, und dazu noch aus einem Land, mit dem wir noch nie geschäftliche Verbindungen hatten. Aber ich habe es aufgrund dieser Priorität durchgehen lassen. Das war offensichtlich die falsche Entscheidung."

Noch eine Arbeit mehr für den armen Jakob Meister, dachte Wellmann.

Der Produktionschef mischte sich ein: „Was wollen Sie damit sagen, Frau Wunderlich? Sie haben doch eine völlig berechtigte Entscheidung getroffen. Man muß immer Vorteile und Nachteile abwägen."

„Nein, Herr Andresen. Sie war nicht berechtigt. Wir haben dieses Prüfverfahren eingeführt, um die Interessen von Kundschaft und Firma zu schützen. Nicht nur, daß wir im Endeffekt beiden geschadet haben, wir haben auch eine Menge Geld dabei hinausgeworfen. Ich muß sagen, daß dies ein Fall ist, in dem die Unternehmensleitung sich tatsächlich eingemischt und ein peinliches, kostspieliges und unsinniges Problem heraufbeschworen hat. Herr Meister und ich haben es dem Unternehmen eingebrockt, weil wir Scheuklappen aufhatten."

Engel dachte eine Weile darüber nach. „Ich hätte nicht mitmachen dürfen. Wahrscheinlich habe ich vor lauter Bemühen, der Firma zu wirtschaftlichem Erfolg zu verhelfen, vergessen, daß Qualität meine Hauptaufgabe ist."

„Das gilt für uns alle, Herr Engel", sagte Wellmann. „In Zukunft werden wir Ihnen helfen, die Qualitätsbestimmungen einzuhalten. Mir fallen ein Dutzend ähnliche Fälle ein."

„Wo wir gerade bei der Generalbeichte sind", sagte Philipp Unglauben, „will ich berichten, daß ich soeben festgestellt habe, daß 85 Prozent unserer überfälligen Außenstände durch Managementmaßnahmen bedingt sind. Erinnern Sie sich noch daran, daß wir beschlossen haben, unsere Skontobedingungen zu verschärfen?"

Allseits eifriges Nicken.

„Daraufhin mußte der Wortlaut auf sämtlichen Rechnungsformularen geändert werden. Und jetzt bombardieren uns die Kunden bloß noch mit Rückfragen und halten unterdessen die Zahlungen zurück."

„Ich denke wir sind uns alle darüber einig, daß wir uns erst einmal selber bessern müssen, bevor wir von der übrigen Belegschaft viel verlangen können. Das Unternehmen hat großartige Zukunftschancen, und meine Verantwortung ist es, dafür zu sorgen, daß diese Chancen verwirklicht werden", sagte Wellmann. „Wir werden die Firma ‚entstören', und wir werden gleich bei mir selber anfangen. Ich hätte gern eine Liste mit allen von mir getroffenen Anordnungen, die die Mitarbeiter nerven."

Die Anwesenden sahen einander unsicher an. Beim Chef wußte man nie so genau, ob er seine Schwachstellen wirklich ändern wollte oder nicht. Vor einigen Jahren hatten sie alle Workshops für offeneren zwischenmenschlichen Umgang mitgemacht, sogenanntes ‚Sensitivity Training’, bis sich herausstellte, daß der Boß so viel Offenheit am Arbeitsplatz gar nicht wünschte.

„Ich weiß, daß Sie an meiner Glaubwürdigkeit zweifeln, und das mit gutem Grund", sagte Wellmann. „Aber ich hatte ein Erlebnis, aus dem ich gelernt habe, wie wichtig es ist, daß man sich und anderen keine unnötigen Schwierigkeiten machen soll. Ich will die Gelegenheit beim Schopf ergreifen und die Konsequenzen daraus ziehen."

„Was war das für ein Erlebnis?" fragte die Materialchefin.

Wellmann zögerte ein wenig mit der Antwort.

„Ich will es einmal eine übersinnliche Erfahrung nennen. Stellen Sie sich vor, Ihnen wäre plötzlich zu Bewußtsein gekommen, daß Sie eines Tages für sämtliche Probleme zur Verantwortung gezogen würden, die Sie jemals Mitarbeitern oder Kunden bereitet haben. Daß Sie also, wenn Sie irgendwann einmal eine Entscheidung getroffen haben, durch die ein Mitarbeiter sich vor den Kopf gestoßen fühlte, nie wieder zur Ruhe kämen, bevor das wieder gutgemacht wäre. Daß man selbst noch jeden Hund, dem der Mitarbeiter auf dem Heimweg danach Fußtritte versetzte, beschwichtigen müßte.

Und stellen Sie sich vor, Sie müßten persönlich jede unzulängliche Arbeit wieder in Ordnung bringen, die Sie je einem Kunden angedreht haben. Wenn Ihnen jemand so etwas für die Zukunft voraussagte, würden Sie solche Fehler dann von vornherein vermeiden?"

„Sie meinen, Sie haben in so etwas wie einen Traum gesehen, daß jeder Mißstand, den wir als Manager verursachen, von uns persönlich wieder behoben werden muß, bevor wir im Jenseits unseren Frieden finden? So eine Art Offenbarung?"

Wellmann errötete. „Ich weiß, es hört sich an wie ein Weihnachtsmärchen, aber das ist etwa die Einsicht, zu der ich gekommen bin. Und ob es nun eine Offenbarung war oder nicht — mir ist jedenfalls bewußt geworden, daß ich jahrelang ein sehr kurzsichtiger, uneinfühlsamer Manager gewesen bin. Ich habe die Absicht, das alles zu ändern."

„Also, an uns soll es nicht liegen", meinte Günther Engel. „Allerdings ist es leicht, zum Kreuzzug für Verbesserung von Qualität und Betriebsklima zu blasen, aber wir brauchen noch allerhand Informationen, wenn wir das richtig machen wollen. Es kostet nicht mehr Zeit, etwas in Ordnung zu bringen, das in Ordnung ist, als etwas, das nicht in Ordnung ist."

Alle sahen ihn verständnislos an.

„Wie dem auch sei", sagte Wellmann, „wir müssen an die Arbeit gehen. Wie sollen wir anfangen? Sollen wir einen Ausschuß einsetzen? Sollen wir einen Unternehmensberater engagieren? Was wollen wir als erstes tun?"

Barbara Wunderlich meldete sich zu Wort. „Ich schlage vor, daß wir uns in diesem Stadium erst einmal weiterbilden und uns Fachkenntnisse aneignen. Was wir für Störungen halten, sind unter Umständen gar keine Störungen, und der Prozeß der Qualitätsverbesserung ist womöglich viel komplizierter, als er auf den ersten Blick erscheint."

„Die Sache geht noch etliche Mitarbeiter außer uns an", sagte der Kundendienstchef. „Wir haben ja nur die Hälfte der Bereichsleiter hier, und im Unternehmen gibt es noch ein paar Dutzend andere, ‚führende Köpfe'. Wir alle müssen die gleichen Sachkenntnisse erwerben. Zum Beispiel müssen wir wissen, ob der Entstörungsprozeß mit der Qualitätsverbesserung vereinbar ist?"

„Meines Wissens sind sie sogar identisch", meinte Wellmann, „aber das werden wir ja sehen."

„Ich möchte mich gern aktiv an sämtlichen Schritten in dieser Richtung beteiligen", sagte der Kundendienstlieter.

„Gut, Herr Decker, ich erteile Ihnen, Herrn Engel und Frau Wunderlich, den Auftrag, sich draußen nach brauchbaren Methoden umzusehen, die sich für unser Vorhaben eignen. Wir brauchen Spezialschulung, beratende Hilfe und eine einleuchtende Unternehmensphilosophie."

„Einverstanden, Herr Wellmann, aber wir brauchen noch mehr. Wir brauchen eine umfassende Strategie. Wenn wir keinen klaren Weg vor uns haben, werden wir unsere guten Vorsätze an den Nagel hängen, sobald wir die ersten Erfolge erleben."

„Was verstehen Sie unter Strategie? Wir werden unser Ziel energisch anstreben und uns alle schulen lassen. Danach brauchen wir das alles nur noch in die Praxis umzusetzen — inwiefern unterscheidet sich das von irgendeinem anderen Managementprozeß?" fragte Engel.

„Der Unterschied liegt darin, daß wir uns bewußt vornehmen, Verhaltensstrukturen zu ändern, die bisher in diesem Unternehmen sehr erfolgreich praktiziert wurden. Wir ändern uns, weil wir der Zeit voraus sein müssen. Mit Kundendienst allein ist es nicht mehr getan; die Kosten müssen gesenkt werden, weil Preiserhöhungen einfach nicht drin sind; wir müssen Produkte und Dienstleistungen hervorbringen, die genau die Werbeversprechen einlösen — und zwar immer; und wir müssen uns Verhaltensweisen abgewöhnen, die die Mitarbeiter unnötig frustrieren und uns selber im übrigen auch."

„Das hört sich an, als würden wir uns ganz schön viel vornehmen", sagte Jutta Diepholz.

„Das tun wir auch", sagte Wellmann. „Aber es wird auch das einzige sein, was wir dann neben dem Normalbetrieb noch tun müssen. Wir müssen uns bewußt machen, daß es keine Halbheiten gibt auf diesem Gebiet. Entweder wir sind hundertprozentig dafür oder gar nicht. Zwischenlösungen gibt es nicht."

Das „Dreierteam", wie sich die Sonderbeauftragten bald nannten, erledigte die Vorarbeiten und schaltete dann eine Unternehmensberatung ein, die sich bereits der Philosophie des absoluten Qualitätsmanagements verschrieben hatte. Als erster konkreter Schritt wurde der Leiter des Rechnungswesens dabei unterstützt, die Kosten der Nichterfüllung zu kakulieren, um dem Projekt zunächst einmal eine konkrete betriebswirtschaftliche Grundlage zu geben.

Als zweiter Schritt wurden alle führenden Köpfe des Unternehmens — 38 an der Zahl — zu einer eintägigen Arbeitssitzung über Korrekturmaßnahmen eingeladen. Die Sitzung wurde auf ein Wochenende gelegt. Als erstes bekamen die Teilnehmer einen Überblick über die Situation und eine kurze Einführung in das neue Gedankengut. Dann wurden sie in fünf Gruppen aufgeteilt und aufgefordert, die zehn schwerwiegendsten Qualitätsprobleme des Unternehmens herauszuarbeiten. Nach dem Gespräch sammelten die Mitarbeiter der Beraterfirma die angesprochenen Punkte und stellten sie zu einem allgemein gültigen Problemkatalog zusammen, mit dem sich die Arbeitsgruppen einverstanden erklärten.

Folgende Grundprobleme wurden genannt:
1. Im Unternehmen existieren weder Qualitätsrichtlinien, noch wurde je eine Qualitätspolitik formuliert.
2. Die Unternehmensführung nimmt Qualität nicht ernst.
3. Es finden keine Rückmeldungen über die praktischen Erfahrungen des Außendienstes statt.
4. Das mittlere Management besitzt nicht die Vollmacht, die Erfüllung von Anforderungen durchzusetzen.
5. Weder im Dienstleistungs- noch im Verwaltungsbereich existieren schriftliche Verfahrensregeln.
6. Die Kunden bestellen nicht nach Katalogen; es gibt zu viele Sonderanfertigungen.
7. Die Arbeitsmoral läßt sehr zu wünschen übrig, weil die Mitarbeiter den leitenden Angestellten nicht trauen; sie fühlen sich ständig von uns kritisiert.
8. Wir müssen neue Dienstleistungen anbieten.
9. Es wird nicht genug in Forschung und Entwicklung investiert.
10. Korrekturmaßnahmen sind schwer durchsetzbar; niemand denkt weiter als eine Woche voraus.

Die teilnehmenden Manager sprachen die einzelnen Punkte durch, dann folgte eine praktische Übung über die Qualitätskosten, damit sie sich eine konkrete Vorstellung davon machen konnten. Dann wurden erneut Arbeitsgruppen gebildet, die Abhilfemaßnahmen für die einzelnen Punkte vorschlagen sollten.

Hier die wichtigsten Vorschläge:
1. Wir brauchen die notwendigen Hilfsmittel, um eine Wende herbeizuführen.
2. Wir wollen versuchen herauszufinden, was den Mitarbeitern auf die Nerven geht, und dann alle diese Störquellen nach Möglichkeit abstellen.
3. Die Außendienstberichte müssen ausgewertet und die Ergebnisse der Unternehmensführung mitgeteilt werden.
4. Wir brauchen ein für das Gesamtunternehmen gültiges Qualitätsverbesserungsprogramm.

Das Dreierteam erörterte den Stand seiner Bemühungenmit der Gruppe, und es entstand allgemein der Eindruck, daß dies der richtige Weg sei. Die Gruppe stellte eine Liste von insgesamt 56 leitenden Angestellten und anderen Mitarbeitern in Schlüsselpositionen zusammen, die umgehend gezielte Qualitätsausbildung bekommen sollten. Es wurde beschlossen, eine Planungsgruppe Qualität ins Leben zu rufen, sobald die Managerschulung beendet war.

Alle ausgewählten Führungskräfte wurden zu einer zweieinhalbtägigen Qualitätstagung für Manager geladen und die Mitglieder der Planungsgruppe an eine Managementfachschule geschickt, wo sie lernten, den Verbesserungsprozeß sachkundig zu leiten. Gleichzeitig wurde ein betriebseigenes Schulungssystem für die gesamte Belegschaft eingeführt und sofort mit der Ausbildung begonnen. Das Beratungsunternehmen lieferte das Lehrmaterial und schulte die Ausbilder.

Nach drei Monaten hatten alle Führungskräfte die Qualitätsschulung absolviert und gelernt, mit Begriffen wie „anforderungsgerechte Bearbeitung" von Kundenaufträgen und ähnlichem Fachjargon umzugehen. Die Außendienstberichte wurden immer detaillierter.

Plötzlich fielen die Scheuklappen, und die wahren Probleme des Unternehmens wurden sichtbar. Als sich die ersten Auswirkungen der Qualitätsschulung in den einzelnen Abteilungen bemerkbar machten, wurde den Mitarbeitern bewußt, daß sie sich nicht mehr mit den früheren Mißständen abzufinden brauchten. Sie erkannten, daß man nun Probleme getrost eingestehen und etwas dagegen unternehmen konnte. Sie spürten auch, daß die Aufforderung der Unternehmensleitung, Mißmanagement ans Tageslicht zu bringen und die Ursachen zu bekämpfen, ernst gemeint war.

Wellmann war begeistert, wie rasch sich der Umschwung vollzog. Seine Freude war echt.

„Das läßt sich gut an, Herr Unglauben", sagte er zum Finanzvorstand. „Diesmal ist es keine Motivationskampagne; es ist ein echter Gesinnungswandel. Wir krempeln den ganzen Betrieb allmählich um. Ein Schritt ergibt praktisch den anderen."

„Die Entwicklung schlägt sich auch in den Zahlen nieder, Herr Wellmann", sagte Unglauben. „Nacharbeiten haben bereits deutlich abgenommen. Und die Vertriebsleute haben sogar schon nach einem Sonderkurs über das richtige Ausfüllen von Bestellungen verlangt."

„Ich bin gespannt, was bei den Qualitätsbesprechungen mit den Zulieferern herauskommt. Wenn es uns gelingt, das Interesse unserer Lieferanten an diesem Verbesserungsprozeß zu wecken, dann wird das einen Riesenfortschritt bedeuten."

Gerade als er das sagte, kam die Leiterin der Materialverwaltung, Jutta Diepholz, herein. „Ich sage Ihnen, die Lieferanten sind heilfroh, daß diese Besprechung stattfinden soll. Da kommt bestimmt viel dabei heraus.

Mir wird allerdings langsam klar, daß einige unserer wichtigsten Zulieferer direkt bei uns in der Firma sitzen. Ist Ihnen bewußt, daß wir täglich mehrere Tausend hausinterne Vorgänge bearbeiten und daß in fast allen davon ein bis zwei Fehler stecken? *Das* ist garantiert ein fruchtbares Feld. Und dann erst die hausgemachten Pannen im Kreditkartenbereich!"

„Das habe ich noch nie so gesehen", sagte Wellmann. „Meinen Sie, daß im internen Schriftverkehr viele Fehler passieren?" „Darf ich Ihnen etwas zeigen, was wir bei den Kollegen in der Auftragsabwicklung herausgefunden haben? Es ist symptomatisch für die Probleme, mit denen wir unternehmensweit zu kämpfen haben.

Wie Sie wissen, bekommen wir täglich rund 5.000 Bestellungen von den Verkaufsniederlassungen herein. Diese lassen wir durch den Computer laufen, holen die jeweiligen Waren aus dem Lager, verpacken sie und senden die Pakete an unsere Außendienstvertreter. Und die schaffen die Waren zu den Kunden."

„Das Verfahren haben wir vor Jahren eingeführt", sagte Wellmann. „Es hat sich sehr bewährt."

„Ja", sagte Jutta Diepholz, „es funktioniert gut. Wir bekommen kaum Warenrück-
gaben von den Außendienstleuten, und die Auftragsabwicklung dauert ziemlich konstant zwei Tage. Man sollte meinen, daß dies eine geradezu mustergültige Lösung ist."

„Mittlerweile", sagte Wellmann, „ist mir bewußt, daß es wenige mustergültige
Arbeitsabläufe bei uns gibt. Sie erinnern mich an eine seltsame Begegnung. Mir
scheint, daß ich mich noch auf eine ganze Menge erschreckender Erkenntnisse über
meine Lieblingsabteilungen gefaßt machen muß."

„Sie hatten eine seltsame Begegnung?" fragte Jutta Diepholz.

„Das war nur so dahingesagt. Ich hatte einmal einen Tagtraum. Mir war, als sei
Jakob Meister aus dem Jenseits zurückgekehrt, um mich zu warnen, daß mich ewige
Höllenqualen erwarten, wenn ich nicht bald etwas unternehme."

„War das der Anstoß zu diesem Qualitätsverbesserungsprojekt?"

„Es hat mir auf die Sprünge geholfen. Vermutlich habe ich diesen geistigen Anstoß
gebraucht, um mir bewußt zu machen, daß ein Umdenken notwendig ist. Aber erzählen Sie mir doch mehr von diesen Geschichten aus der Qualitätsgegenwart."

Die Chefin der Materialabteilung lächelte. „Nun, wir beschäftigen 258 Leute in meinem Ressort, angefangen bei den Mitarbeitern, die die Briefe öffnen, bis zu denen, die
die Pakete in einem Lieferwagen verstauen."

„Ja, wir haben die Abteilung klein gehalten, um sie kostengünstig zu führen."

„Nun ja, ich habe die Tätigkeiten dieser Mitarbeiter einmal aufgeschlüsselt, und ich
denke, das Ergebnis dürfte Sie interessieren", sagte Jutta Diepholz. (Sie zeigte dem
Unternehmenschef die Tabelle von Seite 138.) „Und das sind nur die Zahlen aus einem
unserer vielen Fachbereiche."

Wellmann war sprachlos. „Aber wir hielten die VBG doch immer für ein gut geführtes Unternehmen."

„Es ist auch gut geführt. Nur wird es nach dem Motto ,Hauptsache, das Geschäft
läuft' geführt. Wir arbeiten nicht nach dem Vorbeugeprinzip; wir halten es lieber mit
dem nachträglichen Ausbessern. Wir haben das Verkaufspersonal nie im Ausfüllen
von Formularen geschult. Sie bekommen allenfalls mal ein paar schriftliche Anweisungen.

Und sie haben die Erfahrung gemacht, daß schon irgend jemand sie anrufen wird,
falls ein Problem auftaucht, so daß sie die Geschichte nicht übertrieben ernst nehmen.
Wir haben einen Antrag für ein neues Computersystem vorliegen, das eigens dafür eingesetzt werden soll."

„Was soll also konkret in dieser Situation geschehen? Ich sehe etliche mögliche
Abhilfemaßnahmen, aber das wären nur Tropfen auf einen heißen Stein. Wie können
wir einen grundlegenden Wandel herbeiführen?"

Jutta Diepholz zog eine Aufstellung aus einem Ordner.

„Da dies Ressort ein relativ abgegrenzter Bereich ist, haben wir beschlossen, ihn als
eigenständiges Projekt zu behandeln. Er bleibt eingebunden in die unternehmensweite
Planung, und trotzdem können wir den Verbesserungsprozeß dieser Abteilung für sich
betreiben.

	Mitarbeiter
Post öffnen, Schecks an die Buchhaltung und Bestellungen an die Datenverarbeitung schicken	5
Bestellungen auf korrekte Ausfüllung für die EDV überprüfen	5
Verkäufer zur Abklärung von Daten anrufen; mit falschem Bleistift ausgefüllte Bestellscheine kennzeichnen; allgemeine Überarbeitung	12
Kundenaufträge in das Terminal eingeben, damit die Bestellungen an die Fabrik, Rechnungen an die Buchhaltung und Empfangsbestätigungen an die Verkäufer geschickt werden können	2
Buchhaltungs-, Rechnungs- und andere kaufmännische Arbeiten für Planungen	31
Kaufmännische Bearbeitung zur Überprüfung der Rechnungen mit den Verkäufern	6
Hauspost und andere interne Dienstleistungen	29
Auftragseingang — sicherstellen, daß Bestellungen, die ans Lager gehen, korrekt sind	11
Prüfung der Lagerbestände — Vorbereitung der Auftragsabwicklung	15
EDV-Arbeiten für die Lagerhaltung	9
Inventuren und Auftragsabwicklung	69
Versandtätigkeiten	23
Lagerbewachung	9
Allgemeine Tätigkeiten (Personal usw.)	32
	258
Davon Mitarbeiter für Durchsicht, Nacharbeit oder Sonderaufgaben, die alle unter Fehlerkosten fallen	-96
	162
Durchschnittsverdienst, Vergünstigungen und andere Gemeinkosten pro Person	72.000 DM
	72.000 DM × 96 = 6.912.000 DM

Im einzelnen beabsichtigen wir die folgenden Schritte:
1. Kosten für die Abweichung von den Anforderungen feststellen.
2. Abteilungsleiter schulen.
3. Ein Team von Qualitätsbeauftragten zusammenstellen und die Mitglieder auf Sonderlehrgänge schicken.
4. Verbesserungsstrategie entwerfen.
5. Das übrige Betriebspersonal im Hause im Rahmen des Mitarbeiterschulungssystems ausbilden und auf den neuesten Kenntnisstand bringen.
6. Während dieser Zeit können wir die ersten sechs Schritte des Qualitätsverbesserungsprozesses in die Wege leiten. Das wird uns wiederum beim Aufbau der notwendigen Systemanalyse weiterhelfen. Die konkrete Korrekturmaßnahme wird dann darin bestehen, die Probleme zu diagnostizieren und für immer aus der Welt zu schaffen."

Wellmann nickte zustimmend. „Wenn ich Sie richtig verstanden habe, wollen Sie zunächst die Voraussetzungen für einen Verbesserungsprozeß schaffen, indem sie die

Mitarbeiter schulen und gleichzeitig für Managementverantwortung, Meßverfahren und Qualitätsbewußtsein einen Standard festlegen."

Jutta Diepholz nickte.

„Dann wollen Sie die gesamte Abwicklung der Aufträge untersuchen. Diese Überprüfung dürfte sehr erfolgreich sein, denn alle Beteiligten werden unter Qualität und Mißständen das gleiche verstehen und sich der Rolle jedes einzelnen im Verbesserungsprozeß bewußt sein.

Dies Vorgehen ist deshalb sehr erfolgversprechend, weil jedermann daran interessiert sein wird, Qualitätsverbesserung herbeizuführen, anstatt sich dagegen zu sträuben."

„Herr Wellmann", sagte Jutta Diepholz lächelnd, „das hört sich ja an, als seien Sie der geistige Vater des Projekts. Sie haben das Konzept in wenigen Worten exakt wiedergegeben."

„Ich werde die Entwicklung aufmerksam verfolgen. Was kann ich zu Ihrer Unterstützung tun?"

Helen überlegte. Sie blickte auf die Tischplatte, dann auf Wellmanns Jackenrevers, dann zum Fenster und wieder auf die Tischplatte.

„Mir scheint, Sie würden mir gern sagen, was ich tun kann, aber Sie trauen sich nicht so recht. Ich muß irgend etwas getan haben, das ich nicht hätte tun sollen. Lassen Sie mich mal raten."

Helen nickte und lächelte verlegen.

Wellmann lehnte sich zurück und grübelte. Er war viel unterwegs gewesen und hatte mit den Mitarbeitern sämtlicher Unternehmensbereiche über Qualität gesprochen. Dabei hatte er es sich zum Prinzip gemacht, immer ganz klar für Qualität Stellung zu beziehen und sich zu seiner persönlichen Verantwortung zu bekennen. Das konnte es nicht sein. Er hatte es sich abgewöhnt mit Begriffen wie ‚wirtschaftliche Aspekte der Qualität' und ‚Kundenmeinung' um sich zu werfen, also mußte es etwas anderes sein, etwas Spezifisches.

Er sah seine Besucherin an.

„Könnte es sich um die Antwort handeln, die ich dem Finanzchef gab, als er mich fragte, ob wir weiterhin so viel Geld für mehrmalige Kundendienstbesuche ausgeben sollten? Ich sagte ihm, daß Kundendienstleute, die nicht hin und wieder von einem Kunden noch einmal angefordert werden, zu langsam arbeiten. Das war wohl nicht die richtige Antwort?"

Die Materialchefin seufzte. „Wo Sie selbst darauf zu sprechen kommen: Es hatte tatsächlich zur Folge, daß alle meinten, nochmalige Besuche seien normale Betriebsausgaben. Jetzt haben sie ein Projekt, solche Zweitbesuche einzuschränken, anstatt sie ganz abzustellen."

„Junge, Junge, da sieht man, wie sehr man auf seine Worte achten muß. Es tut mir aufrichtig leid. Ich werde mich darum kümmern und die Sache klarstellen."

„Das wäre eine große Hilfe", sagte Jutta Diepholz. „Wir führen mit den Kundendienstleuten eine gezielte Schulung über das Thema durch. Die Mitarbeiter müssen sich mit dem Gedanken anfreunden, daß sie ein Gewinn- und kein Zuschußunternehmen sind. Herr Decker bearbeitet sie ganz schön."

„Ich bin gespannt, wie sich die Auftragsabwicklung macht."
„Wir werden Sie täglich auf dem laufenden halten."
„Verschwenden Sie nicht zu viel Zeit für mich; alle paar Wochen genügt auch."

QUALITÄTSVERBESSERUNGSBERICHT DER AUFTRAGS-ABWICKLUNG NUMMER EINS

Schulung

Alle Lehrgänge für das mittlere und obere Management sind beendet. Insgesamt nahmen 24 leitende Angestellte daran teil.

Die systematische Qualitätsschulung für die übrige Belegschaft hat angefangen. Die Ausbilder wurden im vergangenen Monat geschult.

Problem: So viele konkrete Beispiele zusammentragen, daß die Qualitätsausbilder den Kursteilnehmern einen praxisbezogenen Unterricht bieten können. Unsere Unternehmensberatungsgesellschaft hat uns sehr dabei geholfen. Einer ihrer Berater war zwei Tage lang bei uns, und wir haben jetzt genug Material.

Verbesserungen

1. Vertreter dazu zu bringen, daß sie Bestellformulare vollkommen korrekt ausfüllen, ist das wichtigste Problem. Mindestens vier Arbeitsgänge sind bisher erforderlich, nur um falsche Eingaben zu berichtigen. 24 Angestellte sind ausschließlich damit beschäftigt, die Genauigkeit der Bestellungen zu überprüfen.
Gegenmaßnahme: Die Vertriebsabteilung hat eingewilligt, das Formular zu vereinfachen, indem zwei Drittel der Punkte, die kaum gebraucht werden, auf ein separates Blatt gedruckt werden, das sich nicht jeden Monat verändert.
Jeder Vertreter erhält ein kleines Handbuch mit einer exakten zeichnerischen Darstellung, wie das Formular auszufüllen ist, und in dem Prämien in Aussicht gestellt werden für jedes fehlerfreie Formular, das in der Geschäftsstelle eintrifft. Die Prämien kann man mehrmals bekommen.
Jeder schriftlichen Mitteilung ans Verkaufspersonal wird ein kleiner Spezialbleistift beigefügt. Das größte technische Problem in diesem Bereich ist der Umstand, daß die Verkaufsleute die falschen Bleistifttypen verwenden. Aber die kann der Computer nicht lesen.
Erfahrene Verkäufer bekommen direkten Zugang zum Computer.
Ergebnisse: Bis dato ist die Fehlerquote in den Bestellformularen von bisher 23 Prozent auf 9 Prozent zurückgegangen. Die eigentliche Auswirkung wird sich erst mit der Zeit bermerkbar machen. Das Echo des Außendiensts ist außerordentlich positiv. Wir konnten 14 Mitarbeiter in die Kreditkartensparte versetzen, wo Stellen für genau die Art von Leuten ausgeschrieben waren, die wir für die Nacharbeit eingestellt hatten.
2. Wir stellten fest, daß in der Packerei regelmäßig ein Überstundenbedarf von 20 Prozent anfiel, weil am Spätnachmittag immer die Kartondeckel ausgingen. Aus den Mitarbeitervorschlägen zur Beseitigung von Fehlerursachen ging hervor, daß die Kartondeckel immer zweckentfremdet wurden, um Nachschub für den Arbeitsbeginn am nächsten Morgen sicherzustellen. Da niemand einen vernünftigen Grund sah, diese Gepflogenheit beizubehalten, wurde sie geändert. Jetzt sind keine Überstunden mehr erforderlich.

Um nach Verbesserungs- und Einsparungsmöglichkeiten zu fahnden, starten wir
nächste Woche ein Sparprogramm nach dem Motto: FÜNF MARK PRO TAG.
Auf diese Weise wollen wir erreichen, daß wir von den Mitarbeitern sämtliche Probleme unserer Abteilung erfahren.

QUALITÄTSVERBESSERUNGSBERICHT DER AUFTRAGS-ABWICKLUNG NUMMER ZWEI

Schulung

Alle Mitarbeiter haben das Qualitätsschulungssystem absolviert, und wir haben angefangen, die Schulung im Kreditkartenbereich einzuführen. Einige Mitarbeiter haben
an Lehrgängen für Kursleiter teilgenommen und haben Vorbilder, aber wir machen
die Erfahrung, daß Zusammenarbeit am meisten Entlastung bringt. Das Echo der
Kursteilnehmer war extrem positiv.

Verbesserungen

1. Nach Auskunft der Kalkulation ist die Fehlerquote bei den Kundenaufträgen im
   Laufe der vergangenen sechs Monate um 37 Prozent gesunken. Die Fehlerquote
   liegt jetzt bei 2 Prozent, wobei das Hauptproblem nach wie vor die Nichtverwen-
   dung des richtigen Bleistifts ist. Die Forschungsabteilung hat es übernommen, hier
   die technischen Voraussetzungen zu ändern.
2. Das FÜNF-MARK-PRO-TAG-Programm erbrachte im letzten Monat 312 Vorschläge von 246 Mitarbeitern. Sie sind alle ausgezeichnet. Der Gedanke, an jedem
   Arbeitsplatz täglich fünf Mark einzusparen, hat alle sehr angesprochen. Wir schät-
   zen, daß diese Vorschläge im laufenden Geschäftsjahr mehr als eine Million an Ein-
   sparungen einbringen.
3. Wir haben so viele Einzelpunkte, daß wir sie auf einem gesonderten Blatt in der
   Anlage aufführen.

Während des ersten Jahres des Qualitätsverbesserungsprozesses senkte die VBG die
Fehlerkosten vom veranschlagten Niveau von 26 Prozent auf 16 Prozent. Die innerbetrieblichen Streßfaktoren nahmen nach Erich Wellmanns unwissenschaftlichem Index
um die Hälfte ab. Die Arbeitsmoral stieg, Kundenbeschwerden gingen um 75 Prozent
zurück, und die Vertriebsniederlassungen fingen an, sich auf Instandhaltung zu konzentrieren anstatt auf Pannenhilfe.

Wellmanns persönlicher Bewertungsmaßstab für die Kreditkartensparte richtete sich
nach der Anzahl zorniger Anrufe oder Protestbriefe, von denen er immer weniger
bekam.

Insgesamt war er begeistert — alles lief wie am Schnürchen. Die erste Planungsgruppe Qualität sollte von einer neuen Gruppe abgelöst werden, und der Tag der Verpflichtung, den er widerstrebend ausgerichtet hatte, war zum Volltreffer geworden.
Die Vorstandsmitglieder des Unternehmens hatten aufgehört, sich über mangelnde
Qualität zu beschweren und sich gegenseitig schlecht zu machen. Es war wie im Traum.

Wellmann erschrak. War dies auch nur wieder eine von Jakob Meisters Visionen?

Nein, zufrieden stellte er fest, daß es Wirklichkeit war. Aber der Gedanke brachte
ihn wieder auf den Boden der Tatsachen.

Es hatte eine Menge Verbesserungen gegeben, und das Unternehmen entwickelte sich in die richtige Richtung. Aber bisher hatten sie lediglich die Oberfläche angekratzt, nur die Spitze des Eisbergs wahrgenommen. Es gab noch genug Mißstände.

„Berufen Sie den Vorstand morgen vormittag zu einer Qualitätsbesprechung ein", rief er ins Telefon. „Wir müssen langsam ernst machen mit Qualität in der Firma."

Erich Wellmann hatte nicht die Absicht, für alle Ewigkeit in diesem Reparaturmagazin in der Hölle zu schmoren.

15
Entstörung der Primalux AG

Harald Überhoff betrat rasch das Chefzimmer. Seine geschäftige Miene war längst einem Ausdruck der Ratlosigkeit gewichen. Er nickte der Verwaltungsassistentin Carola Brenninkmeyer grüßend zu und stellte sich neben den lächelnden Unternehmenschef.

„Herr Müller-Westernhagen, ich kann Ihnen gar nicht sagen, wie peinlich mir die Sache ist. Ich hoffe aufrichtig, daß alles geklärt werden kann, bevor das Buch herauskommt."

„Nehmen Sie nicht alles so tragisch, Herr Überhoff. So etwas kommt eben vor. Was der Mann über unser Planungssystem geschrieben hat, ist nur seine subjektive Meinung. Die Leute werden es interessiert zur Kenntnis nehmen, mehr nicht. Nur was wirklich bleibenden Wert hat, hält sich lange auf dem Buchmarkt. Man kann sowieso praktisch nichts dagegen unternehmen."

Überhoff ging quer durch den Raum. „Das ist es ja, Herr Müller-Westernhagen. Soll es überhaupt auf dem Buchmarkt erscheinen? Was mir zu schaffen macht, das ist gar nicht so sehr, was der Autor über unser Planungssystem schreibt, als das, was unsere leitenden Leute ihm darüber gesagt haben. Ich habe mich immer wieder mit diesem Kapitel beschäftigt, seit er uns das Manuskript zur Einsichtnahme geschickt hat. Da können wir uns auf einigen Ärger gefaßt machen."

„Aber wenn Sie das ganze Zeug über unser angeblich so sinnloses System nicht gedruckt haben wollen, dann geben Sie einfach das Material nicht frei. Dann hat die Sache ein Ende."

„Gegen das Material ist ja nichts einzuwenden. Es besagt, daß das Planungssystem, das ich so sorgfältig entworfen und eingeführt habe, ein einziger Krampf ist. Unglücklicherweise stimmen die meisten unserer leitenden Mitarbeiter mit dem Autor darin überein, und was noch schlimmer ist, ich selber muß ihm recht geben. Bis jetzt habe ich das System nie als Ganzes betrachtet. Ehrlich gesagt, es bringt uns nicht annähernd das, was wir hineinstecken. Wir — ich — habe eine Behandlungsmethode geschaffen, für die es keine Krankheit gibt."

Der stellvertretende Vorstandsvorsitzende ließ sich niedergeschlagen in einen Sessel fallen.

Müller-Westernhagen klopfte ihm auf die Schulter. „Seien Sie nicht so unbarmherzig mit sich. Wir hätten nie diese Wachstumsziffern erreicht, wenn unsere leitenden Manager nicht von Ihnen gelernt hätten, Informationen zusammenzutragen und zu analysieren. Die Tatsache, daß das System ein bißchen umständlich geworden ist, stellt seinen Nutzen nicht in Frage. Jede Methode muß mit ihren Anwendern Schritt halten. Überdenken Sie das System noch einmal, ‚entstören' Sie es, aber werfen Sie es nicht über Bord."

Überhoff sah dankbar auf. „Ich bin froh, daß Sie sich nicht aufregen. Wir könnten ziemlich dumm dastehen, wenn das Buch herauskommt."

„Nur dann, wenn wir nicht einsehen, daß Wandel und Verbesserung sein müssen. Ich hatte schon seit einiger Zeit das Gefühl, als hielte unser Planungssystem nicht mit unserer Entwicklung Schritt, aber dann dachte ich, daß es trotz allem eine sinnvolle Investition sei und immerhin noch eine pädagogische Funktion erfülle. Mir scheint nach wie vor, daß die Planungsveranstaltungen die einzigen Anlässe sind, die sämtliche Mitarbeiter zusammenbringen."

Er ging auf den Jüngeren zu und setzte sich neben ihn. „Ein Unternehmen ist ein wachsendes, veränderliches Ganzes mit einem Eigenleben. Es bekommt nur dann Schwierigkeiten, wenn die Unternehmensführung Veränderungen nicht zur Kenntnis nimmt und die Firma sozusagen aus den Kleidern wachsen läßt.

Wir haben unsere Personalpolitik den heutigen gesellschaftlichen Gegebenheiten angepaßt; wir haben unsere Altersversorgungsprogramme geändert, um in den Genuß der individuellen Rentenbezuschussung und anderer staatlicher Maßnahmen zu kommen; wir haben etliche Produktgruppen verkauft, die überaltert waren (und das hätten wir ohne unser gründliches Planungssystem nicht erkannt); und wir haben die gesamte firmeninterne Kommunikation durch den Einsatz von Computer-Terminals und die Einrichtung eines elektronischen Nachrichtennetzes umstrukturiert.

Das heißt, wir sind über etliche überholte Systeme hinausgewachsen und haben sie umorganisiert. Das tun wir routinemäßig. Aber Planung ist nur ein Teil des Managements; sie muß uns dienen und nicht umgekehrt."

Überhoff ging es schon etwas besser. „Wir haben sogar schon in groben Zügen ein System entworfen, sämtliche Planungsdaten ins elektronische Kommunikationssystem zu integrieren. Dann würden 70 Prozent der einzelnen Planungssitzungen entfallen."

„Das wäre ein guter Neubeginn."

„Aber ich denke, daß ich als erstes einige unserer Spitzenmanager zusammenbringen und sie fragen werde, was sie ihrer Meinung nach wirklich brauchen, um sinnvoll zu planen und das Unternehmen ordentlich arbeiten zu lassen. Wir wissen noch immer nicht genau, was dazu gehört, damit alles stimmt." Überhoff stand auf und ging ans Fenster.

„Meiner Ansicht nach kennen wir die meisten Kategorien, die für eine Routineplanung notwendig sind. Was mir zu schaffen macht, sind die Faktoren, die die Zukunft bestimmen. Wir hätten beinah die Entwicklung dieser neuen Lebensversicherungspolicen verpaßt, weil wir Versicherungen nicht als Möglichkeit für kurzfristige Investitionen sahen."

Überhoff nickte. „Und wir wir haben die Notwendigkeit der Großintegration im Halbleiterbereich nicht rechtzeitig genug mitbekommen. In der Sparte hinken wir noch immer hinterher. Es ist schwierig, so viele Märkte gleichzeitig im Auge zu behalten."

„Genau darum geht es", sagte Müller-Westernhagen. „Es ist schwierig, alle diese Märkte auf einmal zu beobachten, und es ist schwierig, immer Bescheid zu wissen, was zu irgendeinem gegebenen Zeitpunkt in einem Industriezweig geschieht. Aber die Leute, die sich ausschließlich damit befassen, scheinen der Wirklichkeit ziemlich konstant sehr nah zu kommen. Niemand weiß es ganz genau, aber diejenigen, die ständig mit dem Thema zu tun haben, verfügen über ziemlich handfeste Daten. Dennoch meine ich, daß das Material von jemand ausgewertet werden muß, der einen Überblick über die gesamtwirtschaftliche Entwicklung hat."

„Meinen Sie damit, daß etwa ein Hotelfachmann dem Trend entnehmen könnte, daß in Zukunft mehr Geschäftsleute ihre Ehefrauen auf Geschäftsreisen mitnehmen werden, während ein branchenexterner Beobachter darauf hinweisen würde, daß der Trend sich umkehren könnte, wenn die Doppelverdiener weiterhin zunehmen?"

Der Chef nickte. „Richtig. Wir müssen, ohne allzuviel Druck auf unsere führenden Leute auszuüben, ein breitangelegtes Informationssystem entwickeln, das es uns gestattet, sämtliche Aspekte herrschender Trends oder alle möglichen Auswirkungen geplanter Maßnahmen zu sehen. Schließlich gibt es heutzutage keine unternehmerischen Inseln mehr."

Überhoff fühlte die alte Spannkraft wieder in sich. „Ich denke, wir könnten das Planungskonzept und das verantwortliche Ressort so umorganisieren, daß wir nur noch ein Drittel des bisherigen Aufwandes an Zeit und Geld hineinstecken müssen und dennoch praktisch mehr dabei herauskommt. Aber zunächst werde ich die besagte Gruppe zusammenbringen. Wir werden es nie wieder so weit kommen lassen, daß sich irgendwelche Planungsmaßnahmen verselbständigen. Und schon gar nicht, daß Planung effektiv Streß erzeugt. Nicht zu glauben: etwas, das zur Problembewältigung ins Leben gerufen wird und sich als eine der Hauptstörquellen erweist.

Wir werden weniger Personal brauchen; darauf können Sie sich verlassen. Ich bin selbst bereit, den Hut zu nehmen, wenn es der Firma nützt."

Müller-Westernhagen war betroffen. „Dazu besteht doch kein Anlaß. Sie sind am besten gerüstet, uns auf den richtigen Weg zu bringen. Wir werden uns noch Dutzende von Malen ändern, bis Sie ins Pensionsalter kommen. Also, seien Sie nicht überempfindlich — wir lernen nur aus unseren Erfahrungen."

Zur Vorbereitung der Vorstandsbesprechung konzipierte Überhoff ein Kommunikationsschema. Er teilte die Planungsaufgaben in drei Bereiche auf:

1. Was müssen Sie wissen, um Ihren Unternehmensbereich zu führen?

2. Was für Informationen braucht man, um einen Überblick über das Konzernganze zu erstellen?

3. Welche Informationen von „Allgemeininteresse" sollten wir erwerben?

Zu seiner großen Überraschung stellte Überhoff fest, daß den Betriebsleitern mehr an einem festen Planungskonzept gelegen war als den Abteilungs- und Verwaltungsmanagern.

„Wir müssen wissen, wohin die Entwicklung geht und wie die Vergangenheit zu bewerten ist", sagte Hanna Lautenschläger, die Leiterin des Versicherungs- und Bankbereichs. „Aber es genügt, wenn wir es in groben Zügen wissen; es muß nicht bis ins kleinste Detail alles aufgeschlüsselt werden."

„Welche Details würden Sie auslassen, Frau Lautenschläger?" fragte Produktionsleiter Ernst Kögel. „Was für den einen eine ‚Mücke' ist, kann für den anderen ein ‚Elefant' sein. Wie steht's mit den monatlichen Absatzprognosen?"

„Monatliche Berichte sind für die meisten Bereiche angebracht; aber wöchentliche und tägliche Berichte treiben uns auf die Palme. Mit das Zeitraubendste sind die ewigen Bestandsaufnahmen. Mir wäre es lieber, wir würden sie insgesamt abschaffen, anstatt nach besseren Möglichkeiten zu suchen, sie permanent auf dem neuesten Stand zu halten."

Produktleiter Walter Thomas sprang Überhoff bei. „Meiner Ansicht nach herrscht im Zusammenhang mit diesem Thema ein allgemeines Mißverständnis. Nicht die Sammlung der Daten führt zu all den Unstimmigkeiten. Mir ist noch nie ein Geschäftsführer begegnet, der sich über Informationsüberschuß beschwert hätte.

Es ist gar nicht das Zusammentragen und Darstellen all des Materials. Es sind die ganzen damit verbundenen Strapazen."

Überhoff machte ein verständnisloses Gesicht. „Dann werden wir eben sämtliche Formulare und Verfahren vereinfachen."

Walter Thomas lächelte geduldig. „Ich meine die menschlichen Strapazen, nicht den Papierkrieg."

Hanna Lautenschläger fiel ein: „Was uns so streßt, sind die ewigen Sitzungen, auf denen wir nur die Laufburschen spielen. All die Leute aus der Zentralverwaltung, die die Pläne jedes Bereichs permanent verfolgen und uns die Zeit stehlen und uns Löcher in den Bauch fragen, warum wir die Karotten vor den Erbsen gegessen haben."

Karl Meißner stimmte ihr zu. „Als Qualitätsbereichsleiter muß ich dabeisitzen, bis jedes Thema ausdiskutiert ist. Frau Lautenschläger braucht sich immerhin nur um die Versicherungs- und Finanzsitzungen zu kümmern. Ich bin jedesmal dran."

„Sie müssen an den Sitzungen teilnehmen", sagte Hanna Lautenschläger, „und ich habe volles Mitgefühl. Aber ich sitze derweil draußen in der Hotelhalle und versuche, meinen Betrieb von einem Nebenanschluß aus zu führen."

Überhoff wand sich. „Na ja, immerhin bekommen wir einander auf diesen Sitzungen zu sehen. Das ist doch auch etwas wert."

„Ist es auch, unbedingt", sagte Produktionsleiter Kögel. „Aber müssen die Sitzungen deshalb so oft stattfinden und sich so quälend in die Länge ziehen? Haben Sie die Aufstellung über unsere Planungsveranstaltungen gesehen? (Siehe Kapitel 3.) Wenn die stimmt, dann bleibt uns pro Jahr nur ein Tag für die eigentliche Arbeit."

„Aber wir müssen den Plan doch entwickeln. Mir ist klar, daß das viel Zeit kostet und daß es manche Überschneidungen gibt. Aber wie sollen wir uns über eine Gesamtstrategie einigen, wenn wir uns nie zusammensetzen?"

„Ich denke, dafür finden wir automatisch das richtige Maß, wenn nur erst das Grundkonzept stimmt. Die Geschichte ist wahrscheinlich gar nicht so kompliziert. Wir müssen uns darüber einigen, daß die ganze Planerei den Zweck hat, den Betriebs- und Verwaltungsabteilungen die Arbeit zu erleichtern."

„Das liegt doch auf der Hand", sagte Überhoff gereizt. „Wofür denn sonst?"

„Da würden Ihnen einige Leute widersprechen, Herr Überhoff. Ich kenne niemand, der es anders sieht, als daß wir der Konzernführung dabei helfen, auf das Fußvolk aufzupassen."

„Kein Wunder, daß die Leute von Frust reden. Wenn der ganze Prozeß so gesehen wird, dann haben wir wirklich miserabel dafür geworben. Das hört sich ja an wie eine Strafe Gottes."

„Ich bezweifle, daß irgend jemand dem lieben Gott die Schuld in die Schuhe schiebt", sagte der Qualitätsleiter. „Aber Strafe ist in der Tat das richtige Wort. Irgendwie haben wir aus einem wichtigen Instrument des Forschritts ein mittelalterliches Folterwerkzeug gemacht."

„Was sollen wir also Ihrer Meinung nach tun?" fragte Überhoff. „Wir müssen Basisdaten zusammenstellen und publik machen; wir müssen einen Gesamtkostenplan erstellen; wir müssen unsere Arbeit planen; und wir müssen uns über die Verteilung der Mittel einigen. Wir müssen Unternehmensziele stecken und dafür sorgen, daß die Entwicklung auch tatsächlich dahin geht."

„Das stimmt alles. Unser Planungssystem sollte in diesem Sinne konzipiert sein. Wenn wir es so anlegen, werden alle zufrieden sein."

„Aber so *ist* es doch angelegt", sagte Überhoff. „Auf das alles läuft es doch in der Praxis hinaus."

„Worauf es in der Praxis hinausläuft, sind zu 20 Prozent die genannten Dinge und zu 80 Prozent Gemecker über die Direktion. Das liegt daran, daß die ganze Sache eine Einbahnstraße ist."

„Das war nie beabsichtigt. Im Grund sollte aufdem effektivsten Wege der bestmögliche Plan aufgestellt und in die Tat umgesetzt werden." Überhoff dachte einen Augenblick nach. „Wenn ich es recht bedenke", sagte er, „sagen das vermutlich alle totalitären Regime."

„So ist es", sagte Hanna Lautenschläger.

„Wir können also feststellen, daß keine Meinungsverschiedenheit besteht über die Notwendigkeit eines Unternehmensplans und daß auch der Einsatz von Fachbeauftragten zur Durchführung des Plans nicht strittig ist."

Allerseits Nicken.

„Das eigentliche Problem liegt darin, daß sich das System so entwickelt hat, daß das Unternehmen nur noch dazu da ist, Pläne aufzustellen und bekannt zu machen.

Wenn das der einzige Unternehmenszweck ist, dann haben die leitenden Angestellten für nichts anderes mehr Zeit und Kraft übrig, und alle guten Vorsätze, seine Zeit auf Dinge zu verwenden, die man für wichtig hält, geraten ins Hintertreffen. Wir sind wahre *Planfetischisten* geworden.

Nun, wir haben die Chance zum Neubeginn. Wir werden ein System erarbeiten, und zwar gemeinsam. Ein System, welches es dem technischen und kaufmännischen Management gestattet, seine Arbeit zu tun, und gleichzeitig die Unternehmensführung in die

Lage versetzt, den eingeschlagenen Weg zu beurteilen, weil sie über genügend Informationen für die Erfüllung der eigenen Verpflichtungen besitzt."

Überhoff blickte prüfend in die Runde.

„Das ist der richtige Kurs für uns, Herr Überhoff", sagte Hanna Lautenschläger. „Es ist nicht einzusehen, warum Arbeit je unerfreulich sein sollte. Hier habe ich eine Aufstellung über die Voraussetzungen für den Betrieb des Versicherungs- und Finanzwesens. Jetzt, wo wir die Grundsatzdebatte hinter uns haben, schlage ich vor, daß wir alle in diese Planung des Plans einsteigen. Mir scheint, daß wir gar nicht so furchtbar lange dafür brauchen werden."

16
Einige Erfolgsgeschichten

Vor ein paar Jahren arbeitete ich mit zwei Fabriken desselben US-Konzerns zusammen, die sich mit meiner Hilfe zu Vorreitern auf dem Gebiet der Qualitätsverbesserung entwickelten. Im einen Werk wurde Telefonzubehör hergestellt, im anderen Pumpen. Beide Werke hatten engagierte Generaldirektoren und beide befolgten Richtlinien über die Verwirklichung von Qualitätsverbesserung.

Im Verlauf der ersten neun Monate senkten sie die Mängelquote im Fertigungsbereich um über die Hälfte, reduzierten ihre Qualitätskosten um 20 Prozent und bekamen bald überhaupt keine Kundenreklamationen mehr. Beide Unternehmen waren in jeder Hinsicht erfolgreich.

Da der Prozeß von vorhandenem Personal getragen wurde, fielen bis auf etwas Kommunikationsmaterial keine zusätzlichen Kosten. Beide Betriebe arbeiteten zum ersten Mal wirklich rentabel, und ihre Leistung wurde von der Konzernspitze honoriert.

Deshalb sahen wir die Gelegenheit gekommen, die anderen nordamerikanischen Niederlassungen des Unternehmens anzusprechen. Wir hatten dieselbe Strategie in Europa verfolgt und überall dieselben Resultate erzielt.

Daher veranstalteten wir ein Qualitätsseminar für alle nordamerikanischen Hauptabteilungsleiter, Werksdirektoren und Gruppenleiter. Auf diesem Seminar stellten die erfolgreichen Qualitätsmanager der beiden ausländischen Niederlassungen dar, was sie unternommen hatten, demonstrierten die Ergebnisse und beantworteten Fragen. Der Beraterstab hielt sich im Hintergrund, um die Glaubwürdigkeit des Projekts zu gewährleisten.

Am Ende waren ein paar mehr von den führenden Mitarbeitern des Konzerns überzeugt, daß ein Qualitätsverbesserungsprozeß ihnen weiterhelfen würde. Die meisten fanden jedoch, daß so etwas schön und gut sei für Leute, die unter günstigeren Bedingungen arbeiteten, daß es aber unter den schwierigen Gegebenheiten in ihren Niederlassungen nicht funktionieren werde. Einige wagten den Schritt und fuhren sehr gut damit.

Wir alle wissen, daß es nicht genügt, wenn eine Sache „einen Versuch wert ist". Wir müssen persönlich überzeugt sein, daß wir nicht ohne sie leben können.

Also mußten wir mit jeder Unternehmenssparte für sich arbeiten und den jeweiligen Mitarbeitern vor Augen führen, was es kostet, schlecht zu arbeiten, und wieviel man durch Verbesserung zu gewinnen hat. Nach einigen Jahren sprachen die Fakten so überwältigend für uns, daß die Betriebe uns um Beratung baten.

Es ist ganz aufschlußreich, über praktische Erfahrungen von anderen zu sprechen, daher werde ich einige der erfolgreichen Fälle beschreiben, die wir in den vergangenen Jahren miterlebt haben. Die Informationen wurden uns von den Firmenkunden zur Verfügung gestellt und von den jeweiligen Beratern der Philip Crosby Associates zusammengetragen. Aus naheliegenden Gründen werde ich keine Originalnamen nennen, aber die Geschichten sind alle belegt und wahrheitsgetreu.

Zum Stichwort „Kommunikation" werde ich keine Einzelbeispiele aufführen, da sämtliche Unternehmen übereinstimmend berichteten, daß die Kommunikationsverfahren zwischen einzelnen Unternehmensteilen, wie Zentralverwaltung und Bezirksgeschäftsstelle oder Führungsstab und Geschäftszweige, sich drastisch verbessert haben. Das ist eigentlich die Regel.

Qualitätskosten

Computerhersteller

Die Probefertigung, in welcher Peripheriegeräte produziert wurden, meldete 22 Monate nach Beginn des Qualitätsverbesserungsprozesses eine offiziell kalkulierte Senkung der Qualitätskosten um 241 Millionen Dollar.

Die Produktion war um 48 Prozent gestiegen, und das Kundendienstpersonal, um nur ein Beispiel zu nennen, war zahlenmäßig geschrumpft.

Halbleiterhersteller

Innerhalb eines Zeitraums von zwei Jahren wurden die Produktionskosten um insgesamt 35,5 Millionen Dollar gesenkt. Zusätzlich konnten die Kosten in der Materialbearbeitung um drei Millionen Dollar gesenkt werden.

Es wurde geschätzt, daß auch die Verwaltungskosten erheblich zurückgegangen seien, aber da sie nicht belegt sind, werden sie hier nicht berücksichtigt. Die Qualitätsbeauftragten für den Sekretariatsbereich waren beispielsweise in der Lage, die monatlichen Gesamttelefonkosten um 42,9 Prozent zu senken. (Das Unternehmen wollte die Höhe der Telefonrechnung nicht bekanntgeben.)

Ein Schwerpunktsbereich der Kostensenkung war eine der fünf Fertigungslinien für Silizium-Scheiben, welche dank intensiver Bemühungen, den Verbesserungsprozeß mitzutragen, eine wöchentliche Kostensenkung von 250.000 Dollar verzeichnete. Die anderen Geschäftszweige sind inzwischen von dem Konzept überzeugt und befolgen es ebenfalls.

Kehrmaschinenhersteller

Dieses Unternehmen mit einem 90-Millionen-Umsatz hat seine Qualitätskosten von Jahr zu Jahr immer weiter gesenkt. Angefangen vom Stand von 16 Prozent vom Umsatz im Jahre 1979 fielen die Qualitätskosten 1981 auf 11,5 und 1982 auf 10 Prozent. Das Ziel für 1988 sind 2,5 Prozent.

Kommunikationsunternehmen

Ein Unternehmen mit einem Umsatz von 14 Millionen Dollar, welches seine Qualitätskosten gleich im ersten Jahr von 29 Prozent auf 20 Prozent senkte.

Kleines vielseitiges Unternehmen

Die Qualitätskostenanalyse ergab, daß ein Produkt, das 11 Prozent vom Gesamtumsatz ausmachte, allein 60 Prozent der Gesamtgarantiekosten verursachte. Eine betriebstechnische Untersuchung zeigte, daß das Unternehmen einfach nicht über das für dieses Produkt erforderliche technische Know-how verfügte. Die Firma veräußerte das Produkt und verbesserte seine Rentabilität erheblich.

Ölraffinerien

Dieses bekannte Energieunternehmen besitzt in den USA vier Raffinierien. Es konnte seine Qualitätskosten innerhalb eines Zeitraums von zwei Jahren um insgesamt 50 Millionen Dollar dadurch senken, daß sinnlose Aufwendungen wie die Beimengung ungeeigneter Zusätze oder doppelte Wartungsarbeiten unterbunden wurden, daß der übermäßige Verbrauch von Wasserstoff abgeschafft wurde und daß die Verfahrensvorschriften allgemein aufmerksamer beachtet wurden.

Ein nach dem Null-Fehler-Konzept geplantes und geführtes Umschlaglager wurde früher als angenommen fertiggestellt und brachte eine Gewinnverbesserung von 2 Millionen Dollar ein.

Textilhersteller

Innerhalb von zwei Jahren wurden die Qualitätskosten unternehmensweit um 22 Prozent gesenkt. Das Interessante daran ist, daß zu diesem Zeitpunkt nur die Hälfte der Betriebe an dem Prozeß beteiligt war.

Weiterer Textilhersteller

Im Pilot-Betrieb konnten die Qualitätskosten innerhalb der ersten 6 Monate um 1,6 Prozent gesenkt werden. Das ergab Gesamteinsparungen von 700.000 Dollar.

Büroarbeiten

Kehrmaschinenhersteller

Im Laufe des Jahres 1981 ging die Quote der von der Buchhaltung verursachten Rechnungsfehler um 38 Prozent zurück.

Halbleiter

Die Lohnbuchhaltung hatte 21 Angestellte und leistete viele Überstunden. Allwöchentlich warteten die Lohnempfänger in einer langen Schlange auf die Berichtigung falsch ausgestellter Lohnabrechnungen. Die Hauptursache dafür war der Umstand, daß die Arbeitsaufsicht die Stechkarten nie rechtzeitig ablieferte und so die Buchhaltungsangestellten nicht feststellen konnten, wer zu spät oder gar nicht gekommen war bzw. wer Überstunden geleistet hatte.

Das Problem wurde dadurch behoben, daß die Stechkarten derselben Leute immer an dieselben Bearbeiter in der Lohnbuchhaltung gingen und daß für die Ablieferung der Stechkarten ein Termin gesetzt wurde. Es erübrigte sich sogar, das Ergebnis in einer Tabelle darzustellen — man brauchte sich nur davon zu überzeugen, daß sich am Zahltag keine Schlange mehr bildete. Sieben Mitarbeiter der Lohnbuchhaltung (von den ursprünglich 21) konnten innerhalb des Unternehmens in bessere Stellungen aufrücken. Die Fehlerrate sank von ursprünglich 20 Prozent auf unter 1 Prozent.

In einem anderen Ressort fing die Prozeßkontrolle an, die Anzahl der Fehler auf den Laufkarten zu notieren, die den Silizium-Scheiben beigelegt waren. Über 900 Fehler entstanden in dieser Abteilung, in erster Linie aufgrund falsch verstandener Formulare und Anweisungen. Eine Klarstellung der Richtlinien und einige Schulungskurse halfen, die Anzahl der Fehler fast umgehend auf unter 20 pro Woche zu senken.

Computerhersteller

Dadurch, daß die Berichte über das Computernetz abgewickelt wurden und jeder sich seine Daten daraus holte, wann er sie brauchte, konnten die Papierkosten um 154.000 Dollar gesenkt werden.

Allein durch die pünktliche Bezahlung von Rechnungen reduzierte ein Zweipersonenteam in der Rechnungsabteilung die Höhe verlorengegangener Skonti von 43.000 auf 250 Dollar.

Fehler bei der Dateneingabe

Chemieunternehmen

Innerhalb von drei Wochen wurde die Anzahl der Fehler bei der EDV-Erfassung von Kundenaufträgen von 2.300 pro Woche auf 1.300 gesenkt.

Energieerzeuger

Von Juni bis Dezember nahmen die Dateneingabefehler um 41 Prozent ab.

Kraftwerksunternehmen

Auftragsänderungsmitteilungen fielen um 70 Prozent weniger an, nachdem die Vorschriften für vollständige Angaben bei Kundenanfragen konsequent eingehalten wurden.

Automobilhändler

Die Überarbeitung der Kaufverträge konnte eingestellt werden, da in den vergangenen drei Monaten in den Bestellungen keine Fehler mehr vorkamen.

Rückgang von Fertigungsmängeln

Computerhersteller

„Abweichungsspezifikationen" gingen von 43 Prozent auf 3 Prozent zurück. (Eine „Abweichungsspezifikation" ist eine offizielle Reduzierung oder Außerkraftsetzung spezifizierter Anforderungen. Sie war in diesem Unternehmen fast schon an der Tagesordnung.)

Bei der Software wurde die Fehlerrate pro 1.000 Kodezeilen von bisher 16 auf 4 reduziert. (Kürzlich stellte ein Team 20.000 Zeilen Quelltext mit null Fehlern her — sogar noch vor dem gesetzten Termin.)

Die an den Außendienst verschickten Bausätze sind jetzt zu 98 Prozent betriebssicher; vorher hatte es als normal gegolten, daß 60 Prozent des Inhaltes nicht in Ordnung waren.

Das Unternehmen hatte lange Zeit mit Defekten in gedruckten Schaltungen und mit kurzer Lebensdauer seiner Produkte beim Anwender zu tun gehabt. Man war überzeugt, daß die Probleme beim hauseigenen Zulieferer von Halbleitern ihren Ursprung hatten. Als der Qualitätsverbesserungsprozeß einsetzte, wurde eine Arbeitsgruppe damit beauftragt, das Problem von Grund auf zu untersuchen. Als Hauptursache erwies sich eine elektrostatische Entladung während der Montage. Das Management war so überzeugt gewesen, den Fertigungsprozeß zu beherrschen, daß nie weiter nachgeforscht worden war. Das Problem verschwand, nachdem vorbeugende Abhilfemaßnahmen getroffen worden waren.

Kehrmaschinenhersteller

Die hydraulischen Lecks wurden von 2,4 pro Gerät auf 0,002 gesenkt. Die Verbesserung wurde im wesentlichen durch die Reduzierung der Anzahl von Zubehörlieferanten von 28 auf zwei und durch Konstruktionsänderungen bewirkt.

Halbleiterhersteller

Im Januar beanstandete ein Kunde 7 Prozent der gelieferten Halbleiterelemente und war drauf und dran, seinen Auftrag rückgängig zu machen. Im Mai war die Beanstandungsquote auf 1 Prozent gesunken, und im Juni bestätigte der Kunde, daß es keine einzige Reklamation mehr gebe. Eine Gruppe fertigte 76.948 Silizium-Scheiben ohne einen einzigen Fehler.

Bei den Silizium-Scheiben beträgt die durch Kratzer bedingte Ausschußrate, die früher bei 4 Prozent lag, nur noch 0,6 Prozent und sinkt weiter.

Die Kundenreklamationen wegen Materialdefekten bei gedruckten Schaltungen gingen von 8 auf 0,4 Prozent zurück. Unternehmensweit sank die interne Fehlerquote von 1,5 auf 0,2 Prozent.

Kundendienst

Elektrogerätehersteller

Bei einem Gerät, das nach Einführung des Qualitätsverbesserungsprozesses entwickelt wurde, kommen auf 100 Geräte nur noch 14 Kundendienstbesuche, das ist die niedrigste Rate, die je bei einem neuen Produkt erreicht wurde.

Bau von Testgeräten

Früher waren 23 Prozent der im Unternehmen gefertigten gedruckten Schaltungen mit der einen oder anderen Beanstandung zurückgekommen. Inzwischen sind es weniger als 2 Prozent.

Halbleiterhersteller

Die Garantiezeit für gedruckte Schaltungen konnte aufgrund der Qualitätsverbesserungen von 90 Tagen auf ein volles Jahr ausgedehnt werden.

Vom Außendienst gingen 13 Wochen lang fehlerfreie Bestellungen ein.

Raffinerie

Überprüfungen ergaben, daß monatlich bei sieben Kundendienstbesuchen wiederholte Einsätze erforderlich waren. Vermehrte Aufmerksamkeit seitens der Verantwortlichen, Schulung und Meßverfahren halfen, die Ziffer innerhalb von drei Monaten auf Null zu senken.

Schlußbemerkung

Alles entwickelt sich positiv, wenn ein Unternehmen sich wirklich auf den Qualitätsverbesserungprozeß einläßt. Der Rückgang der internen Reibereien ist eine der erfreulichsten Nebenwirkungen des gesamten Unterfangens. Mit einem Schlag verbessert sich der Ton, die Diskussionen verlaufen disziplinierter, und anfallende Qualitätsprobleme können emotionslos gelöst werden, weil gemeinsame Qualitätsbegriffe und eine gemeinsame Sicht der Unternehmensziele erarbeitet wurden.

Weitere spürbare Verbesserungen zeigen sich im Verwaltungsbereich. Administrative Vorgänge werden glatter abgewickelt, der Schriftverkehr gestaltet sich weniger umständlich. Uralte Unstimmigkeiten über Vorschriften und Verfahrensweisen werden bereinigt. Die abwertende Haltung gegenüber Büroarbeit als einer notwendigen Last kommt ins Wanken.

Die oben aufgeführten Erfolgsberichte können als Muster für die Art des Berichtswesens gelten, das notwendig ist. Mitarbeiter brauchen Bestärkung, und zwar permanent, und nichts eignet sich dafür besser als Gespräche über konkrete Erfolge.

Sollten Sie das bezweifeln, dann fragen Sie doch einmal irgend jemanden, welches Auto seiner Meinung nach der Inbegriff für Qualität ist. Fast jeder wird Rolls Royce nennen. Dann fragen Sie, ob der Betreffende je einen besessen oder chauffiert hat oder auch nur in einem Rolls Royce mitgefahren ist. Wenn er mit „Nein" antwortet, fragen Sie, wie er darauf kommt, daß die Marke Qualität symbolisiert.

Rolls Royce hat es ihm gesagt.

17
Zusammenstellung des Qualitätsimpfstoffs

Alles, was dazugehört, um Störfaktoren systematisch auszuschalten und Arbeitsqualität dauerhaft zu verbessern, erfordert besondere Aufmerksamkeit. Nachdem wir uns einen Überblick über Faktoren wie Festlegung, Ausbildung und Durchführung verschafft haben, ist es notwendig, einige dieser „Zutaten" im einzelnen anzusehen und konkret festzustellen, was geschehen muß. Die einzelnen Schritte sind in Kapitel 2 aufgeführt.

Glaubwürdigkeit

Glaubwürdigkeit A

Der Hauptgeschäftsführer verpflichtet sich, dem Kunden das Versprochene zu liefern, er weiß, daß die Firma nur floriert, wenn alle Mitarbeiter diese Einstellung teilen, und er ist entschlossen, Kunden und Mitarbeitern unnötige Scherereien zu ersparen.

Festlegung

Der Unternehmenschef muß beständig im Kontakt mit Kunden und Mitarbeitern sein, um sie von seiner persönlichen Entschlossenheit auf diesem Gebiet zu überzeugen. Das bedeutet konkret, die zuvor vorgeschlagene „Rede des Unternehmenschefs" zu halten und ständig für jedermann anprechbar zu sein. Der Geschäftsführer darf auf keiner Versammlung vergessen zu betonen, daß Qualität in der Firma die Priorität unter Prioritäten genießt, und die negative Seite jedes Problems zur Sprache zu bringen, das gegebenenfalls durch die Abweichung von den Anforderungen entstanden ist. Zudem muß er die leitenden Manager beständig daran erinnern, daß sie nichts anordnen sollen, was den Mitarbeitern unnötigen Streß beschert. Das alles erscheint relativ naheliegend, bis man sich vergegenwärtigt, daß ein einziger Slogan wie „Qualität ist wichtig, aber vergessen Sie nicht, daß wir verkaufen wollen" genügt, um einen erfolgreich begonnenen Verbesserungsprozeß im Sande verlaufen zu lassen.

Ausbildung

Der Geschäftsführer braucht ein hohes Maß an Einsicht in die besondere Rolle, zu der ihn seine Stellung verpflichtet. Das bedeutet Teilnahme an Topmanagementlehrgängen und ausreichende Beschäftigung mit dem Inhalt der Mitarbeiterschulung, um kompetent darüber sprechen zu können. Es fällt auch in die Verantwortung des Geschäftsführers, dafür zu sorgen, daß sämtliche Vorstandsmitglieder begreifen, worum es bei der Qualitätsverbesserung geht. Dazu gehört auch Mitarbeit am Ausbildungsprogramm.

Durchführung

Der Geschäftsführer muß sich darum kümmern, daß die Qualitätspolitik des Unternehmens veröffentlicht, verstanden und jedem Betriebsangehörigen vermittelt wird. Es ist ratsam, der Planungsgruppe Qualität regelmäßig Besuche abzustatten und dafür Sorge zu tragen, daß ihre Mitglieder sich nicht in irgendwelchen Bagatellen verzetteln.

Glaubwürdigkeit B

Der Hauptbetriebsleiter ist davon überzeugt, daß Managementleistung eine eigenständige Funktion ist, welche voraussetzt, daß Qualität als „Priorität unter Prioritäten" — vor Terminen und Kosten — behandelt wird.

Festlegung

Der Hauptbetriebsleiter verkörpert in vielen Unternehmen praktisches Denken. Man setzt allgemein voraus, daß der Hauptgeschäftsführer sich für langfristige, breit angelegte, lohnende Ziele engagiert. Der Hauptbetriebsleiter jedoch muß Produkte oder Dienstleistungen hervorbringen, Verkaufsziffern vorweisen und den gesamten Betrieb in Gang halten. Deshalb erwarten die Mitarbeiter vom Hauptbetriebsleiter Maßstäbe für praktische Dinge.

Ausbildung

Der Hauptbetriebsleiter braucht die gleiche Schulung wie der Unternehmenschef, muß sich jedoch besonders gut auf den Gebieten Qualitätskosten und Zuliefererqualität auskennen. Das Know-how auf beiden Gebieten wird sich bei der Betriebsführung als sehr fruchtbar erweisen.

Durchführung

Der Hauptbetriebsleiter muß den einzelnen Betriebsabteilungen klarmachen, daß Qualitätsverbesserung nicht fakultativ ist. Die Anwendung individueller Wege zur Qualitätsverbesserung sollte gefördert werden, keinesfalls muß jemand feste Rezepte befolgen. Dennoch muß Qualitätsverbesserung ernst genommen und vom Management getragen werden, sonst kann der Betriebsleiter nie die gesetzten Ziele erreichen.

Glaubwürdigkeit C

Die Führungskräfte der zweiten Managementebene, die den Vorgesetzten A und B unterstellt sind, müssen die Anforderungen so ernst nehmen, daß sie keine Abweichungen dulden.

Festlegung

Die Formulierung „Anforderungen so ernst nehmen" besagt, daß die für Marketing, Finanzwesen, Verkauf, Herstellung, Konstruktion, Filialen und alle anderen Ressorts zuständigen Manager erkennen müssen, daß jeder einzelne mit den geplanten Schritten einverstanden sein und sich dafür einsetzen muß, wenn sie Qualitätsverbesserung in ihren Fachbereichen bewirken wollen. Dieses Engagement müssen die Ressortchefs täglich glaubhaft machen, sonst sind alle Bemühungen vergeblich.

Ausbildung

Die Angehörigen des gehobenen Managements müssen an der Schulung für die Geschäftsführung teilnehmen und außerdem Kurse für ihre jeweiligen Fachbereiche besuchen. Das für Qualität zuständige Mitglied der Unternehmensleitung hat die Aufgabe, sämtliche Untersuchungen und Berichte mit den Vorgängen in anderen Fachbereichen zu koordinieren.

Durchführung

Jeder Fachbereich muß seine eigene Sicht des Qualitätsverbesserungsprozesses aus der jeweiligen Funktion heraus entwickeln. Selbstverständlich wird ein Vertreter des jeweiligen Ressorts am Gesamtprozeß teilnehmen, und so soll es auch sein. Dennoch hat jeder Fachbereich seine eigenen Erfordernisse. Die Marketingabteilung beispielsweise muß die eigenen Tätigkeitsbereiche an den absoluten Qualitätsgeboten messen und die geeigneten Techniken zur praktischen Durchführung der Qualitätsverbesserung wählen. Es ist zu überprüfen, ob das interne Kommunikationssystem des Ressorts sich wirklich eignet, Probleme zu erkennen, ans Tageslicht zu bringen und zu lösen. In jedem Fachbereich muß also analysiert werden, ob alles getan wird, um Störquellen zu beseitigen.

Glaubwürdigkeit D

Die Manager, die den Fachbereichschefs unterstellt sind, wissen, daß die Unternehmenszukunft von ihrer Fähigkeit abhängt, die anfallenden Arbeiten von Menschen ausführen zu lassen — und zwar von vornherein korrekt ausführen zu lassen.

Festlegung

Auf dieser Mangementebene entstehen die meisten Schwierigkeiten, weil diese Führungskräfte diejenigen sind, die die eigentliche Arbeit leisten. Sie müssen beständig die Glaubwürdigkeit der Instanzen A, B und C bewiesen bekommen, um sie dann wiederum den übrigen Betriebsangehörigen glaubhaft weitervermitteln zu können. Das Maß an Entschlossenheit, das sie an den Tag legen, wird die Mitarbeiter überzeugen, daß die Firma das Problem wirklich ernst nimmt.

Ausbildung

Das mittlere Management braucht mehr praxisbezogene Informationen über den Qualitätsverbesserungsprozeß als das obere Management, daher müssen sie an den Abteilungsleiterlehrgängen teilnehmen, welche für gewöhnlich eine Woche lang dauern und dann von regelmäßigen Auffrischungskursen gefolgt werden. Sie müssen auch an der Mitarbeiterschulung teilnehmen, entweder als Ausbilder oder zumindest als aktive Diskussionsteilnehmer. Ihre Präsenz ist außerordentlich wichtig. Für die Führungskräfte dieser Ebene sollten auch praktische Übungen über Zuliefererqualitätsbewußtsein, Lagerhaltung oder andere Themen abgehalten werden, damit sie ihren Aufgaben besser gerecht werden.

Durchführung

Viele Manager dieser Ebene arbeiten in den Planungsgruppen und sind mitverantwortlich für die praktische Durchführung des Prozesses. Dennoch werden sie in erster Linie als leibhaftige, sichtbare Beispiele des Qualitätsverbesserungsprozesses gebraucht.

Glaubwürdigkeit E

Die Fachkräfte sind sich darüber im klaren, daß Genauigkeit und Vollständigkeit ihrer Arbeit die Effektivität der gesamten Mitarbeiter bedingen.

Festlegung

Das schöpferische Potential jedes Unternehmens steckt in seinen Fachleuten. In einem Anwaltsbüro wie in einer Computer-Firma verläßt man sich darauf, daß die fachlich qualifizierten Mitarbeiter das Material herstellen, das die Firma verkauft. Die Fachleute bestimmen die Anforderungen für die Schaffung des Materials und wenden ihre Fachkenntnisse an, um diese Anforderungen jedermann klar und verständlich zu machen.

Ausbildung

Qualifizierte Angestellte brauchen (abgesehen von ihren Vertretern in der Planungsgruppe Qualität) nur an der Schulung für die obere Managementebene und an den speziell für ihren Arbeitsbereich eingerichteten Kursen teilzunehmen. Fachhilfskräfte sowie alle übrigen Mitarbeiter in den Fachbereichen müssen am Mitarbeiterschulungssystem teilnehmen, damit sie alle entsprechenden Maßnahmen unterstützen können.

Durchführung

Eine der wertvollsten Hilfen für qualifizierte Mitarbeiter sind Rückmeldungen über die gebotenen Dienstleistungen oder Produkte von den Zwischen- oder Endabnehmern. Diese Informationen helfen ihnen, ihre Anforderungen noch klarer und unmißverständlicher formulieren. Fachgruppen müssen sich der Tatsache bewußt sein, daß sie die Vordenker des Unternehmens sind und daß die Belegschaft Qualität nicht ernst nehmen kann, wenn sie es nicht tun.

Glaubwürdigkeit F

Die Betriebsangehörigen als Ganzes erkennen an, daß die Bereitschaft jedes einzelnen, die Anforderungen lückenlos zu erfüllen, der Hauptbeitrag zum Gedeihen des Unternehmens ist.

Festlegung

Wenn alle Mitarbeiter entschlossen sind, exakt alleAnforderungen zu erfüllen und sich sofort zu melden, wenn die Anforderungen unangemessen oder nicht erfüllbar sind, dann sterben Mißstände allmählich aus, und Qualität wird fester Bestandteil des Alltags.

Ausbildung

Alle Betriebsangehörigen mit Ausnahme der oben erwähnten Gruppen A-E müssen das Mitarbeiterschulungssystem durchlaufen. Jeder einzelne Mitarbeiter muß gründlich verstehen lernen, was Qualität bedeutet und was jeder einzelne in ihrer Verwirklichung beitragen kann. Auch alle neuen Mitarbeiter müssen an der Schulung teilnehmen.

Durchführung

Qualitätsverbesserung muß selbstverständlicher Bestandteil des Arbeitsalltags sämtlicher Belegschaftsmitglieder werden, ob sie Versicherungspolicen ausstellen oder geschmolzenen Stahl in eine Gußform gießen.

Systeme

Systeme A

Die für Qualität zuständige Managementinstanz hat zur Aufgabe, die Erfüllung von Anforderungen zu messen und jede Abweichung exakt zu melden.

Festlegung

Der gesamte Stab von Qualitätsfachleuten muß sich dafür einsetzen, die Erfüllung von Anforderungen herbeizuführen, anstatt sorgfältig Abweichungen festzustellen und exakt darüber Buch zu führen. Dazu müssen die Qualitätsbeauftragten Meßkriterien und -verfahren für sämtliche Ebenen des Prozesses schaffen, gleichgültig ob sie oder jemand anders die Messungen ausführen. Diese Messungen zeigen der Unternehmensführung an, in welchen Bereichen Qualitätsverstöße vorkommen. Dann leitet der Qualitätsstab die Korrekturkampagne und sorgt konsequent dafür, daß der Verbesserungsprozeß abläuft.

Ausbildung

Die leitenden Qualitätsbeauftragten sollten an der Abteilungsleiterschulung teilnehmen, alle übrigen Mitglieder des Ressorts an den Kursen der Mitarbeiterschulung. Zusätzlich ist fachliche Weiterbildung erforderlich, um zu gewährleisten, daß die erfolgversprechendsten Meß- und Kommunikationsverfahren angewendet werden.

Durchführung

Das Qualitätsressort muß eine disziplinierte, straff organisierte Instanz werden, welche den Geist des Qualitätsverbesserungsprozesses weitergibt, ohne zu einem Disziplinarorgan zu werden. Es sollte in allen Dingen in erster Linie eine vorbeugende Rolle ausüben. Das bedeutet, daß Qualität nicht auf die einzelnen Abteilungen oder Herstellungszweige beschränkt sein sollte, sondern auch andere Aufgabenbereiche, wie zum Beispiel die Ebenen C, D, und E, dabei unterstützen sollte, ihr eigenes, internes Qualitätssystem zu schaffen.

Systeme B

Das Qualitätsschulungssystem gewährleistet, daß alle Unternehmensangehörigen eine gemeinsame Qualitätssprache sprechen und erkennen, was jeder einzelne dazu beitragen kann, daß Qualität zur Norm wird.

Festlegung

Jeder Betriebsangehörige muß ausnahmslos eine gründliche Ausbildung erhalten, um eine Vorstellung davon zu entwickeln, was Qualität für ihn persönlich und für das Unternehmen bedeutet.

Ausbildung

Das entwickelte Ausbildungssystem muß lückenlos durchgeführt werden. Abkürzungen schaffen immer Probleme.

Durchführung

Für gewöhnlich ist etwa eine Unterrichtsstunde pro Woche ausreichend. Eine solche Frequenz hält das Interesse während des Lehrgangs wach und zeigt den Mitarbeitern, daß es eine ernste Angelegenheit ist.

Systeme C

Als Bewertungsmaßstab für Arbeitsprozesse gilt die betriebswirtschaftliche Kalkulation der Kosten für die Erfüllung der Anforderungen und für die Abweichung von den Anforderungen.

Festlegung

Wenn man Qualität nach kostenwirtschaftlichen Gesichtspunkten bemißt, wie im Kapitel über Qualitätskosten dargestellt, erhebt man sie zu einer sehr professionellen Führungsaufgabe. Das wiederum bewirkt, daß jedermann Qualität ernst nehmen wird. In dem Maße, wie Unternehmen sich mit dieser Bewertungsmethode vertraut machen, werden sie lernen, sie auch auf individuelle Prozesse in der Büroarbeit ebenso wie in der Herstellung anzuwenden.

Ausbildung

Alle leitenden Angestellten im operativen Bereich müssen verstehen, wie sich die Qualitätskosten zusammensetzen und wie sie auf ihren jeweiligen Bereich anwendbar sind.

Durchführung

Jedes Kostenmeßverfahren sollte immer nur unter Anleitung des Finanz- und Rechnungswesens angewendet werden.

Systeme D

Es wird überprüft, wie sich Dienstleistungen oder Produkte in der Praxis beim Anwender bewähren, und in einer Weise darüber berichtet, daß gegebenenfalls Korrekturmaßnahmen erfolgen.

Festlegung

Viele Unternehmen haben nicht die geringste Vorstellung davon, was mit ihren Produkten oder Dienstleistungen geschieht, sobald sie sie aus den Händen gegeben haben. Das erscheint lächerlich, aber es gibt in der Tat so gut wie keine hundertprozentigen Berichtssysteme über Betriebssicherheit oder Ausfälle beim Anwender. Ein sachgerechtes Meldesystem führt zu angemessenen Korrekturmaßnahmen, indem es der Unternehmensleitung aufzeigt, wo es Probleme zu beseitigen gibt und wo frühere Korrekturmaßnahmen sich als unwirksam erwiesen haben.

Ausbildung

Die verantwortlichen Außendienstmanager müssen an der Schulung für das obere Management, die Außendienstmitarbeiter am Mitarbeiterschulungssystem teilnehmen; beide brauchen eine gezielte Ausbildung in Problemübermittlung.

Durchführung

Es muß ein einfaches, für jedermann leicht verständliches und anwendbares Formular erstellt werden. Wenn die Daten direkt ins Computersystem eingegeben werden können, um so besser. Die meisten bestehenden Berichtssysteme versagen jedoch, weil die Mitarbeiter rasch lernen, daß die Informationen nicht ernst genommen werden und so gut wie nichts bewirken.

Systeme E

Der hohe Stellenwert von Fehlervorbeugung im gesamten Unternehmen ermöglicht kontinuierliche Prüf- und Planungsverfahren, die gegenwärtige und vergangene Erfahrungen berücksichtigen, so daß einmal gemachte Fehler sich nicht wiederholen.

Festlegung

Die Suche nach Möglichkeiten der Problembeseitigung muß fester Bestandteil der Betriebspraxis werden. Die entsprechenden Arbeitssitzungen müssen rechtzeitig anberaumt werden, und es sollte darüber Protokoll geführt werden. Probleme, die sich bisher einer Lösung entziehen, sollten diagnostiziert und einem aufgabenbezogenen Fachteam anvertraut werden. Man darf kein Problem auf sich beruhen und wiederkehren lassen.

Ausbildung

Besondere Schnellkurse müssen eingerichtet werden für die an diesem Prüfungs- und Planungsabschnitt beteiligten Mitarbeiter, damit sie die Grundbegriffe der Problemanalyse und der Problemlösung beherrschen.

Durchführung

Entstehungsgeschichte und Ursachen von Problemen dürfen nicht in Vergessenheit geraten. Konstruktionsingenieure oder EDV-Fachleute sollten beispielsweise einen fachspezifischen Katalog zur Hand haben, der ihnen ständig die Fehler der Vergangenheit vor Augen führt. Viele Betriebe machen dieselben Fehler immer wieder, weil die altgedienten Betriebsangehörigen keine Möglichkeit haben, neuen Mitarbeitern ihre Erfahrungen mitzuteilen.

Kommunikation

Kommunikation A

Sämtliche Betriebsangehörigen werden ständig auf dem laufenden gehalten über den Fortschritt des Qualitätsverbesserungsprozesses und über herausragende Ergebnisse.

Festlegung

Jeden Mitarbeiter ständig über den Stand des Verbesserungsprozesses zu informieren ist etwas, das nicht dem Zufall überlassen werden darf. Kommunikation muß als fester Bestandteil der Unternehmenskultur beständig gepflegt werden, damit die Mitarbeiter wissen, daß etwas geschieht.

Ausbildung

Es ist Sache der Planungsgruppe Qualität, Informationen über erreichte Verbesserungen anzufordern und für ständige Informationszufuhr zu sorgen. Das gilt auch für die praktischen Erfahrungen der Zulieferer und Anwender. Solche Geschichten geben anderen Auftrieb und ermuntern sie, das eigene Wissen zu vermehren und selbst aktiv zu werden.

Durchführung

Zusätzlich zum üblichen betriebsinternen Kommunikationsmaterial können besondere Qualitäts-Nachrichten im Hause bzw. per Post verteilt werden. Eine der besten Methoden der Informationsvermittlung sind Videofilme, in denen die beteiligten Mitarbeiter den jeweiligen Stand der Entwicklung darstellen und diskutieren. Sie wirken besonders authentisch. Ein Videofilm, der mit einleitenden Worten des Unternehmenschefs oder eines anderen Spitzenmanagers beginnt und dann von den Mitarbeitern fortgesetzt wird, denen eine Verbesserung gelungen ist, dient für andere als Anstoß, sich ähnlich dafür einzusetzen.

Kommunikation B

Anerkennungsprogramme für alle Verantwortungsebenen sind Bestandteil des Betriebsalltags.

Festlegung

Sinnvolle, langfristig wirksame Anerkennung belohnt Arbeit, die vereinbarten Maßstäben entspricht. Deshalb ist es absolut notwendig, Meßverfahren und Maßstäbe vor dem Anerkennungsprogramm festzulegen und einzuführen.

Ausbildung

Die Mitglieder der Planungsgruppe Qualität, die die Form der Anerkennung bestimmen, sollten entsprechend ausgebildet werden, damit sie das richtige Augenmaß entwickeln. Die Anerkennung muß zur Unternehmenskultur passen. Die gesamte Belegschaft muß darüber aufgeklärt werden, worum es bei den Anerkennungen geht, was der tiefere Sinn ist, warum sie eingeführt wurden und von wem sie ausgesprochen bzw. überreicht werden.

Durchführung

Die wertvollste Anerkennung kommt aus dem Kreis gleichgestellter Kollegen und sollte so oft wie möglich auf diesem Wege zustande kommen. Es ist nicht notwendig, besonders wertvolle Geschenke zu machen. In vielen Fällen genügt es, den eigenen Name schwarz auf weiß in der Zeitung zu sehen. Es sollte jedoch eine breite Palette von Ehrungen zur Verfügung stehen, damit Mitarbeiter, die einmal belohnt wurden, danach nicht automatisch ausgeschlossen sind.

Kommunikation C

Jeder Betriebsangehörige kann die Unternehmensspitze ohne Umstände und auf kürzestem Weg auf Fehler, Leerlauf, günstige Möglichkeiten oder sonstige Dinge von Allgemeininteresse aufmerksam machen — und umgehend Antwort erhalten.

Festlegung

Das Topmanagement muß daran interessiert sein, von den Mitarbeitern zu hören. Wenn es daran nicht interessiert ist, wird es auch nichts erfahren. Management nach dem Motto „Meine Tür steht jedem jederzeit offen" ist überholt; es ist zu passiv. Die Führungskräfte des Unternehmens müssen auf die Mitarbeiter zugehen und ihnen Gelegenheit zu einer Verständigung ohne viele Umwege bieten.

Ausbildung

Es sollte ein Verständigungssystem eingeführt werden, das es dem einzelnen ermöglicht, Kommunikation in Gang zu bringen, indem er ein Formular ausfüllt oder eine bestimmte Telefonnummer wählt oder sonst etwas Einfaches unternimmt. Und jedermann muß von dieser Möglichkeit wissen. Das System sollte natürlicher Bestandteil des Betriebsalltags sein und nicht aufgepfropft wirken.

Durchführung

Dieses Kommunikationssystem sollte von Mitarbeitern betrieben und von der Lenkungsgruppe Qualität beaufsichtigt werden, um unnötige Reibereien von vornherein zu vermeiden. Jede Mitteilung muß so behandelt werden, als käme sie vom Vorstandsvorsitzenden.

Kommunikation D

Jede Managementsitzung beginnt mit einer sachlichen und betriebswirtschaftlichen Bestandsaufnahme der Qualitätsentwicklung.

Festlegung

Qualität muß als Priorität unter Prioritäten eingestuft werden und sollte immer erster Tagesordnungspunkt sein. Das Management muß sich selbst beweisen, daß die Probleme erkannt und behoben werden und daß die Qualitätskosten bei jeder Überprüfung dank der richtigen Maßnahmen erneut gesunken sind.

Ausbildung

Geschäftsführer und leitende Angestellte, die an diesen Managementsitzungen teilnehmen, müssen wissen, wo die Verantwortung für Qualität und Qualitätsverbesserung liegt. Über ihre eigene Qualitätsschulung hinaus müssen sie Fähigkeiten zur Problemanalyse und Problemlösung erwerben.

Durchführung

Für die Managementsitzungen sollten Tabellen über Finanzlage, Problemanalyse und Problemlösung vorbereitet werden. Es ist sinnvoll, immer wieder die gleichen Tabellen mit einer Rubrik für die neuesten Entwicklungen zu verwenden. Bereiche, von denen die Korrekturmaßnahmen ausgingen, sollten besonders hervorgehoben werden.

Operative Maßnahmen

Operative Maßnahmen A

Die Zulieferer werden geschult und darin bestärkt, termingerecht zuverlässige Dienstleistungen und Produkte zu liefern.

Festlegung

Lieferantenqualitätsgespräche werden so angesetzt, daß jeder Anbieter Gelegenheit hat, daran teilzunehmen. Diese Sitzungen werden sorgfältig vorbereitet, um eine fruchtbare und regelmäßige Kommunikation zwischen Lieferanten und Anwendern einzurichten. Auch Firmen, die gern Lieferanten werden wollen, sollten daran teilnehmen.

Ausbildung

Für alle Mitarbeiter, die mit Lieferanten zu tun haben, müssen praktische Kurse über Qualitätsmaßstäbe für gelieferte Waren und Dienstleistungen abgehalten werden, in denen sie den richtigen Umgang mit Lieferanten und gemeinsame Qualitätsbegriffe lernen. Es ist für beide Seiten wichtig zu erkennen, daß die Einkäufer zur Hälfte mitverantwortlich sind für die Probleme und daß die Lieferanten als verlängerter Arm des eigenen Unternehmens angesehen werden müssen.

Durchführung

Nach der praktischen Schulung sollten regelmäßig Arbeitssitzungen über Lieferantenqualitätsmanagement stattfinden, zunächst vor allem mit den Lieferanten, die das wichtigste oder wertvollste Material herstellen.

Operative Maßnahmen B

Verfahren, Erzeugnisse und Systeme werden vor der Anwendung qualifiziert und dann routinemäßig überprüft und offiziell geändert, sobald Anlaß zur Verbesserung besteht.

Festlegung

Es muß zum Unternehmensprinzip werden, keine Verfahren, Erzeugnisse oder Systeme zu verwenden, die nicht Eignungstests unterworfen worden sind. Dieses Handlungsprinzip muß ausdrücklich befolgt werden, andernfalls fühlen sich die Mitarbeiter ermuntert, „kalkulierte Risiken" einzugehen. Es gibt kaum Betriebssicherheitsprobleme, die nicht durch kalkuliertes Risiko verursacht worden sind.

Ausbildung

Die Wichtigkeit von Verfahrensvorschriften und Produktqualifikationen muß Grundbestandteil der Diskussionen innerhalb der Mitarbeiterschulung sein. Dadurch sollen die Mitarbeiter unter anderem erkennen lernen, wie wichtig es ist, Vorschriften bereits im Entstehungsstadium ernst zu nehmen. Wenn Regeln lediglich als probates Mittel eingesetzt werden, um Auseinandersetzungen zu beenden, dann gerät ein Betrieb zwangsläufig in Schwierigkeiten.

Durchführung

Die Produktqualifikationen und die Verbesserung von Verfahrensvorschriften sollten nach Maßgabe des Qualitätsressorts geschehen, aber nicht notwendigerweise durch dieses. Grundsätzlich gilt jedoch, daß ein Verfahren oder Produkt nur dann verbessert worden ist, wenn es die Grundanforderungen erfüllt, die ursprünglich dafür festgelegt wurden. Andernfalls muß man den Prozeß noch einmal von vorn anfangen oder Anforderungen aufstellen, die für jedermann annehmbar sind, der mit dem Verfahren oder dem Produkt zu tun hat.

Operative Maßnahmen C

Schulung ist fester Bestandteil des Betriebsalltags in sämtlichen Aufgabenbereichen und sollte insbesondere in die Schaffung neuer Arbeitsprozesse oder Verfahren eingebunden sein.

Festlegung

Es genügt nicht, einfach eine Verfahrensregel darüber aufzustellen, wie etwas gemacht werden soll, oder einen Fertigungsprozeß einzurichten oder die Idee zu einem neuen Produkt zu haben. Alle Mitarbeiter, die es herstellen oder anwenden oder in irgendeiner Weise damit zu tun haben, müssen ihre spezielle Aufgabe lernen. Zu jeder Entwicklungstätigkeit gehört systematische Schulung, die sich über sämtliche Bereiche erstreckt. Sie reicht vom neuen Formular, das die Verkäufer ausfüllen müssen, über die elektronische Prozeßsteuerung der Montage bis hin zur neuen Software für die Bedeutung von Computer-Terminals.

Ausbildung

Die Schulung muß innerhalb eines festen Rahmens durchgeführt werden, damit die Mitarbeiter von ihrer Existenz wissen. Das bedeutet, daß der Unterricht eine bestimmte Struktur haben und zuverlässig stattfinden muß. Die Kurse sollten in irgendeiner Form dokumentiert und Aufzeichnungen über erfolgreiche Absolventen angelegt werden. Wenn die Schulung durchgeführt ist, sollten die Teilnehmer überprüft werden, ob sie das Gelernte tatsächlich in die Praxis umsetzen. Wer Schwierigkeiten hat, muß „Nachhilfe" bekommen.

Durchführung

Die für die Schulung und sämtliche weiterbildenden Maßnahmen des Unternehmens erforderlichen Geldmittel sollten zu den normalen Betriebskosten gerechnet werden. Je nach fachlichem Niveau und örtlichen Gegebenheiten können einige Weiterbildungsveranstaltungen im Betrieb, andere nur außerhalb durchgeführt werden. Die Planungsgruppe Qualität muß jedoch ständig über den geregelten Ablauf der Schulung als einer vorbeugenden Maßnahme wachen.

Richtlinien

Richtlinien A

Die Qualitätsrichtlinien sind klar und unmißverständlich.

Festlegung

Zweck der Qualitätsrichtlinien ist es, die Qualitätsmaßstäbe des Hauses für jedermann verständlich zu machen. Sämtliche Grundsatzerklärungen sollten auf wolkige Formulierungen oder Begriffe, die als Alibi für Nichteinhaltung der Vorschriften dienen können, radikal verzichten. In anderen Abschnitten des Buches sind zahlreiche Beispiele für Qualitätsgrundsätze aufgeführt. Es müssen jedoch auch allgemeingültige Richtlinien erstellt werden über einige Fertigungsbereiche wie Eignungsprüfung, Betriebssicherheit, Außendienstberichte usw. Alle Richtlinien müssen klar und verständlich sein.

Ausbildung

Die Qualitätsrichtlinien müssen Teil des Lehrstoffs der allgemeinen Mitarbeiterschulung sein. Überdies sollte das die Planungsgruppe Qualität durch beständige Kontrollen sicherstellen, daß sie sowohl verstanden als auch angewendet werden. Die Richtlinien müssen gut sichtbar bekanntgemacht werden, damit alle Mitarbeiter sie lesen und hören und wirklich zur Kenntnis nehmen können.

Durchführung

Qualitätsrichtlinien dürfen nicht als Lektüre für einige wenige zwischen Buchdeckeln versteckt werden. Sie müssen an den Wänden aushängen, auf gut sichtbare Gebäudewände gemalt werden. Wo immer es möglich und nötig ist, sollten sie geschrieben stehen und jedermann eindeutig zu verstehen geben, nach welchen Gesetzen das Unternehmen funktioniert.

Richtlinien B

Das Qualitätsressort ist rangmäßig dem überprüften Ressort gleichgestellt und genießt völlige Handlungsfreiheit.

Festlegung

Die Unternehmensführung muß entschlossen sein, sich nicht von der Verschlechterung eines Produkts oder eines Service überraschen zu lassen. Sie muß über objektive, dauerhafte, unternehmensweit gültige Maßstäbe, Meßverfahren und Meldesysteme verfügen, die permanent über den Stand der Dinge Auskunft geben. Das Qualitätsressort muß mit Mitarbeitern besetzt werden, die diesem Ziel verpflichtet sind, die Führungsfähigkeiten und bestimmte fachliche Voraussetzungen mitbringen und nach dem Grundsatz handeln, daß ihr Verantwortungsbewußtsein die Vertrauenswürdigkeit des Unternehmens ausmacht. Dies Ressort sollte der gleichen Ebene verantwortlich sein wie die geprüften Bereiche und sollte sich offen äußern können und Mitspracherecht in der Unternehmensführung haben. Es braucht kein großes Ressort zu sein. Es bedarf nur einiger weniger aufgeklärter und vorbeugunsorientierter Leute.

Ausbildung

Sämtliche Mitarbeiter des Qualitätsstabes müssen die Lehrgänge für das obere und mittlere Management absolviert haben und sollten zudem regelmäßig mit Leuten zusammenkommen, die bereits über langjährige Erfahrungen mit Fehlervorbeugung verfügen. Sie müssen darin bestärkt werden, sich gar nicht erst auf Störungsbehebung, Problemlösen oder ähnliches mehr einzulassen, was sie nur davon abhält, künftigen Problemen vorzubeugen.

Durchführung

Die Mitglieder des Qualitätsressorts müssen mit sämtlichen anderen Unternehmensbereichen zusammenarbeiten und ihnen dabei helfen, das jeweils passende Meßverfahren und ein Berichtssystem zu schaffen, so daß es gar nicht zu überraschenden Qualitätsverstößen kommen kann. Das Qualitätsressort erfüllt so in erster Linie eine erzieherische Funktion, indem es anderen dabei hilft zu tun, was sie ohnehin zu tun beabsichtigen.

Richtlinien C

Werbung und sämtliche öffentlichen Verlautbarungen stimmen vollkommen mit den Dienstleistungs- und Produktanforderungen überein.

Festlegung

Es muß unerschütterlicher Unternehmensgrundsatz sein, nie etwas zu versprechen, was nicht erfüllt werden kann, oder für etwas zu werben, das nicht hergestellt werden kann. Viele Firmen tun dies unbewußt, wahrscheinlich aus der Erfahrung heraus, daß Werbung oder Öffentlichkeitsarbeit sowieso größtenteils übertrieben sind. Aber man darf nicht vergessen, daß Mitarbeiter ebenso wie Kunden und potentielle Käufer diese Werbespots im Fernsehen mitbekommen. Wenn die Mitarbeiter mit eigenen Augen sehen, daß ihre Firma Versprechungen macht, die sie nicht halten kann, werden sie das Vertrauen in die Qualitätsbekenntnisse der Unternehmensführung verlieren.

Ausbildung

Vertreter der Werbefirmen und der unternehmenseigenen Werbeabteilung müssen an den Lehrgängen für das obere Management teilnehmen und sich mit der Qualitätspolitik des Unternehmens und all ihren Konsequenzen vertraut machen. Ausgehend von diesen Kenntnissen können sie eine Werbestrategie aufbauen, welcher jedermann beipflichten kann, so daß es von daher gar nicht zu Problemen kommen kann.

Durchführung

Die Planungsgruppe Qualität sollte einen Teil der früheren Werbesprüche und öffentlichen Statements des Unternehmens analysieren und vorhehaltlos darauf hinweisen, wenn einige davon im Widerspruch zu den gegenwärtigen Unternehmensgrundsätzen stehen. Dieser Lernprozeß wird den Werbe- und PR-Fachleuten helfen, ein glaubwürdiges Firmenimage zu entwickeln.

18
Wie kommt es, daß so wenig von allein besser wird?

Ich halte pro Jahr rund hundert Reden. Viele davon vor Teilnehmern unserer Akademie für Qualität, viele vor Firmenkunden und viele vor großen Versammlungen wie Industrieverbänden. Es macht mir viel Spaß, als Festredner das Wort zu ergreifen, denn für gewöhnlich ist dann der Raum voller gutgelaunter Menschen beiderlei Geschlechts. Eine Gelegenheit, mich zu vergewissern, ob es mir gelingt, ihre Aufmerksamkeit zu gewinnen und ungeteilt zu behalten.

Da jedes Publikum anders ist, fällt auch jede Rede anders aus. Die Grundaussage mag die gleiche sein, aber die Präsentation ist immer auf die Situation zugeschnitten. Unabhängig davon stelle ich jedoch in jedem Fall den Anwesenden gern die Frage, warum es so schwierig ist, Verbesserung zu bewirken, obwohl jeder uneingeschränkt dafür ist. Mir ist noch nie jemand begegnet, der gegen Qualität und für Mißstände ist. Firmen investieren Unmengen von Geld, Zeit und Kraft in Verbesserungsbemühungen, und dennoch kommt wenig dabei heraus. Immer wieder erlebe ich Unternehmen, in denen sich ganze Mitarbeiterstäbe in bester Absicht und mit minimalem Erfolg für Qualitätsverbesserung abstrampeln. (Die meisten Gründe dafür habe ich in den vorausgegangenen Kapiteln behandelt.) Viele ihrer Maßnahmen bewirken kaum nennenswerten Wandel. Sie schneidern Managementphilosophien, die sich über Jahrzehnte hinweg entwickelt haben, kurzerhand für ihre Firmenkultur zurecht, kaufen Videobänder oder Bücher zum Thema, veranstalten Fortbildungskurse, führen Motivations- und Kommunikationsprogramme ein und wenden im allgemeinen sämtliche bekannten Prinzipien für die Verbesserung einer Unternehmensfunktion an. Sie bemühen sich sehr, und sie verschreiben sich der Sache mit Leib und Seele. Es ist eine gewaltige Vergeudung von Arbeitskraft und Talent.

Industrie- und Dienstleistungsunternehmen in der westlichen Welt haben so viele Qualitätsprobleme, weil sie das Thema nicht wirklich ernst nehmen. Qualität muß uns ebenso wichtig werden wie Gewinn. Mag sein, daß das in dieser Generation nicht mehr zu verwirklichen ist.

In Fachpublikationen findet man nie einen ernst zu nehmenden Artikel über Qualität als Managementaufgabe. Es werden lediglich Techniken beschrieben, mit Hilfe derer sich auf den unteren Unternehmensebenen Verbesserungen erzielen lassen. Keiner der Autoren kommt auf den Gedanken, Qualität als „Erfüllung von Anforderungen" zu begreifen. Keiner von ihnen hat erkannt, daß es die Hauptaufgabe des Managements ist, Qualitätskriterien festzulegen, die Rahmenbedingungen für ihre Verwirklichung zu schaffen und dann ihre gesamte Zeit darauf zu verwenden, für die Einhaltung dieser Kriterien zu sorgen. Weil sie Qualität als etwas weit Entferntes behandeln, etwa wie die Fußball-Weltmeisterschaft, betrachten auch Manager sie entsprechend. Westliche Manager lernen ihr Geschäft von den Medien und den Wirtschaftshochschulen.

Wenige aufgeklärte Betriebswirtschaftler haben erkannt, daß Qualitätsmanagement mehr ist als die Anwendung von Techniken. Dennoch habe ich noch nie erlebt, daß jemand von ihnen das Thema „unnötiger Streß am Arbeitsplatz" angesprochen hätte. Einige haben sich mit der Bitte um Zusendung von Lehrmaterial an uns gewendet. Sie stutzen es gewöhnlich ein wenig zurecht, gerade so viel, daß es unwirksam wird, aber es ist immerhin ein Anfang.

Diese Vordenker führen eine verbreitete Managementkultur an, die Qualitätsverbesserung und Störungsbeseitigung als Randthemen abseits von den Alltagsmühen der Betriebsführung abtun. Also bleibt die Aufgabe an den Personalfachleuten und den Qualitätsprüfern hängen. Schon nach relativ kurzem Zusammensein mit diesen Leuten stellt man fest, daß für sie ein bißchen Ärger hier und ein wenig Unzulänglichkeit dort „nun einmal menschlich" sind. „Es ist einfach eine unvermeidliche Tatsache, die wir, so gut es geht, in Grenzen halten."

Beim Gewinn sieht die Sache ganz anders aus. Gewinne machen wird als Hauptverantwortung des Topmanagements angesehen. Es ist eines der Themen, auf die Aufsichtsratsmitglieder auf offiziellen oder inoffiziellen Zusammenkünften als erstes zu sprechen kommen. Gewinn ist der Hauptmaßstab für die Tüchtigkeit der Unternehmensführung. Jeder ist felsenfest überzeugt, daß Gewinn machen ihm Ehre einbringt. Und sehr vieles wird — in aller Redlichkeit — getan, um zu erreichen, daß das auch geschieht.

Qualität wird nie aufhören, eines der größten Probleme zu sein, bis das Management endlich glaubt, daß es absolut keinen Grund gibt, einem Kunden jemals ein Produkt oder eine Dienstleistung anzubieten, die nicht den Anforderungen entspricht. Sobald die leitenden Manager die Rechte der Kunden ebenso achten lernen wie die Rechte der Banken und Aktionäre, wird Qualität zur Selbstverständlichkeit werden.

Sobald der Anspruch der Mitarbeiter, streßfrei zu arbeiten, als ebenso wichtig angesehen wird wie die Erhöhung des Absatzes, werden unnötige Reibereien aus dem Unternehmensalltag verschwinden.

Es gibt bestimmte Dinge, die können mit links erledigt werden und dennoch sehr gut funktionieren, aber nicht wenn es um Fragen der Lebenseinstellung geht. Der eigentliche Zweck eines Unternehmens zeigt sich in den Dingen, die das Management für lebenswichtig hält. Ich kenne nur ein oder zwei Firmen in den Vereinigten Staaten, in denen die leitenden Leute sich für Qualität „ein Bein ausreißen" würden.

Gegen eingefahrenes Denken anzutreten war schon immer eine schwierige Angelegenheit, da man auf taube Ohren stößt. Im kommenden Jahrzehnt werden mehr Produkte, Wirtschaftszweige und Unternehmen aufgrund von Qualitätsmangel Schiffbruch erleiden als aufgrund von Geldmangel. Man wird schlagartig hellhörig werden für die Bedeutung der Ziele, denen wir uns für unsere Kunden verschrieben haben. Wer als erster aufwacht, wird den Markt beherrschen. Wer zu lang schläft, wird von anderen aufgekauft werden.

Im günstigsten Fall wird meine Arbeit bis dahin Früchte tragen, aber ich werde bestimmt nicht denken: „Ich habe es ja vorausgesagt." Seit Generationen ist bekannt, daß Betriebe, die das tun, was sie versprechen, und die dabei noch fürsorglich mit ihren Mitarbeitern umgehen, immer zu den Spitzenreitern gehören. Wenn sie das nicht tun, dann liegt es entweder daran, daß die Unternehmensführung zu selbstherrlich ist oder daß sie schlicht nicht begriffen hat, worum es geht. Die vorausgegangenen Kapitel bieten genug Information für den Beginn eines Erkenntnisprozesses.

Wenn Einsicht möglich und die Notwendigkeit von mehr Qualität so offenkundig ist, warum gibt es dann nicht mehr Verbesserung? Die Antwort heißt schlicht: Es ist gegenwärtig nicht das vorrangige Interesse der Verantwortlichen, für Verbesserung zu sorgen.

Dafür schulden sie Ihnen eine Erklärung. Ich bekomme andauernd Rechtfertigungen zu hören, und einige davon sind sogar sehr aufschlußreich. Sehr wenige sind glaubwürdig. Aber sie sind real. Und solange das so ist, wird sich kein Verbesserungsversuch durchsetzen.

Die Verantwortung für termingerechte Herstellung fehlerfreier Produkte und Dienstleistungen liegt im wesentlichen dort, wo die Fäden der Macht zusammenlaufen. Wenn irgendwo etwas, das Ihrer Meinung nach geschehen müßte, nicht geschieht, brauchen Sie nur die Fäden zum Ausgangspunkt zurückzuverfolgen. Sie könnten im Büro einer Person enden, die Sie gut kennen. Vielleicht sogar in Ihrem eigenen Büro.

Wenn Sie wissen, bei wem eine Änderung bewirkt werden muß, können sie die Änderung auch bewerkstelligen. Verbesserung ist nicht nur verdienstvoll, sie macht auch Spaß.

Das Wichtigste in Kürze

Kontrollen sind nützlich, aber es ist sehr schwierig, motivierte Führungskräfte dazu zu bewegen, Anweisungen zu lesen, geschweige denn, sie zu befolgen. Der dickste Grundsatz- und Verfahrensleitfaden hat noch keine Firma vor der Katastrophe gerettet.   22

Die Antikörper müssen Bestandteil des Führungsstils sein, der die Arbeitsabläufe in einem Betrieb bestimmt.   22

Alle Unzulänglichkeiten werden verursacht.   22

Alles, was verursacht wird, läßt sich vermeiden.   22

Der Wille zur entschlossenen Festlegung auf klare Qualitätsbegriffe wächst, sobald die Mitglieder einer Führungsmannschaft feststellen, daß sie die Nase voll haben und daß es so nicht weitergeht.   22

Gezielte Schulung ist ein Prozeß, der allen Beschäftigten dazu verhilft, gemeinsame Qualitätsbegriffe zu entwickeln, die Rolle jedes einzelnen im Qualitätsverbesserungsprozeß richtig einzuschätzen und die notwendigen Kenntnisse zu erwerben, die zur Bildung von Antikörpern befähigen.   22

Konsequente Durchführung bedeutet, den Verbesserungsfluß über die „Lebensnerven" des Unternehmens weiterzuleiten.   22

Die meisten Firmen konzentrieren sich auf die Durchführung, bevor sie sich mit den beiden anderen Schritten befassen.   22

Es ist nur naheliegend, daß man, sobald Probleme auftauchen, nach der gerade gängigsten Modemasche auf diesem Gebiet greift.   23

Um ein Unternehmen dauerhaft zu entstören, ist es erforderlich, die Unternehmenskultur zu verändern, die Ursachen für das Zustandekommen unzulänglicher Erzeugnisse und Dienstleistungen auszumerzen.   23

Eine kurzfristige Lösungsmethode war angewendet und entsprechend kurzlebige Ergebnisse erzielt worden.   24

Wenn Sie meinen, nicht viel zu essen, dann müssen Sie einmal vierzehn Tage lang alles aufschreiben.   24

Zehnmal täglich auf verschiedene Weise mein Körpergewicht zu überprüfen hatte mir kein Gramm Gewichtsverlust gebracht.   25

Mitarbeiter „anspornen" ist zu einem regelrechten Erwerbszweig geworden.   27

„Warum müssen wir uns pausenlos etwas einfallen lassen, um unsere Mitarbeiter zu motivieren? Haben wir nicht motivierte Leute eingestellt?"   27

Diese Programme haben nur einen Fehler: sie richten sich alle an die unterste Unternehmensebene.   28

Was den Mitarbeitern oft den Arbeitsplatz verleidet, ist das normale Betriebsklima. Die gedankenlose, irritierende, teilnahmslose Art, mit der sie behandelt werden, ist die Wurzel des Übels. Sie kommen sich vor wie Marionetten, von unpersönlichen Funktionsabläufen manipuliert.   28

Leistungsbeurteilungen — sie mögen noch so sinnvoll angelegt sein — sind eine Einbahnstraße.   28

Unehrliche Leistungsbewertungen zeigen den Leuten, daß die Firma keine glaubhafte Linie hat, daß sie selbst nicht zu dem System steht, das sie ihnen aufnötigt, und nicht wirklich daran interessiert ist, Talente zu entdecken.   29

Spesenabrechnungen sind für die Mitarbeiter ein weiteres Paradebeispiel dafür, daß ihre Interessen niemanden interessieren.   29

Bei der Spesenabrechnung geht es letzten Endes nur noch um die Entscheidung, ob der Betreffende sich an die Vorschriften gehalten hat oder nicht.   29

Die Kompliziertheit des Abrechnungsformulars ist ein Indiz für das, was eigentlich erreicht werden soll. In Wirklichkeit geht es darum, Geschäftsreisen zu erschweren.   29

„Mitarbeiterbesprechungen sind überall gleich. Der Chef redet, solange es ihm paßt, über das, was ihn interessiert, und dann ist die Sitzung zu Ende."   30

Es gibt absolut nichts Deprimierenderes oder Erniedrigenderes für einen angehenden Topmanager, als Besprechungen beiwohnen zu müssen, auf denen ihm die Rolle des aufmerksamen Zuhörers diktiert wird.   30

80 Prozent der Redebeiträge stammen von 20 Prozent der Anwesenden.   30

Sitzungspraktiken sind meiner Meinung nach häufiger als alle sonstigen Scherereien Kündigungsgrund für talentierte Mitarbeiter.   31

In einer Firma mit gestörtem Betriebsklima beschäftigt zu sein gleicht in mancherHinsicht der Situation eines jungen Erwachsenen, der noch zu Hause lebt und dessen Eltern nach wie vor für ihn entscheiden.   31

Was wir uns selbst antun, ist unsere Privatsache, und wir bekommen vermutlich, was wir verdienen. Es gibt allerdings keinen vernünftigen Grund dafür, daß andere uns etwas antun.   31

In einem „Streß"-Unternehmen arbeiten Management und Mitarbeiter gegeneinander; in einem „streßfreien" Unternehmen arbeiten alle zusammen, gibt es keine Fronten.   31

Ein streßfreies Unternehmen zeichnet sich durch angenehmes Betriebsklima, reibungslos funktionierende Arbeitsabläufe und zufriedene Mitarbeiter aus.   31

Wenn es in einem Unternehmen viele interne Scherereien gibt, hat das zur Folge, daß die Betriebsangehörigen mehr Zeit damit zubringen, sich mit den Kollegen als mit der Sache auseinanderzusetzen.   31

Natürlich gibt es pathologische Zustände, die kaum Heilungschancen haben: der Firmenchef, der so mit der eigenen Wichtigkeit beschäftigt ist, daß keinerlei zwischenmenschliche Kommunikation möglich ist; der betrügerische oder korrupte Geschäftsführer; der Machtkampf, der zum offenen Krieg wird, dem ganze Unternehmenszweige und ihre Beschäftigten zum Opfer fallen.   32

Die Vorgänge, die die Mitarbeiter unnötig Nerven kosten und ein schlechtes Betriebsklima schaffen, sind für gewöhnlich keine großen Angelegenheiten.   32

In einem reibungslos funktionierenden Unternehmen vertrauen die Mitarbeiter darauf, daß die Unternehmensführung sie ernst nimmt und ihre Leistung braucht. Sie wissen, daß die Arbeitsplatzanforderungen klar festgelegt sind, und sie hatten Gelegenheit, an deren Festlegung mitzuwirken.   36

Sie erleben täglich, daß die Unternehmensleitung sich selbst diesen Anforderungen verpflichtet fühlt und sie ernst nimmt. Und sie machen die Erfahrung, daß jeder, der sich Mühe gibt, Anerkennung erntet und daß Mitarbeiter, die mit irgend etwas Schwierigkeiten haben, Unterstützung bekommen.   37

Um all das zu verwirklichen, muß ein Unternehmen sich auf einen unbegrenzten Qualitätsverbesserungsprozeß einlassen.   36

Die Vorzüge eines störungsfrei funktionierenden Unternehmens liegen größtenteils auf der Hand. Ein Aspekt, der unter Umständen nicht sofort ins Auge fällt, ist die Tatsache, daß es der ideale Ort ist, um sich als ein phantastischer Manager zu profilieren.   37

„Streß" bedeutet für jeden etwas anderes. Ich verstehe darunter die unnötigen Schwierigkeiten oder Hindernisse, die einem in den Weg gelegt werden, wenn man etwas Vernünftiges tun will.   46

„Das Band stoppen? Das Band stoppen?" brüllte Wellmann. „Wozu sind denn Instandhaltung und Wartung da? Was ist denn das für ein Laden hier? Wenn wir wegen jeder kleinen Panne die Fertigung stoppen, haben wir bald kein Produkt mehr zu verkaufen. Dafür ist der Kundendienst zuständig."   48

„Sag ihnen, sie sollen ausgebildete Leute einstellen. Wir sind schließlich keine Hochschule."   48

„Ihr müßt aufhören, alles auf die Goldwaage zu legen. Wir können es uns nicht leisten, für Qualität Geld auszugeben."   48

„... daß man am meisten Geld verdient, wenn man den Kunden gibt, was man ihnen versprochen hat, und den Mitarbeitern unnötigen Ärger erspart."   51

„Unbrauchbar? Aber wir haben uns doch immer auf die praktischen Aspekte konzentriert. Ich dachte, es ginge darum, den größtmöglichen Nutzeffekt zu erzielen. Und dazu gehört selbstverständlich Qualität. Wir verwenden viel Zeit darauf, festzulegen, wie gut die Dinge sein sollen."   52

„Wir müßten zehnmal soviel kontrollieren wie bisher, um Pannen auszuschließen. Das ist nicht zu machen." 53

„Wir trommeln die ganze Belegschaft zusammen und schärfen allen ein, daß wir bei uns in der Firma ab sofort alle alles gleich von Anfang an richtig machen werden. Und wir laden Kunden dazu ein, die zur Belegschaft sprechen, und sorgen für Musik — sie sollen glauben, daß bei uns alles anders wird." 53

„Warum halten Sie es für so unmöglich, Problemen vorzubeugen?" 53

„Qualität durchzusetzen übersteigt die Möglichkeiten der Qualitätsbeauftragten, solange das Management sich seiner Rolle nicht wirklich bewußt ist." 54

„... die oberste Managementebene ist hundertprozentig verantwortlich für alle Qualitätsprobleme — und deren Fortbestand." 54

„Einer der Hauptmaßstäbe für das Qualitätsniveau einer Firma sind die Kosten für die Nichterfüllung der Vorschriften. Dazu zählen sämtliche Kosten für mangelhaft ausgeführte Arbeit." 54

„... der Preis für die Erfüllung der Qualitätsnorm — also die Ausgaben für Güteprüfung, Testverfahren und Fortbildung." 55

„Pfusch kostet Geld. Reparieren, nachbessern, Gewurstel — das alles kostet Geld." 55

„Ich verstehe gar nicht, weshalb wegen Qualität jetzt plötzlich so viel Aufhebens gemacht wird. Das Problem gab es schon immer, und man hat es immer auf die eine oder ander Art angegangen." 55

„Die 60 Qualitätsbeauftragten sind also unbestreitbar ein Gewinn. Aber allein die Existenz dieser Gruppen stellt an sich noch keinerlei Verpflichtung zur Verbesserung dar." 56

„Sie dürfen sich über den Qualitätsstandard der VBG nichts mehr vormachen. Die Firma gerät mehr und mehr in den Ruf, schlampige Dienstleistungen und Waren zu liefern." 56

„Mein größtes Problem sind Zulieferer. Sie bieten Dienstleistungen und Waren an, die einfach nicht in Ordnung sind. Die meiste Zeit verbringe ich mit den Leuten von der Rechtsabteilung, um alles wieder einigermaßen geradezubiegen. Und es wird immer schlimmer." 57

„Termingerechte Herstellung ist mein Hauptproblem. Wir müssen von jedem Teil fünf Stück herstellen, um vier ausliefern zu können." 57

„Unsere Prüfarbeit ist sehr oberflächlich geworden, da wir jetzt viel mehr Kontrollen durchführen müssen." 57

„Mein Hauptproblem ist es, unsere Produkte draußen beim Kunden in Schuß zu halten." 57

„Ich verbringe die ganze Zeit damit, von einem Laden zum anderen zu fahren und den Filialleitern Dampf zu machen, daß sie mehr Kundschaft in die Läden bringen sollen. Und die wiederum bearbeiten mich, daß ich ihnen bessere Waren und tüchtigere Verkäufer besorgen soll."   57

Man war einhellig der Meinung, daß alles eine Konsequenz des allgemein gesunkenen Niveaus im Gesellschafts- und Geschäftsleben sei. Im Unternehmen werde wahrscheinlich alles getan, was getan werden könne.   58

„Qualitätsverbesserung ist ein Prozeß, kein Programm, und es dauert lange, bis sie fester Bestandteil des Berufsalltags wird. Als erstes müssen sämtliche ‚Köpfe' des Unternehmens einen einheitlichen Qualitätsbegriff entwickeln."   59

„Die Leute der Führungsebene, an die ich denke, brauchen gezielte außerbetriebliche Schulung. Sie müssen die absoluten Gebote des Qualitätsmanagements begreifen lernen. Diese Leute müssen mit der Realität konfrontiert werden, genauso wie Sie selbst."   59

„Nach herkömmlichen Vorstellungen ist Qualität gleichbedeutend mit Güte und daher ein sehr vager Begriff; die Realität lehrt uns, daß Qualität gleichbedeutend ist mit Erfüllung der Anforderungen und damit etwas ganz Präzises aussagt."   60

„Nach den herkömmlichen Vorstellungen erreicht man Qualität durch Kontrollen, Funktionstests und Prüfverfahren; die Realität lehrt uns, daß Mängelvorbeugung das einzig brauchbare System ist."   60

„Nach herkömmlichen Vorstellungen genügt akzeptable Qualität — nach dem Motto: ‚Das tut's auch' — als Leistungsstandard für Angestellte und Arbeiter; die Realität lehrt uns jedoch, daß der Standard genau definiert sein muß, etwa: fehlerfrei oder Fehlerquote gleich Null."   60

„Nach herkömmlichen Vorstellungen sollte Qualität außerdem anhand von statistischen Meß- und Vergleichswerten gemessen werden; die Realität lehrt, daß der beste Maßstab für Qualität die Kosten für die Abweichung von Anforderungen sind."   60

„Fehlerfrei als Maßstab erscheint mir etwas hochgegriffen. Es klingt unrealistisch."   60

„Das Bewußtsein von der Notwendigkeit dieser Verbesserung bestand schon seit geraumer Zeit. Aber im Management fehlte es an der Bereitschaft zur Durchführung. Das ist ein stures Volk."   60

„Die Qualitätspolitik dieses Unternehmens hat zum Ziel, Kunden und Auftraggebern innerhalb und außerhalb termingerecht fehlerfreie Erzeugnisse und Dienstleistungen zu liefern."   61

„Qualität besteht nicht nur darin, Anforderungen festzulegen und hartnäckig zu fordern, daß die Dinge richtig gemacht werden. Das darf man nicht so schematisch sehen.

Im Grund geht es dabei um den allgemeinen Führungsstil eines Unternehmens. Sämtliche Mitarbeiter eines Unternehmens müssen mit vereinten Kräften dazu beitragen, daß der Betrieb ordentlich funktioniert." 61

„Was wir hier verwirklichen werden, ist ein störungsfreier Betrieb. Wir werden lernen, alle unsere Arbeiten ordentlich, energisch und präzise auszuführen." 61

Öffentliche und private Unternehmen tun sich schwer mit Qualität, weil es ihnen einfach an Entschlossenheit fehlt. 62

Die Unternehmen, in denen sich wenig bessert, obwohl sie nach außen hin zu einer Umorientierung entschlossen zu sein scheinen, haben einige gemeinsame Merkmale: 62

1. Die Bemühungen um mehr Qualität werden als Programm und nicht als Prozeß bezeichnet. 62

2. Sämtliche Bemühungen um mehr Qualität zielen auf die untere Unternehmensebene ab. 62

3. Die für die Qualitätskontrolle Verantwortlichen haben eine zynische Grundeinstellung. 63

4. Das Lehrmaterial wird von Ausbildern erstellt, die selbst noch den alten Denkschablonen verhaftet sind. 63

5. Das Management will sofort sichtbare Erfolge. 63

Diese typischen Merkmale und noch einige mehr sind kennzeichnend für schlecht geleitete Qualitätsverbesserungsverfahren. Sie treten auf, weil die ganze Angelegenheit nicht genügend durchdacht und ernst genommen wurde. 63

Nach meiner Erfahrung kann man niemand für mehr als ein paar Tage „motivieren". 64

Das Unternehmen hatte keine schlechten Absichten; man war einfach der Auffassung, daß man einige Anforderungen nicht so furchtbar ernst zu nehmen brauchte. 64

Ein Beispiel aus der Praxis, in welchem ein und derselbe Betrieb zwei entgegengesetzte Ergebnisse erzielte. Das einzige, was sich zwischen beiden Ergebnissen verändert hatte, war — abgesehen vom Ausscheiden der beiden dickköpfigen Manager — die Unternehmensführung. 65

Der Generaldirektor gab Tag für Tag glasklar zu erkennen, daß er entschlossen war, Qualität im wahrsten Sinne des Wortes zu produzieren. 65

Westliche Manager pilgern in Scharen nach Japan, um das Geheimnis japanischer Qualität zu ergründen. 65

Bei der Rückkehr sind sie in der Auffassung bestärkt, daß die Wurzel des Übels in der Arbeiterschaft zu suchen ist und daß es lediglich gilt, die Arbeiter bei uns dazu zu bewegen, sich wie japanische Arbeiter zu verhalten. 65

Es wird jedoch wenig Wandel zum Besseren geben, solange das eigentliche Problem nicht angepackt wird. Und das eigentliche Problem ist die Tatsache, daß das Management die Produkt- und Dienstleistungsanforderungen nicht ernst nimmt.   65

Wenn man das Erfolgsgeheimnis der Japaner oder der vielen westlichen Hersteller von Qualitätserzeugnissen lüftet, stellt man immer wieder eines fest: Sie alle nehmen die Anforderungen ernst. Sie konzipieren sie mit Sorgfalt, und sie erfüllen sie mit Sorgfalt.   65

Wenn die Unternehmensleitung auf der Erfüllung der Anforderungen besteht und aktiv daran mitwirkt, daß Fehlervorbeugung wirklich praktiziert wird, dann entsteht eine vollkommen neue Unternehmenskultur.   65

Es genügt nicht, eine entschlossene Miene aufzusetzen und entschlossen aufzutreten. Das Thema, das wir mit solcher Entschlossenheit angehen wollen, muß in den Köpfen aller Betroffenen klare Konturen haben.   66

Das größte Problem für das Management ist die eigene Glaubwürdigkeit; es muß sie immer wieder unter Beweis stellen.   66

Manager müssen sich an ihren Taten und an ihrem Führungsstil messen lassen.   66

Es ist schwierig, wirklich ein offenes Ohr bei jemand zu bekommen, der einem begeistert zustimmt.   66

Erstes absolutes Gebot: Qualität muß als Erfüllung von Anforderungen definiert werden.   68

Qualitätsverbesserung setzt voraus, daß in jedermann die Bereitschaft geweckt wird, „es" von vornherein richtig zu machen.   68

Das Management hat drei Hauptaufgaben: (1) Festlegung der Anforderungen, die die Mitarbeiter erfüllen sollen, (2) Bereitstellung der Rahmenbedingungen, die die Mitarbeiter brauchen, um diese Anforderungen zu erfüllen, und (3) die uneingeschränkte Bereitschaft, die Mitarbeiter moralisch und materiell bei der Erfüllung dieser Aufgabe zu unterstützen.   68

Scherereien gibt es, sobald die leitenden Angestellten sich gegenüber der Unternehmenspolitik und den Verfahrensregeln wankelmütig zeigen.   68

Wir hatten uns über die Anforderungen geeinigt und bekamen sie so in den Griff.   69

In Dienstleistungsunternehmen verschlingen derlei Tätigkeiten üblicherweise 40 Prozent der Betriebskosten.   69

Die Ursache ist der Qualitätsbegriff der leitenden Angestellten: sie definieren Qualität als „Güte". Niemand, abgesehen vom jeweiligen Sprecher, weiß, was darunter zu verstehen ist.   69

Qualität muß als *Erfüllung von Anforderungen* definiert werden.   69

Wer sich für Qualitätsverbesserung entschieden hat, muß sich einer Art Gehirntransplantation unterziehen.   69

Es ist nicht notwendig, einen schlecht funktionierenden Betrieb stillzulegen, um zu beweisen, daß man ein entscheidungsfreudiger Manager ist.   70

Wenn wir die Anforderungen, gleich in welchem Bereich, nicht ernst nehmen, werden wir die gestellte Aufgabe nie gut erfüllen.   72

Die Beachtung der Anforderungen ist der erste Schritt in jedem Verbesserungsprozeß.   72

Das erste absolute Gebot des Qualitätsmanagements lautet:

QUALITÄT MUSS ALS ERFÜLLUNG VON ANFORDERUNGEN DEFINIERT WERDEN UND NICHT ALS „GÜTE".   72

Manager reagieren meistens sehr skeptisch, wenn das Gespräch auf das verbindliche Formulieren von Anforderungen kommt. Sie sehen sofort Tausende detaillierter „Tu dies" und „Tu das" auf sich zukommen.   73

Anforderungen sind eine Form der Kommunikation, genau wie Messungen.   73

Zweites absolutes Gebot: Das Grundprinzip der Qualität ist Vorbeugung.   74

Die augenfälligsten Kosten herkömmlicher Qualitätspolitik liegen im Prüfbereich.   74

Ob sie sich nun Aufsicht, Inspektion, Kontrolle oder anders nennt, Qualitätsprüfung vollzieht sich immer im Nachhinein.   74

Qualitätsprüfung ist eine teure und wenig zuverlässige Methode, Qualität zu erzeugen.   75

Sobald wir über den Ablauf unserer Tätigkeit genau Bescheid wissen, sind wir auch zu Fehlervorbeugung imstande.   75

Wenn ein Geschäftsreisender von einem ihm unbekannten Flughafen in eine ihm fremde Stadt fährt, erkundigt er sich sinnvollerweise nach dem Weg, bevor er Richtung Zubringer losfährt.   75

Wenn ein Anstreicher einen bestimmten Farbton braucht, nimmt er am besten ein Farbmuster ins Farbengeschäft mit.   75

Wenn ein Gaststättenbesitzer allmorgendlich frische Eier braucht, muß er einen Händler ausfindig machen, der frische Eier verkauft und pünktliche Lieferung zusagen kann.   75

Es dürfte schwerfallen, mit derlei vernünftigen Maßnahmen nicht einverstanden zu sein. Es ist wenig sinnvoll, sich über Größen erst dann den Kopf zu zerbrechen, wenn die Ware eintrifft, oder Eier nach der Lieferung eines nach dem anderen zum Frischetest aufzuschlagen, ebenso wie es unrationell ist, zwischen Kunde und Farbenladen hin- und herzurennen und zu versuchen, sich die Farben einzuprägen, oder erst auf der Schnellstraße einen Blick auf den Stadtplan zu werfen, während ein 18-rädriger Brummi einem an der Heckstoßstange klebt.   75

Vorbeugung gehört zu den Tabus, über die Geschäftsleute einfach nicht sprechen.   75

Das Geheimnis der Vorbeugung besteht darin, sich Arbeitsabläufe gründlich anzusehen und mögliche Fehlerquellen dingfest zu machen.   76

Entwicklung und Vorbereitung dieser Informationen sind eine außerordentlich wichtige Aufgabe.   76

Es wurden massive Fehlerquellen beseitigt, und genau das ist aktive Vorbeugung.   77

Statistische Qualitätskontrolle gilt als hochkompliziert und schwierig zu praktizieren, aber eigentlich gehört gar nicht so viel dazu.   77

Führungskräften ist oft nicht bewußt, welche Auswirkungen ihre persönlichen Beiträge auf die Vorgänge in ihrem Unternehmen haben.   78

Das beste Vorbeugungskonzept kann durch gedankenlose Managementstrategie durchkreuzt werden.   78

„Erstens: Vergessen Sie nie, daß das Management für Probleme verantwortlich ist. Zweitens: Sorgen Sie dafür, daß die Montage entsprechend den bereits erstellten technischen Vorschriften abläuft. Unterbrechen Sie den Vorgang, sobald irgendein Wert über den Toleranzbereich hinausgeht, und lassen Sie das Problem beheben. In kürzester Zeit wird alles reibungslos funktionieren."   80

Das zweite absolute Gebot des Qualitätsmanagements lautet:

DAS GRUNDPRINZIP DER QUALITÄT IST VORBEUGUNG, NICHT NACHTRÄGLICHE PRÜFUNG.   81

Drittes absolutes Gebot: Null Fehler müssen Leistungsstandard werden.   82

Ein Unternehmen ist ein Organismus, zu dessen Funktionieren Millionen kleiner, scheinbar unbedeutender Tätigkeiten beitragen.   82

Erst ein bestimmter Leistungsstandard macht ein Unternehmen funktionsfähig, weil er jedem einzelnen die Wichtigkeit jeder dieser Millionen Tätigkeiten vor Augen führt.   82

Unternehmen verfallen auf alle erdenklichen Methoden, ihren Mitarbeitern die Nichterfüllung der Anforderungen zu erleichtern.   83

Bei der Lohn- und Gehaltsabrechnung werden keine Fehler gemacht.   83

Die Lohn- und Gehaltsbüros schneiden so gut ab, weil die Leute sich auf diesem Gebiet einfach keine Irrtümer gefallen lassen. Sie nehmen es sehr persönlich, wenn irgend etwas an ihrer Abrechnung nicht stimmt.   83

Nach herkömmlichen Qualitätsbegriffen sind Fehler unvermeidlich. Solange das der gültige Leistungsmaßstab ist, wird diese Prophezeiung sich zwangsläufig immer bewahrheiten.   83

Nur wer je die Aufgabe hatte, in einem Unternehmen für Qualität zu sorgen, kann die Bedeutung eines fest umrissenen Leistungsstandards ermessen.   84

Leider wurde das Null-Fehler-Konzept von der Industrie als „Motivations"-Programm aufgefaßt.   84

Viele Unternehmen verfügen über ausgeklügelte Rechenschaftssysteme, die beweisen sollen, daß Fortschritte gemacht werden, und sie betreiben Werbekampagnen, die aller Welt vor Augen führen, wie engagiert ihre Mitarbeiter sich für Qualität einsetzen. Das einzige, was sie nicht vorzuweisen haben, sind fehlerfreie Produkte.   84

„Irgendwo auf der Welt", sagte er, „muß es einen Qualitätsexperten geben, der mir absolut fehlerfreien Produkte und Dienstleistungen gewährleisten kann. Es wäre schön, wenn Sie das wären."   88

Menschen machen Fehler, insbesondere diejenigen, die davon ausgehen, daß sie täglich mehrere Fehler machen werden, und denen es nichts ausmacht, wenn sie geschehen. Man könnte fast sagen, ihr Leistungsstandard verlangt von ihnen ein paar Fehler als Bescheinigung ihrer Menschlichkeit.   90

… dann müssen Irrtümer umgekehrt proportional zur Bedeutung sein, die der Betreffende bestimmten Tätigkeiten beimißt.   90

Zwei Faktoren verursachen Fehler: fehlende Kenntnisse und ungenügende Aufmerksamkeit.   90

Die Menschen halten sich an einen vorgegebenen Leistungsstandard, sofern er verständlich ist.   91

Ist der Standard eindeutig wie „null Fehler", „fehlerfrei" oder „mach deine Arbeit von vornherein richtig", dann lernen die Menschen, Problemen vorzubeugen.   91

Sämtliche Arbeitsergebnisse in einem Unternehmen werden von Menschen bewirkt.   91

Das dritte absolute Gebot des Qualitätsmanagements lautet:

  DER LEISTUNGSSTANDARD MUSS „NULL FEHLER" HEISSEN UND NICHT „DAS TUT'S AUCH".   91

Viertes absolutes Gebot: Maßstab für Qualität sind die Kosten für die Nichterfüllung von Anforderungen.   92

Die Hauptschwierigkeit, Qualität als Managementaufgabe durchzusetzen, liegt darin, daß sie an den Management-Schulen nicht gelehrt wird.   92

Das rührt daher, daß Qualität nie kaufmännisch gesehen wird wie alles andere sonst.   92

Qualitätskosten setzen sich aus zwei Komponenten zusammen — den Kosten für die Abweichung von den Anforderungen und den Kosten für deren Erfüllung.   92

Die Kosten für die Nichterfüllung können in zweifacher Weise nutzbar gemacht werden, 1. als absolute Größe, um mitzuverfolgen, ob das Unternehmen Forschritte macht, und 2. als Anhaltspunkt für die Suche nach den lukrativsten Korrekturmöglichkeiten im Unternehmen.   93

Die Zusammenstellung der Qualitätskosten ist nicht schwierig, und dennoch wird sie in den wenigsten Unternehmen durchgeführt.   93

Rechnen Sie alles zusammen, das nicht getan werden müßte, wenn jede Verrichtung von Anfang an korrekt ausgeführt würde, und betrachten Sie das als die Kosten für die Nichterfüllung von Anforderungen.   93

Das vierte absolute Gebot des Qualitätsmanagements lautet:

   MASSSTAB FÜR QUALITÄT SIND NICHT INDEXZIFFERN, SONDERN DIE KOSTEN FÜR DIE ABWEICHUNG VON DEN ANFORDERUNGEN.   93

Unterrichtsmethoden, die gewährleisten sollen, daß der Auszubildende spezifische Informationen mitbekommt, müssen im Bewußtsein der menschlichen Individualität verwurzelt sein.   94

Es gibt einfach keinen Standardweg zur Erkenntnis.   94

Es genügt nicht, eine Art Rezeptbuch für Streßbeseitigung zu verfassen, weil das nur neuen Ärger auf einer anderen Ebene mit sich bringt. Dann werden nämlich Vorschriften zur Durchführung der einzelnen Schritte des Rezepts aufgestellt, und ehe man sich's versieht, wird die Einhaltung der Verfahrensweisen bzw. deren ungenügende Einhaltung zu einem noch größeren Streß als das ursprüngliche Problem.   94

Ein störungsfreies Betriebsklima setzt den ständigen, ungehinderten Informationsfluß zwischen sämtlichen Beteiligten voraus.   94

Alle reden von der Notwendigkeit, die Dinge von Anfang an richtig zu machen, und niemand will die Dinge tatsächlich erst beim zweiten Anlauf richtig machen. Dennoch kommt es in der Realität oft genug vor, daß irgendeine Tätigkeit erst beim dritten Mal sachgerecht ausgeführt wird.   94

Solide Kenntnis einer Sache bedeutet Kompetenz.   94

In puncto Qualität kann man sich, wie beim Tennis auch, jahrelang mit oberflächlich Angelerntem durchmogeln.   95

Die absoluten Gebote des Qualitätsmanagements müssen von jedem Mitarbeiter eingesehen werden. Erst das ermöglicht eine gemeinsame Qualitätssprache.   95

Das Führungsteam eines Unternehmens muß den 14-Stufen-Plan zur Qualitätsverbesserung bejahen, denn seine Mitglieder sind für dessen Verwirklichung verantwortlich.   95

Der Beitrag jedes einzelnen zur Verwirklichung von Qualitätsarbeit muß von jedem Betriebsangehörigen begriffen werden.   95

Förderung von Qualitätsbewußtsein setzt Lehrgänge für leitende Manager voraus, in denen Vorgesetzte ihre Verantwortung erkennen lernen; weiterhin Lehrgänge für das mittlere Management, in denen die Angestellten, die den Qualitätsverbesserungsprozeß in die Praxis umsetzen müssen, lernen, wie das machbar ist; und schließlich Lehrgänge für alle Mitarbeiter, in denen sich die Betriebsangehörigen ihrer Rolle bewußt werden. Nicht zuletzt bedarf es praktischer Kurse, in denen die Vertreter spezieller Ressorts wie Einkauf, Buchführung, Qualität, Marketing usw. die für ihren Arbeitsbereich wichtigen Tätigkeiten besser kennenlernen.   95

Zweck einer Ausbildung für leitende Manager ist es, Vorgesetzten ihre Rolle bei der Entstehung von Problemen und später bei der Verwirklichung von Verbesserungen im Qualitätsprozeß begreiflich zu machen.   95

Die Ausbildung für das mittlere Management vermittelt neben dem Lehrstoff für die oberste Managementebene noch einige zusätzliche Dinge.   96

Es ist wichtig, daß diese Gruppe es sich zur Aufgabe macht, das Anliegen der Qualitätsverbesserung kontinuierlich weiterzuvermitteln.   96

Mitarbeiterausbildung. Die übrigen 95 Prozent der Belegschaft erhalten den Großteil ihrer Qualitätsausbildung aus Seminarhandbüchern.   96

Wir haben die Erfahrung gemacht, daß es sinnvoll ist, alle Lektionen einheitlich aufzubauen. Zunächst erhält jeder Teilnehmer Lesestoff, der zu Hause vor der betreffenden Unterrichtsstunde durchgearbeitet wird. Zweitens wird eine in der Regel fünfzehnminütige Videoaufzeichnung verwendet zur Veranschaulichung der Begriffe, die während des jeweiligen Schulungsabschnitts zur Sprache kommen. Der Videofilm wird anhand von Originaldrehbüchern und mit Schauspielern hergestellt. Als drittes folgt eine praktische Übung, in welcher das neue Konzept auf eine dem Kursteilnehmer vertraute Praxissituation angewendet wird. Der vierte Schritt besteht aus der anschließenden Diskussion, in welcher der Trainer die Teilnehmer bei dem Versuch anleitet, das Konzept auf die innerbetriebliche Situation in ihrer Firma anzuwenden. Als fünftes und letztes bekommt jeder eine Aufgabe gestellt.   96-97

Der gesamte Schulungsprozeß läßt sich in sechs Schlüsselbegriffen zusammenfassen: Problembewußtsein, Engagement, Sachverstand, Kommunikationsfähigkeit, Änderungsbereitschaft und Kontinuität.   98

Problembewußtsein bedeutet die Fähigkeit, Notwendiges zu erkennen und herkömmliche Denkschemata über Bord zu werfen.   98

Engagement bezeichnet die Einsatzbereitschaft zunächst seitens der Unternehmensführung und dann seitens aller Mitarbeiter.   99

Sachverstand bezeichnet die Fähigkeit, den Verbesserungsprozeß methodisch in die Praxis umzusetzen.   99

Änderungswille ist die Bereitschaft, Fehlermöglichkeiten durch die Analyse laufender Probleme und ihrer Ursachen schon an der Quelle auszuräumen. 99

Kommunikationsbereitschaft bezeichnet den Willen, alles zu tun, um wirkliches Verständnis und aktive Teilnahme bei sämtlichen am Unternehmen beteiligten Personen zu wecken, einschließlich Zulieferern und Kunden. 99

Kontinuität ist das ständig wache Bewußtsein dessen, was früher war und was werden soll. 99

Alle Mitarbeiter, die Bescheid wissen müssen, werden so lange weitergebildet, bis sie die Materie beherrschen. Dann werden Mitarbeiter, die anfänglich nicht betroffen waren, inzwischen aber auch zu den Betroffenen gehören, eingewiesen. 103

Die Verwirklichung von Qualitätsverbesserung ist ein Prozeß, der nie endet. 103

Nie geschieht etwas allein aufgrund der Tatsache, daß es das einzig Richtige ist oder weil sich der Versuch lohnt. 103

Wenn man menschliche Verhaltensweisen ändern will, ist es nicht damit getan, den Leuten ein paar neue Techniken beizubringen oder ihre gewohnten Verhaltensmuster durch neue zu ersetzen. Es geht darum, neue Wertmaßstäbe zu schaffen und neue Rollenvorbilder anzubieten. Das kann nur geschehen, wenn ein Wandel der inneren Einstellungen bewirkt wird. 103

All die schrecklichen Sünden, die Menschen am Arbeitsplatz begehen, die vielen Ärgernisse, die Fehler verursachen, geschehen meistens in der besten Absicht. 103

Die gegenwärtige Unternehmenskultur ist von Menschen geschaffen. 104

Obwohl ich seit zwanzig Jahren mit diesen Bausteinen gearbeitet habe, lerne ich jeden Tag wieder dazu. 104

Bei seinen Gesprächen mit Mitarbeitern von Unternehmen, in denen sich Qualitätssteigerungen bemerkbar machen, ist dem Qualitätsbeauftragten bewußt geworden, daß die leitenden Manager eine Schlüsselfunktion sowohl bei der Schaffung als auch bei der Lösung der Qualitätsprobleme ausüben. 105

Erst wenn die Führungsmannschaft umgeschult wird und darangeht, die Unternehmenskultur zu ändern, besteht Hoffnung, daß ein derartiger Wandel Früchte trägt. 105

Zunächst hieß das Problem: „Wie kann man bei der Unternehmensführung genug Interesse an Qualität wecken, damit sie etwas unternimmt?" 105

Nun steht man vor dem Problem: „Wie sollen wir den Leuten glaubhaft machen, daß wir tatsächlich etwas unternehmen und bei der Stange bleiben wollen?" 105

Die Unternehmenskultur wird sich nur verändern, wenn sämtliche Mitarbeiter einen gemeinsamen Qualitätsbegriff entwickelt haben und jeder seinen persönlichen Beitrag zur Verwirklichung der Qualitätsverbesserung erkannt hat. 105

Die Art und Weise, wie sich die Spitzenmanager verhalten, wenn etwas nicht hundertprozentig den Anforderungen entspricht, ist ausschlaggebend dafür, ob dieses Vertrauen wächst oder nicht.   105

Als erstes muß eine neue Unternehmenspolitik, basierend auf neuen Qualitätsmaßstäben, formuliert werden. Aus diesen Richtlinien sollte hervorgehen, daß das Engagement echt und plausibel ist. Es dürfen keine Wischiwaschi-Begriffe darin vorkommen.   105

Zweitens sollte Qualität zum ersten Punkt — vor den Finanzen — auf der Tagesordnung der routinemäßigen Geschäftssitzungen der Unternehmensleitung erhoben werden und im einzelnen durchgesprochen werden.   106

Drittens müssen sich der Hauptgeschäftsführer und der Hauptbetriebsleiter im Geist klare Qualitätsargumente zurechtlegen und sie bei ihren Rundgängen durch den Betrieb jedem Mitarbeiter vermitteln, der ihnen über den Weg läuft.   106

„Wir werden unseren Kunden termingerecht einwandfreie Erzeugnisse und Dienstleistungen liefern."   106

Von der obersten Hierarchieebene bis zur untersten müssen sich alle an die klare Richtlinie halten: „Wir werden die Anforderungen sehr ernst nehmen. Wenn wir etwas nicht brauchen, dann ändern wir die Anforderungen offiziell. Aber es soll niemand kommen und von mir verlangen, daß ich Abweichungen billige. Wir müssen unsere Zeit darauf verwenden zu lernen, wie man seine Arbeit richtig macht."   109

Die Ernsthaftigkeit des Engagements der leitenden Angestellten wird so lange immer wieder auf die Probe gestellt, bis sie wie eine zweite Haut ist.   109

Die Lenkungsgruppe Qualität braucht eine klare Zielvorgabe und Führung. Sonst beschäftigen sich ihre Mitglieder so viel mit Strategien und der Zusammensetzung des Teams, daß sie ihren eigentlichen Daseinszweck vergessen.   110

Aufgabe einer solchen Lenkungsgruppe ist es, den Verbesserungsprozeß zu steuern und zu fördern. Sie ist nicht dazu da, jeden Schritt im vorhinein abzuklären, noch ist es ihre Aufgabe, als allwissendes Orakel aufzutreten, geschweige denn irgend jemand irgendwelche Informationen vorzuenthalten.   110

Die Gruppe sollte sich aus Persönlichkeiten zusammensetzen, die imstande sind, den Weg für alle diejenigen zu ebnen, die Qualitätsfortschritte machen wollen.   110

Den Vorsitz sollte eine Person innehaben, die mühelos Zugang zu den Vorstandsetagen hat.   110

Die Managementspitze, der Programmleiter und der Vorsitzende der Lenkungsgruppe Qualität entwerfen die Rahmenstrategie.   111

Die Mitglieder der Gruppe müssen alle gleichviel Sachkenntnis über den Qualitätsverbesserungsprozeß mitbringen, sonst wird nie etwas daraus.Wer das Konzept nicht versteht, wird das ganze Projekt in die Sackgasse eines wenig ergiebigen Motivationsprogramms führen.   111

Der fruchtbarste Lernansatz kommt aus den Erfahrungen, die die Mitglieder der Lenkungsgruppen persönlich machen.   111

Das beste Training ist die Praxis.   111

Denken Sie an Schulsportfeste. Geht es dabei nur um die Ehrenurkunden?   111

Sinn von Schul- und Freizeitsport für die Jugend ist es doch, daß der einzelne lernt, mit anderen auszukommen und gleichzeitig sich selber besser kennenzulernen.   111

Wer von Qualitätsbeauftragten erwartet, daß sie lediglich als korrigierende Instanzen fungieren, hat die gleich enge Sicht von Managementaufgaben wie Leute, die im Schulsport nur die Siegestrophäen zählen.   111

Wenn niemand ermessen kann, wie gut man etwas macht, ist man frustriert.   112

Es ist sehr schwierig, sich über irgendetwas zu unterhalten, wofür es nicht wenigstens ein paar Maße als Anhaltspunkt gibt. Ohne diese wären wir nicht in der Lage, uns in eindeutigen Begriffen zu verständigen.   112

Maßnehmen ist einfach die Angewohnheit, alle unsere Lebensvorgänge zu überprüfen.   112

Alle meinen, für die Arbeit der anderen gäbe es klare Anforderungen, und nur sie tappten im Dunkeln.   113

Der schöpferisch Tätige muß die Produkte seiner Tätigkeit an andere weiterleiten. Dazu sind Prozesse, Verfahren und Bewertungen erforderlich.   113

Für viele Unternehmenschefs ist die Ermittlung der Qualitätskosten ein gefundenes Fressen, weil sie darin eine zusätzliche Möglichkeit erblicken, die Arbeitsleistung ihrer führenden Manager zu bewerten.   113

Sobald die Qualitätskosten eines Unternehmens bekannt und Bestandteil der normalen Unternehmensführung geworden sind, erweisen sie sich als sehr nützliches Stimulans für den Qualitätsverbesserungsprozeß selbst.   114

Auf nichts reagiert das Management so hellhörig wie auf Geld.   114

Die wirkungsvollsten Systeme zur Anregung von Qualitätsbewußtsein scheinen diejenigen zu sein, die sich bereits eingefahrener innerbetrieblicher Informationskanäle bedienen. Anstatt in einer Qualitäts-Extrapost angesprochen zu werden, wird Qualitätsbewußtsein zur ständigen Rubrik in den regelmäßig erscheinenden Betriebsmitteilungen.   114

Die Förderung von Qualitätsbewußtsein erschöpft sich nicht in der Verteilung von Broschüren und ähnlichen Werbeaktionen. Es geht um die Vermittlung von Information.   115

Viele Unternehmensleiter verstehen nicht, warum sie trotz aller systematischen Korrekturmaßnahmen noch immer eine Menge Probleme haben, die sich einfach nicht innerhalb eines vertretbaren Zeitraumes beheben lassen.   115

Der eigentliche Sinn von Korrekturmaßnahmen ist es, Probleme zu erkennen und für immer aus der Welt zu schaffen.   116

Sinnvolle Korrekturmaßnahmen müssen sich auf Fakten stützen, die die Probleme klar umreißen, sowie auf Analysen, die die Ursachen klären. Sobald die Wurzel eines Problems gefunden ist, kann sie behandelt werden.   116

Danach tauchen kaum noch neue Störungsmöglichkeiten in der Zulieferer-Käufer-Beziehung auf.   117

Wenn sich ein Unternehmen der Null-Fehler-Philosophie verschreibt, dann ist das an sich schon ein festlicher Anlaß.   118

Wir haben ein komplettes Qualitätsschulungssystem entwickelt, das einen fest umrissenen Lehrinhalt vermittelt und von jedermann unterrichtet werden kann, der im Umgang mit der Materie geübt ist.   119

Die Firmenangehörigen reagierten außerdem in der Folgezeit auf sämtlichen Unternehmensebenen viel empfindlicher auf Mißstände, so daß diese sich nach und nach gaben.   119

Es gibt bis zu diesem Tag Leute in der Zunft der Qualitätsverbesserer und bestimmten anderen Bereichen, die meinen, Zweck des Tages der Qualität sei es, sämtliche Betriebsangehörigen zusammenzutrommeln, damit sie sich schriftlich verpflichten, alles besser zu machen.   119

Es ist eine Gelegenheit, in aller Öffentlichkeit zu beweisen, daß sie ihre Verantwortung ernst nehmen.   120

Sehr viele unserer Zeitgenossen erleben höchst selten besonders aufregende Dinge am Arbeitsplatz.   120

Die Zielsetzung ergibt sich automatisch als nächster Schritt nach der Qualitätskostenmessung.   120

Will man die Ursachen von Mißständen beseitigen, muß man die Betriebsangehörigen auffordern, ihre jeweiligen Probleme so darzulegen, daß etwas dagegen unternommen werden kann.   120

Jeder von uns richtet sich bewußt oder unbewußt nach einer oder mehreren Personen.   121

Nur sehr wenige Unternehmen honorieren gute Leistung.   121

Die Menschen arbeiten nicht für Unternehmen, sie arbeiten für Menschen.   122

Ich bin heute überzeugter denn je, daß Geld eine sehr wenig geeignete Form der Anerkennung ist. Es ist zu unpersönlich.   122

Zweck von Expertengruppen ist es, die Qualitätssachverständigen zusammenzubringen und ihnen Gelegenheit zu geben, voneinander zu lernen.   122

„Die einzigen Beschäftigten, die nicht im Dienstleistungsgewerbe arbeiten, sind die professionellen Blutspender; sie sind eine Rohstoffquelle." 126

Wenn ein Kunde ein Hotel besucht, hat er mit sämtlichen Beschäftigten der unteren Unternehmensebene zu tun. 126

Als Kunde einer Gießerei dagegen hat man mit den obersten Führungebenen des Unternehmens zu tun. 126

„Der Kundendienst ist nur deshalb lukrativ, weil wir der Abteilung die Gemeinkosten, die sie verursacht, nicht voll anlasten." 128

„Als erstes wollen Sie die Voraussetzungen für einen Verbesserungsprozeß schaffen, indem Sie die Mitarbeiter schulen und gleichzeitig für Managmentverantwortung, Meßverfahren und Qualitätsbewußtsein einen Standard festlegen." 138-139

„Dann wollen Sie die gesamte Abwicklung der Aufträge untersuchen. Diese Überprüfung dürfte erfolgreich sein, denn alle Beteiligten werden unter Qualität und Mißständen das gleiche verstehen und sich der Rolle jedes einzelnen im Verbesserungsprozeß bewußt sein." 139

„Dieses Vorgehen ist deshalb erfolgversprechend, weil jedermann daran interessiert sein wird, Qualitätsverbesserung herbeizuführen, anstatt sich dagegen zu sträuben." 139

Alles, was dazugehört, um Störfaktoren systematisch auszuschalten und Arbeitsqualität dauerhaft zu verbessern, erfordert besondere Aufmerksamkeit. 156

Der Hauptgeschäftsführer verpflichtet sich, dem Kunden das Versprochene zu liefern, er weiß, daß die Firma nur floriert, wenn alle Mitarbeiter diese Einstellung teilen, und er ist entschlossen, Kunden und Mitarbeitern unnötige Scherereien zu ersparen. 156

Der Unternehmenschef muß beständig im Kontakt mit Kunden und Mitarbeitern sein, um sie von seiner persönlichen Entschlossenheit auf diesem Gebiet zu überzeugen. 156

Der Geschäftsführer braucht ein hohes Maß an Einsicht in die besondere Rolle, zu der ihn seine Stellung verplichtet. 157

Der Geschäftsführer muß sich darum kümmern, daß die Qualitätspolitik des Unternehmens veröffentlicht, verstanden und jedem Betriebsangehörigen vermittelt wird. 157

Der Hauptbetriebsleiter ist davon überzeugt, daß Managementleistung eine eigenständige Funktion ist, welche voraussetzt, daß Qualität als „Priorität unter Prioritäten" — vor Terminen und Kosten — behandelt wird. 157

Der Hauptbetriebsleiter verkörpert in vielen Unternehmen praktisches Denken. 157

Der Hauptbetriebsleiter braucht die gleiche Schulung wie der Unternehmenschef, muß sich jedoch besonders gut auf den Gebieten Qualitätskosten und Zuliefererqualität auskennen. 157

Der Hauptbetriebsleiter muß den einzelnen Betriebsabteilungen klarmachen, daß Qualitätsverbesserung nicht fakultativ ist.   157

Die Formulierung „Anforderungen so ernst nehmen" besagt, daß die für Marketing, Finanzwesen, Verkauf, Herstellung, Konstruktion, Filialen und alle anderen Ressorts zuständigen Manager erkennen müssen, daß jeder einzelne mit den geplanten Schritten einverstanden sein und sich dafür einsetzen muß, wenn sie Qualitätsverbesserung in ihren Fachbereichenbewirken wollen.   158

Das für Qualität zuständige Mitglied der Unternehmensleitung hat die Aufgabe, sämtliche Untersuchungen und Berichte mit den Vorgängen in anderen Fachbereichen zu koordinieren.   158

Jeder Fachbereich muß seine eigene Sicht des Qualitätsverbesserungsprozesses aus der jeweiligen Funktion heraus entwickeln.   158

Die Angehörigen des mittleren Managements brauchen mehr praxisbezogene Informationen über den Qualitätsverbesserungsprozeß als das obere Management.   159

Die Fachkräfte sind sich darüber im klaren, daß Genauigkeit und Vollständigkeit ihrer Arbeit die Effektivität der gesamten Mitarbeiter bedingen.   159

Das schöpferische Potential jedes Unternehmens steckt in seinen Fachleuten.   159

Eine der wertvollsten Hilfen für qualifizierte Mitarbeiter sind Rückmeldungen über die gebotenen Dienstleistungen oder Produkte von den Zwischen- oder Endabnehmern.   160

Die Betriebsangehörigen als Ganzes erkennen an, daß die Bereitschaft jedes einzelnen, die Anforderungen lückenlos zu erfüllen, der Hauptbeitrag zum Gedeihen des Unternehmens ist.   160

Wenn alle Mitarbeiter entschlossen sind, exakt alle Anforderungen zu erfüllen und sich sofort zu melden, wenn die Anforderungen unangemessen oder nicht erfüllbar sind, dann sterben Mißstände allmählich aus, und Qualität wird fester Bestandteil des Alltags.   160

Der gesamte Stab von Qualitätsfachleuten muß sich dafür einsetzen, daß die Anforderungen erfüllt werden, anstatt sorgfältig Nichtübereinstimmungen festzustellen und exakt darüber Buch zu führen.   160

Das Qualitätsressort muß eine disziplinierte, straff organisierte Instanz werden, welche den Geist des Qualitätsverbesserungsprozesses weitergibt, ohne zu einem Disziplinarorgan zu werden.   161

Sämtliche Betriebsangehörigen müssen ausnahmslos gründlich geschult werden, um einen Begriff dafür zu entwickeln, was Qualität für jeden einzelnen persönlich und für das Unternehmen bedeutet.   161

Abkürzungen schaffen immer Probleme.   161

Als Bewertungsmaßstab für Arbeitsprozesse gilt die betriebswirtschaftliche Kalkulation der Kosten für die Erfüllung und Nichterfüllung der Anforderungen.   162

Wenn man Qualität nach kostenwirtschaftlichen Gesichtspunkten bemißt (wie im Kapitel über Qualitätskosten dargestellt), verleiht man ihr den Rang einer sehr professionellen Führungsaufgabe.   162

Alle leitenden Angestellten im operativen Bereich müssen verstehen, wie sich die Qualitätskosten zusammensetzen und wie sie auf ihren jeweiligen Bereich anwendbar sind.   162

Viele Unternehmen haben nicht die geringste Vorstellung davon, was mit ihren Produkten oder Dienstleistungen geschieht, sobald sie sie aus den Händen gegeben haben.   162

Es muß ein einfaches, für jedermann leicht verständliches und anwendbares Formular erstellt werden.   163

Der hohe Stellenwert von Fehlervorbeugung im gesamten Unternehmen ermöglicht kontinuierliche Prüf- und Planungsverfahren, die gegenwärtige und vergangene Erfahrungen berücksichtigen, so daß einmal gemachte Fehler sich nicht wiederholen.   163

Die Suche nach Möglichkeiten der Problembeseitigung muß fester Bestandteil der Betriebspraxis werden.   163

Man darf kein Problem auf sich beruhen und wiederkehren lassen.   163

Entstehungsgeschichte und Ursachen von Problemen dürfen nicht in Vergessenheit geraten.   163

Jeden Mitarbeiter ständig über den Stand des Verbesserungsprozesses zu informieren ist etwas, das nicht dem Zufall überlassen werden darf.   164

Zu den besten Lehrmitteln gehören Videofilme, in denen die beteiligten Mitarbeiter den jeweiligen Stand der Entwicklung darstellen und diskutieren.   164

Sinnvolle, langfristig wirksame Anerkennung belohnt Arbeit, die vereinbarten Maßstäben entspricht.   164

Die Anerkennung muß zur Unternehmenskultur passen.   164

Die wertvollste Anerkennung kommt aus dem Kreis gleichgestellter Kollegen.   165

Das Topmanagement muß daran interessiert sein, von den Mitarbeitern zu hören.   165

Die Führungskräfte des Unternehmens müssen auf die Mitarbeiter zugehen und ihnen Gelegenheit geben, sich mit ihnen ohne lange Umwege zu verständigen.   165

Jede Mitteilung muß so behandelt werden, als käme sie vom Vorstandvorsitzenden.   165

Qualität muß als Priorität unter Prioritäten eingestuft werden und sollte immer erster Tagesordnungspunkt sein.   165

Die Zulieferer werden geschult und darin bestärkt, termingerecht zuverlässige Dienstleistungen und Produkte zu liefern.   166

Lieferantenqualitätsgespräche werden so angesetzt, daß jeder Anbieter Gelegenheit hat, daran teilzunehmen.   166

Nach der praktischen Schulung sollten regelmäßig Arbeitssitzungen über Lieferantenqualitätsmanagement stattfinden, zunächst vor allem mit den Lieferanten, die das wichtigste oder wertvollste Material herstellen.   166

Es muß zum Unternehmensprinzip werden, keine Verfahren, Erzeugnisse oder Systeme zu verwenden, die nicht Eignungstests unterzogen worden sind.   167

Die Wichtigkeit von Verfahrensvorschriften und Produktqualifikationen muß Grundbestandteil der Diskussionen innerhalb der Mitarbeiterschulung sein.   167

Die Produktqualifikationen und die Verbesserung von Verfahrensvorschriften sollten nach Maßgabe des Qualitätsressorts geschehen.   167

Schulung ist fester Bestandteil des Betriebsalltags in sämtlichen Aufgabenbereichen und sollte insbesondere in die Schaffung neuer Arbeitsprozesse oder Verfahren eingebunden sein.   167

Es genügt nicht, einfach eine Verfahrensregel darüber aufzustellen, wie etwas gemacht werden soll, oder einen Fertigungsprozeß einzurichten oder die Idee zu einem neuen Produkt zu haben. Alle Mitarbeiter, die es herstellen oder anwenden oder in irgendeiner Weise damit zu tun haben, müssen ihre spezielle Aufgabe lernen.   167

Die Schulung muß innerhalb eines festen Rahmens durchgeführt werden, damit die Mitarbeiter von ihrer Existenz wissen.   168

Die Lenkungsgruppe Qualität muß ständig über den geregelten Ablauf der Schulung als einer vorbeugenden Maßnahme wachen.   168

Zweck der Qualitätsrichtlinien ist es, die Qualitätsmaßstäbe des Hauses für jedermann verständlich zu machen.   168

Qualitätsrichtlinien dürfen nicht als Lektüre für einige wenige zwischen Buchdeckeln versteckt werden.   169

Das Qualitätsressort ist rangmäßig dem überprüften Ressort gleichgestellt und genießt völlige Handlungsfreiheit.   169

Das Qualitätsressort muß mit Mitarbeitern besetzt werden, die diesem Ziel verpflichtet sind, die Führungsfähigkeiten und bestimmte fachliche Voraussetzungen mitbringen und nach dem Grundsatz handeln, daß ihr Verantwortungsbewußtsein die Vertrauenswürdigkeit des Unternehmens ausmacht.   169

Sämtliche Mitarbeiter der Lenkungsgruppe müssen die Lehrgänge für das obere und mittlere Management absolviert haben und sollten zudem regelmäig mit Leuten zusammenkommen, die bereits über langjährige Erfahrungen mit Fehlervorbeugung verfügen.   169

Die Mitglieder des Qualitätsressorts müssen individuell mit sämtlichen anderen Ressorts zusammenarbeiten und ihnen dabei helfen, das jeweils passende Meßverfahren und ein Berichtssystem zu schaffen, so daß es gar nicht zu überraschenden Qualitätsverstößen kommen kann.   169

Werbung und sämtliche öffentlichen Verlautbarungen müssen vollkommen mit den Dienstleistungs- und Produktanforderungen übereinstimmen.   170

Es muß unerschütterlicher Unternehmensgrundsatz sein, nie etwas zu versprechen, das nicht erfüllt werden kann, oder für etwas zu werben, das nicht hergestellt werden kann.   170

Vertreter der Werbebüros und der Werbeabteilung müssen an den Lehrgängen für das obere Management teilnehmen und sich mit der Qualitätspolitik des Unternehmens und all ihren Konsequenzen vertraut machen.   170

Mir ist noch nie jemand begegnet, der gegen Qualität und für Mißstände ist.   171

Firmen investieren Unmengen von Geld, Zeit und Kraft in Verbesserungsbemühungen, und dennoch kommt wenig dabei heraus.   171

Industrie- und Dienstleistungsunternehmen in der westlichen Welt haben so viele Qualitätsprobleme, weil sie das Thema nicht wirklich ernst nehmen.   171

In Fachpublikationen findet man nie einen ernst zu nehmenden Artikel über Qualität als Managementaufgabe.   172

Gewinne machen wird als Hauptverantwortung des Topmanagements angesehen.   172

Qualität wird nie aufhören, eines der größten Probleme zu sein, bis das Management endlich glaubt, daß es absolut keinen Grund gibt, einem Kunden jemals ein Produkt oder eine Dienstleistung anzubieten, die nicht den Anforderungen entspricht.   172

Sobald die leitenden Manager die Rechte der Kunden ebenso achten lernen wie die Rechte der Banken und Aktionäre, wird Qualität zur Selbstverständlichkeit werden.   172

Seit Generationen ist bekannt, daß Firmen, die halten, was sie versprechen, und dabei noch fürsorglich mit ihren Mitarbeitern umgehen, immer zu den Spitzenreitern gehören.   173

Die Verantwortung für termingerechte Herstellung fehlerfreier Produkte und Dienstleistungen liegt im wesentlichen dort, wo die Fäden der Macht zusammenlaufen.   173

Sachregister